東欧グルーヴ ディスクガイド

革命前夜の音を求めて

市来達志

DU BOOKS

まえがき ── 時代に翻弄され、
独自の発展を遂げた東欧グルーヴの世界

　突然だが、ハンガリーでリリースされたこのレコードのジャケットは、当局から問題視されて1日で回収された。その理由がわかるだろうか？

Szörényi Levente
『Utazás』（1973年）

　答えは「ドラッグやヒッピーを想起させるから」である。このジャケットは、無難なデザインに差し替えられて後日再リリースされた。このように、冷戦下で社会主義圏におかれていた東欧諸国では、当局の判断や方針による規制に翻弄されることが多々あった。ジャズやロックの演奏が規制された時代もある。しかしミュージシャンたちは制約の中で時に当局と折り合いをつけながら活動を続けていった。制約はかえって独自の発展をもたらし、伝統音楽との融合、国営レーベ

ルによる独特な制作方法なども要因となって、西側では誕生し得なかった個性的な音楽"東欧グルーヴ"が生まれた。

　しかし、こと日本においては、東欧グルーヴの存在は長らく"知られざる"ものとして扱われ、数枚を除いてほとんど聴かれることのないまま今日まで至っていることは否めない。冷戦時代に情報が遮断されて日本に伝わらず、「当時の東欧にジャズやロックはなかった─禁止されていた」という先入観が残っているのがその大きな理由だろう。キリル文字や、読みづらい綴り、発音しづらく覚えにくい人名も障害となっている。ハードなレア・グルーヴのディガーやユーロ・プログレのマニアには一部のアルバムが知られているものの、一般的知名度は未だ低いままといえるだろう。

＊

　今回、かつて東欧と呼ばれた地域で演奏されたジャズやロック、テクノなどあらゆるグルーヴィな音楽を、"東欧グルーヴ"と称して紹介できることとなった。こ

の"東欧"の定義だが、本書では1989年の東欧革命で体制転換が起きた東ドイツ、ポーランド、チェコスロヴァキア、ハンガリー、ルーマニア、ブルガリアを対象に扱うこととし、91年に分離したバルト三国をはじめとするソ連の元構成国や、ユーゴスラヴィアの構成国については含んでいない。これら6つの国に関しては、現在は東欧ではなく中欧や南欧に分類される場合が多い。しかし、本書は東欧革命以前の音楽について扱い、東ドイツやチェコスロヴァキアなど現在は存在していない国についても触れるため、あえて"東欧"という括りを使わせていただいた。これらの国の人は、社会主義時代の名残である東欧という分類を好ましく思わない場合も多いので、注意しておきたい。

本書では各国のポピュラー音楽史に加え、東ドイツ100枚、ポーランド144枚、チェコスロヴァキア124枚、ハンガリー104枚、ルーマニア80枚、ブルガリア80枚を掲載した。東欧では7インチにのみ収録された楽曲や、コンピレーションでしか聴けない楽曲も多く、それらもできる限り紹介した。逆に多くのアルバムをリリースした大御所、例えばKarel GottやLocomotiv GTは、なるべく様々なアーティストを紹介するために作品数を絞っている。これら大御所のアルバムに関しては、音楽性が近い場合はその中から1枚を選出し、ディスコ歌手への転身やメンバーチェンジなどで音楽性が変化している場合には別途紹介している。掲載枚数の都合上、泣く泣くカットした

盤も多いので、本書を足掛かりにぜひ自身で調べてみてほしい。

掲載作品はリリースされた年に沿って順番に並べている。同じ年の場合はアルバム→7インチの順で掲載した。また、品番の順番がリリース順とは必ずしも一致しないことに注意してほしい。発売の遅延などで、品番とリリース年がずれている場合もある。国内にレーベルが複数あり、品番を共有していない場合はレーベル名のアルファベット順で掲載している。このようにある程度前後している場合もあるが、基本はリリース順となっていて、頭から読み進めることで各国の音楽史が理解できるようになっている。なので筆者としては、順番に読み進めることを推奨する。

アルバムタイトル、アーティスト名はカタカナにせず、あえて言語表記のままとさせていただいた。これはインターネットで検索しやすくするため、カタカナ表記で調べるよりも遥かに情報にたどり着きやすいからである。東欧独特の名前や綴りも、本書を読んでいくうちにすぐに慣れていくだろう。キリル文字に関しては、スマートフォンのキーボード設定で有効にすれば、打ち込めるようにできる。今や多くの国営レーベルが民営化し、各種サブスクリプションサービスで当時の音楽を配信しているため、気になるものは検索してみることをオススメする。本書を通して、東欧グルーヴの魅力を少しでも多くの人に届けられたらとても嬉しい。

Contents

本書の読み方

8 50 046　12"

品番　形態

Solarius ………… 作品名
Rolf Kühn Quintett ………… アーティスト名
1964　AMIGA ………… レーベル名

発売年

クラリネット奏者 Rolf Kühn は、56 年に米国へ移住したのち、62年にはドイツに帰還(ただし西側)。この頃には世界的名声を得ていた彼が東欧のジャズメンを集めて制作した作品で、東独からは弟であるピアニスト Joachim Kühn とベーシスト Klaus Koch、ポーランドからサックス奏者 Michał Urbaniak とドラマー Czesław Bartkowski が参加した。東独盤で最も高値がつくのも納得の名盤だ。66 年、Joachim も西ドイツに亡命したことで廃盤となったのも原因のひとつ。彼らがその後西側で大成功するのはご存じの通り。

凡例

アルバム・EP・シングル盤の作品名は『　』、楽曲名は「　」で記した。

副題のある作品名は『メインタイトル : サブタイトル』、シリーズ作品は『シリーズ名 - 作品名』、シングル盤は『A面 / B面』で示した。

ハンガリーの人名は、現地の慣習に倣って姓→名の順番で記した。

ルーマニアのトランシルヴァニア地方出身者などハンガリー系の人物や、ハンガリーにルーツを持つ人物も同様に姓→名の順番で記している。

各章冒頭の東欧地域の地図はいずれも 1989 年時点。

ドイツ民主共和国

Deutsche Demokratische Republik

ナチス・ドイツ時代に始まった規制の歴史

東ドイツにおける東欧グルーヴの歴史は、戦前のナチス・ドイツ時代まで遡ることができる。ドイツで最初に成功したジャズミュージシャン Stefan Weintraub は Weintraubs Syncopators を結成し、1924 年には最初の演奏記録を残している。しかし彼らをはじめ、当時ドイツでジャズを演奏していたのはユダヤ系が中心だったため、ジャズはナチスによって 35 年に放送禁止の指定を受けた。国内で活動できなくなった Weintraub らは、37 年にオーストラリアへ亡命した。ジャズはアンダーグラウンドな音楽となったが、スイングユーゲント（ジャズを愛好する若者の集団）や違法ジャズクラブによって演奏が続けられた。のちに"ヨーロピアン・ジャズのファースト・レディ"と評され、ヨーロッパ出身者として初めてブルーノートと契約を結ぶことになるライプツィヒ生まれのピアニスト Jutta Hipp も、違法ジャズクラブでジャズに親しんだという。ちなみに、かの Rolf Kühn にジャズの存在を知らせたのは Hipp だった。

戦後、アメリカの占領地域で積極的にジャズが演奏され、その人気はドイツ全土で高まったが、東ドイツでは再び規制の対象となった。スイングは Radio Berlin Tanzorchester（ベルリン・ラジオ・ダンスオーケストラ）や Rundfunk Tanzorchester Leipzig（ライプツィヒ放送ダンスオーケストラ）といったラジオ局お抱えのダンスオーケストラのレパートリーとして生き延びたものの、モダン・ジャズを演奏することは容易ではなかった。Rundfunk Tanzorchester Leipzig は大きな成功を収めたが、そのメンバー Rolf Kühn は 56 年にアメリカへと移住してしまった。モダン・ジャズが容認されるようになるのは、56 年のスターリン批判以降である。

57 年にトロンボーン奏者 Eberhard Weise が結成した Orchester Eberhard Weise は、モダン・ジャズシーンを形成するミュージシャンが多く参加したビッグ・バンドとして重要である。彼らが 61 年に解散したあと、そのメンバーだった Ernst Ludwig Petrowsky と Manfred Schulze によって結成された Manfred Ludwig Sextett はモダン・ジャズの出発点となった。その指揮権は 63 年にトランペッター

のKlaus Lenzへと移り、Manfred Ludwig Sextett のメンバーを中核にしたModern Jazz Big Bandも 形成された。

　60年代になると、ロックンロールも東ドイツへ 流入した。西側由来のロックンロールという名称は そのまま使用することが難しく、Big-beatの代替 語で呼ばれるようになった。Big-beatの用語を生 み出したのは、ポーランドのジャーナリストでプロ デューサーだったFranciszek Walickiで、この呼 称は東ドイツやチェコスロヴァキアで使用されてい る。Big-beatシーンを代表する存在として、 Franke Echo Quintettを紹介しよう。グループを 率いるギタリストDieter Frankeは"マイスター"と 呼ばれ、3本のネックを生やしたギターを弾きこな し、大きな衝撃を与えた。このギターはエンジニ アでもあったFrankeによって製作されたもので、 エレキギターが高額で手に入りにくい時代だったた め、古いマンドリンを改造して作られたという。政 府はこのようなBig-beatシーンを進歩的と称賛し、 人気を利用して若者に影響を与えようと支援。64 年には若者向けのラジオ番組「DT64」が誕生し、 この番組を通して多くのBig-beatグループが紹介 された。

　58年に制定された、コンサートでのレパートリー における西側楽曲の割合を40％以内にすることを 求めた「60:40ルール」のため、Big-beatは早くも 西側の模倣から脱却していった。65年にリリース され、Franke Echo QuintettやDie Sputniks、Die Butlersといった人気グループの音源を収録したコ ンピ『Big Beat』[P.10]では、彼らのオリジナリティ 溢れる楽曲を聴くことができる。こうしてピークに 達したBig-beatシーンだったが、65年に西ベルリ ンで開催されたThe Rolling Stonesのライブにて 暴動が発生したことから、政府は態度を一変させ て一気に規制を強化。10月にはBig-beatへの規 制強化にファンの若者が抗議し、ライブツィヒ・ビー ト・デモが勃発したものの、当局に鎮圧されて 264人の逮捕者が出る事態となった。そして約 300存在していたBig-beatグループの多くが儚く も解散を余儀なくされ、シーンは消滅することとな る。

体制におもねることで活動を続けた「オストロック」

　Big-beatシーンの終焉後、暗黒の66年・67年 を経てロックを復活させたのは、ジャズミュージシャ ンKlaus Lenzとその一派だった。ロックへの需要 を満たすため、規制の緩かったジャズミュージシャ ンがロックに接近するのは、東欧の他の国々でも 見られる現象だ。68年リリースのコンピ『Das Zündet - Tanzmusik Für Junge Leute（点火 - 若 者向けのダンスミュージック）』[P.11]は、Lenzを はじめとするジャズミュージシャンによって生み出 された新たなロックを記録した、金字塔的作品に なっている。Günter FischerやReinhard Lakomy、

Horst KrügerといったLenzのグループに所属した 面々は、次第に独立してそれぞれのグループを結 成した。こうしてLenz一派によるジャズ・ロック～ ブラス・ロックのサウンドは東ドイツのロックの特 徴となっていった。

　東ドイツのロックは、現在オストロック（Ostrock） と呼ばれている。"Ost"とは"東"という意味である。 オストロックのミュージシャンは政府と折り合いを つけることで、規制を免れて活動を続けた。73年 にリリースされたOktoberklubのレコード『Aha』 [P.17]はそのことを如実に示している。Oktober- klubは社会主義政権を礼賛する歌や、民謡のよう な健全な歌を歌う団体で、いわば政府公認のエン ターテインメント集団であるが、そこにLenz一派 のGünther Fischer QuartettやSOKが演奏で参 加しているのが確認できるのだ。このように、オス トロックのミュージシャンは何らかの形で政府のお 墨付きを得ていることが多い。

　政府のお墨付きを得るために一番重要なのが、 メッセージを込めやすい歌詞の部分だった。ロック グループは歌詞を政府公認の作詞家に依頼するこ とで、規制を免れた。政府公認の作詞家の代表と してKurt Demmlerがいる。Oktoberklub用の楽 曲の詞も手がけていた彼はFDJ（自由ドイツ青年団） によってその功績を認められ、69年にはエーリヒ・ ヴァイナート勲章（Erich Weinert Medaille）を受賞 するなど、ポピュラー音楽系の作詞家としては異 例の待遇を受けた。彼は10,000曲以上もの作品 を手がけたと発言しており、その影響力はすさまじ い。ロックグループは詞を公認の作詞家に委ねる ことと引き換えに、作曲面の自由を手に入れ、様々 なグループが誕生していった。中でも69年に誕生 したPuhdysは最も人気を博すグループとなり、そ のレコードは国内外で2,000枚以上を売り上げた。 ロックは大衆化し、KaratやCityといったグループ は大きな成功を収めた。

Puhdysの1stアルバム
『Puhdys』（1974年）

東西統一の一翼を担ったミュージシャンたち

　一方で反政府的な動きもあった。Klaus Renft Comboは反政府的なグループだったが、それを支 援した人物こそ作詞家のKurt Demmlerだった。 Demmlerは彼らに歌詞を提供しただけでなく、反 体制的な作詞家Gerulf Pannachも紹介した。 Pannachは歌詞に反政府的メッセージを込めたが、

それが問題となりグループは解散を余儀なくされた。Klaus Renft Combo以上に反体制的だったのが、政府の批判を続けて国内での活動を禁じられたシンガー・ソングライターのWolf Biermannだ。76年の西ドイツへの演奏旅行から帰国を拒否されて国外追放状態になると、彼を支持する多くのミュージシャンがこれに抗議。その中には、Lenz人脈の面々やDemmlerも含まれていた。その結果、Demmlerは2年間の活動停止を命じられてしまう。Klaus Lenzや、Biermannの元妻の娘で、のちに西ドイツで"パンクのゴッドマザー"と呼ばれるNina Hagenなど、体制に失望した多くのミュージシャンが国外へと流出する事態にもなった。

『Klaus Renft Combo』
(1973年)

　Biermannの国外追放は大きな打撃となったものの、70年代後半のポピュラー音楽は多様なアーティストによって彩られた。ロックの分野では、シンフォニック・ロックを追究し東ドイツを代表するプログレッシヴ・ロックグループとなったStern Combo Meißenや、ディスコ・ロックの先駆者Kreisが国内外で人気を博した。ディスコブームの波もいち早く到達し、75年リリースの7インチ『Disco Instrumental - Philodendron / Kirschblüte』[P.20]は東欧最初期のディスコ作品として知られている。
　新人アーティストも多く登場した。72年、ハンス・アイスラー音楽大学に設立されたダンスミュージック学部は新世代のミュージシャンを育成する重要な機関となった。学部の生徒によって構成されるCollege Formation Berlinはプロへの登竜門となり、のちにFamilie Sillyを結成するベーシストMathias Schrammらを輩出した。79年にスタートした、新人アーティストを紹介するコンピ・シリーズ『Kleeblatt』[P.29]も重要な役割を果たした。Familie Sillyは80年の『Kleeblatt』に登場している。このコンピ・シリーズはポピュラー音楽だけでなくジャズや電子音楽も取り扱い、85年リリースの『Klee-blatt No.14: Electronic-Pop』は電子音楽のアーティストを紹介した先駆的アルバムとなった。このように、80年代には様々なジャンルのアーティストが活躍を見せる豊かな音楽シーンが形成されていた。
　東ドイツではポピュラー音楽のレコードのほぼすべてが、国営レコード会社VEB Deutsche Schallplatten BerlinのレーベルAMIGAによってリリースされていたが、80年には初の独立系レーベル

Zensor（検閲官）が誕生した。このレーベルは79年に25歳だったBurkhardt Seilerがオープンした同名のレコード店から発展したもので、この店ではニューウェーヴやオルタナティヴ・ロック、パンクといったオストロックの型にはまらない音楽が扱われていた。80年代後半にはこうしたロックが新たなシーンを形成し、政府と折り合いをつけながら成功したアーティストたちと対照的な存在として、"他のバンド（Die Anderen Bands）"と呼ばれた。86年にはDie Anderen Bandsのグループを紹介するラジオ番組「Parocktikum」が誕生し、シーンは拡大していった。彼らはレコードを残すことが難しかったが、88年の『Kleeblatt』シリーズ23枚目は『Die Anderen Bands』と題され、貴重な音源を紹介している。さらに89年の『Parocktikum - Die Anderen Bands』もシーンを象徴する一枚となった。

『Kleeblatt No. 23 -
Die Anderen Bands』
(1988年)

　こうして、80年代末期になるとポピュラー音楽における政府の管理には、多くのほころびが生まれていった。89年5月、すでに民主化へと進んでいたハンガリーがオーストリアとの国境を分断する鉄条網を撤去し、東ドイツ国民がハンガリー経由で西側に脱出する"汎ヨーロッパ・ピクニック"が起こると、鉄のカーテンに実際に穴が開く事態となった。9月、民主化を求める団体「新フォーラム」は宣言文『Aufbruch 89』によって改革を呼びかけた。この宣言文に対し、ミュージシャンたちは『ロックミュージシャンとソングライターの決議（Resolution von Rockmusikern und Liedermachern）』を発表し、新フォーラムへの連帯を表明した。Familie Sillyのメンバー全員をはじめとするロックミュージシャンたちはもちろん、トロンボーン奏者Konrad Bauerらジャズミュージシャンまでこれに署名した。彼らはコンサートの冒頭でこの決議文を読み上げ、民主化の波を拡げていった。政府はコンサートの禁止や罰金措置でこれに対抗したが、すでにその権力は衰退しきっていた。11月、ベルリンの壁が崩壊し、翌年には東西ドイツが統一された。東ドイツのミュージシャンによる活動も、体制転換の遠因になったと言えるだろう。しかし、統一によってその独特の音楽シーンは西側へと吸収され、大義を失ったDie Anderen Bandsのグループも多くが解散してしまった。94年にはAMIGAレーベルも消滅し、東ドイツの音楽は完全に過去のものとなった。

8 50 046　12"

Solarius
Rolf Kühn Quintett
1964　AMIGA

クラリネット奏者 Rolf Kühn は、56 年に米国へ移住したのち、62
年にはドイツに帰還(ただし西側)。この頃には世界的名声を得てい
た彼が東欧のジャズメンを集めて制作した作品で、東独からは弟で
あるピアニスト Joachim Kühn とベーシスト Klaus Koch、ポーラン
ドからサックス奏者 Michał Urbaniak とドラマー Czesław
Bartkowski が参加した。東独盤で最も高値がつくのも納得の名盤
だ。66 年、Joachim も西ドイツに亡命したことで廃盤となったのも
原因のひとつ。彼らがその後西側で大成功するのはご存じの通り。

5 50 207　EP

Erikson
Theo Schumann Combo
1964　AMIGA

ピアニスト Theo Schumann により 61 年に結成された Theo
Schumann Combo は、ジャズグループとして活動をスタート。の
ちにメンバーを入れ替えながらロックンロール～ロックへと音楽性
を進化させ、さらには歌手のバックの演奏も務めて東ドイツにおけ
るポピュラー音楽の発展に多大な貢献を果たすことになるが、本作
はそんな彼らによる初のレコード。オリジナル曲を 3 曲演奏しており、
どれも完成度が高い。中でも B-2 は、彼らのポップセンスも溢れる
超名曲で、ヨーロピアン・ジャズを代表する傑作。

8 50 049　12"

Big Beat II
V.A.
1965　AMIGA

ポーランドで生まれたロックンロールの代替語 "Big-beat" は東独
へも広がり、様々なグループが誕生。そのシーンは 2 枚のコンピに
まとめられた。本作ジャケットには Franke Echo Quintett が登場。
3 本ネックのギターを掲げるのは "マイスター" と呼ばれた Dieter
Franke で、エンジニアとしての技術を生かし古いマンドリンを改造
して制作したようだ。彼らと並んで人気だった Die Sputniks や Die
Butlers の他、Big-beat グループへ転身した Theo Schumann
Combo も参加した歴史的アルバムだ。

8 50 046　12"

Modern Jazz Big Band 65
Modern Jazz Big Band 65
1966　AMIGA

Klaus Lenz は東独ジャズシーンを代表するプレイヤーを集め、63
年にビッグ・バンドを結成。それが毎年アップデートされ Modern
Jazz Big Band 65 となる頃には、彼はシーンを牽引する存在となり、
のちにジャズ・ロックやフリー・ジャズの分野で活躍する才能が集まっ
た。そのライブの記録である本作は 3 曲のオリジナルを収録し、
Lenz が作曲した A-2 はソウル・ジャズの超名曲だ。このグループや
Klaus Lenz Sextett に参加した "Lenz 一派" は、のちに東独ジャズ・
ロックシーンを形成していくこととなる。

8 50 071　12"

Chor in Swing
Chor und Orchester Günter Oppenheimer
1966　AMIGA

Günter Oppenheimerはライプツィヒのラジオ局お抱えビッグ・バンドとして人気を博したRundfunk Tanzorchester Leipzig（ライプツィヒ・ラジオ・ダンス・オーケストラ）の創設メンバー、ピアニストであり、作曲家・指揮者としても活躍した。本作は彼が率いるビッグ・バンドとコーラス隊による作品。Novi Singers [P.41]ほどの洗練はないが、力強くスイングするダイナミックなサウンドは魅力的だ。5/4のA-7、ボッサなB-3、高速でスイングするB-5など多彩な楽曲にダバダバコーラスが乗る、東独ジャズの裏名盤！

8 55 133　12"

Das Zündet - Tanzmusik Für Junge Leute
V.A.
1968　AMIGA

タイトルは『点火』、副題は『若者向けのダンスミュージック』。Big-beatシーン終焉後、本作から東独ロックシーンは再出発した。ジャズミュージシャンだったKlaus Lenzとその人脈がシーンの埋め合わせをするかのようにロックサウンドを獲得。彼による魔改造「Greensleves」A-8、哀愁ジャズ・ロックB-7を聴くことができる。Lenz一派のGünther FischerはオルガンとフルートのロックA-5やジャジーなツイストB-1を収録。ジャズ畑出身だったことで解散を免れたTheo Schumann Comboも参加している。

4 50 704　7"

Espresso / ...Und Du Bist Nicht Mehr Allein
Die Berolinas
1968　AMIGA

Die Berolinas（のちにDie Alexandersと改名）は、Klaus LenzによるグループModern Jazz Big Band 65のトロンボーン奏者だったAlexander Schillingを中心に、同じくLenz一派のピアニストReinhard Lakomyや、のちに東独ロックシーンを牽引するUve Schikora [P.14]、さらにはのちにPanta Rhei [P.16]を結成するメンバーも参加した、短命ながら豪華なグループ（71年解散）。CSNYの影響を受けた美しいメロディと、ジャズ・ファンクな演奏が聴ける。

8 50 154　12"

Schlager - Frei Haus
V.A.
1969　AMIGA

Schlager（シュラーガー）は中欧～東欧でヒット路線楽曲を指す言葉で、主に歌謡曲がこれに分類される。東独では66年から70年にかけて『Schlager』と題された黒いジャケットのコンピ群がリリースされた。東独の歌謡曲シーンを記録した貴重な資料となっており、コンピ以外では聴けない曲も多いため要チェック。中でもオススメの本作には、Klaus Lenz Sextettによるここでしか聴けない楽曲A-5を収録。のちに伝説的ロッカーとなるUve Schikoraが作曲で参加し、ツイストなブラス・ロックに仕上がっている。

8 55 179　12"

Stereo Par Excellence
AMIGA Studio Orchester
1969　AMIGA

日本のレコード・マニアにもお馴染みのオーディオ・チェックレコードは、東欧各国でも発売されている。中でも本作は内容的にもすばらしく、名指揮者Günter Gollaschの率いるAMIGA Studio Orchesterによるファンキーな演奏が楽しめる。特筆すべきはA-2のロシア民謡「Kalinka」とB-1のアニマルズでお馴染み「朝日のあたる家」。どちらもビッグ・バンドサウンドでカヴァーされており、後者ではテープ逆再生など技術的工夫も凝らされている。オーディオ・チェック用に過度に左右分けされた音も面白い。

8 55 209　12"

Für Fenz
Orchester Klaus Lenz
1970　AMIGA

Klaus Lenzによって69年に設立されたOrchester Klaus Lenzの唯一作で、その一派であるGünther Fischer、Ulrich Gumpert、Horst Krügerらが作曲曲で参加した傑作。オルガンが暴れまわるジャズ・ファンクA-1で幕を開け、Fischer作曲の高速ボッサA-4や、同じく彼の編曲が冴えわたるグルーヴ歌謡B-1など多彩な楽曲を収録。グループは1年足らずで解散するが、ここからKlaus Lenz BandとSOKへと再編成され、東独ジャズ・ロックシーンの要となっていく。

8 55 216　12"

No.1 - Das War Nur Ein Moment
Manfred Krug
1971　AMIGA

50年代から俳優として活動するManfred Krugは、60年代に入ると東独最初期のジャズグループJazz Optimisten Berlinを従えてジャズシンガーとしてデビュー。さらにKlaus Lenz率いるModern Jazz Big Band 65とのコラボを経て、Lenz一派のGünther Fischerとタッグを組んだ計4枚のアルバムで人気を不動に。Fischerの作編曲能力が炸裂した4枚はどれも傑作で、記念すべき1作目となった本作も、ジャズ・ロック的魅力が詰まった一枚。

8 55 248　12"

Dann Bist Du Da
V.A.
1971　AMIGA

ここでしか聴けない名曲を多く収録した、東独で最も重要なコンピのひとつ。タイトルになっているのはA-7に収録されたDresden Sextettの楽曲で、甘美なピアノとフルートのイントロで幕を開け、美しいコーラスが心地よく盛り上げる超名曲だ。さらに、のちにWir [P.23] を結成するWolfgang Zieglerが率いるBaltic Quintett唯一の音源A-4は、グルーヴィなオルガン入りビートに仕上がっておりオススメ。そしてModern Soul Bandの前身、Modern Septettのブラス・ロックB-7も貴重&最高。

8 55 253　12"

Wir Über Uns
Thomas Natschinski-Gruppe

1971　AMIGA

Team 4 を率いる Thomas Natschinski は、大作曲家でのちに党員にもなる Gerd Natschinski を父に持ち、FDJ（自由ドイツ青年団）の会員で作詞家 Hartmut König の後ろ盾も得るなど恵まれた境遇により、Big-beat シーン終焉後も変名処分のみで活動を継続することができた。グループは 70 年という早い段階から Big-beat をブラッシュアップした本格的ロックを演奏し、本作では音楽性とグルーヴを強化。そのサイケデリックなサウンドは、Big-beat シーンから生き残れたからこそ獲得できたといえる。

8 55 268　12"

Guten Abend Carolina
Theo Schumann Combo

1971　AMIGA

Theo Schumann Combo はジャズグループとして活動をスタートしたことで、Big-beat グループに転身していたにもかかわらず圧力によるシーン崩壊後も解散を免れることができた。その 3 枚のアルバムはどれもすばらしいが、本作では Big-beat サウンドの延長にあった前作、前々作よりもジャズ色を強めて音楽的に進化を遂げつつ、娯楽性を重視した楽しいサウンドを聴かせてくれる。スピリチュアルなオルガン入りジャズ・ファンク B-3 はサンプリング・ソースとしても有用な超オススメ曲。

4 55 820　7"

Sie / Denkste
Dresden Sextett

1971　AMIGA

ドレスデン音楽大学の同級生で 69 年に結成された Dresden Sextett による単独では唯一のレコード。ブラスとピアノによるジャズの要素にロックのダイナミズムを加え、ポップセンスすら兼ね備えた音楽性を有し、美しいコーラスまでこなせるからすばらしいグループだ。本作でもその魅力を遺憾なく発揮。ダバダバコーラス入りのバブルガム・ポップな A 面、ヴォーカルに Dina Straat を加え、オルガンとフルートが飛び出す B 面共に名曲。グループはメンバーチェンジを経たのち、プログレグループ Lift [P.23] へと発展する。

4 55 833　7"

Komm Doch Zu Mir / Lichterglänzendes Rad
Uschi Brüning

1971　AMIGA

Klaus Lenz や Günther Fischer のグループに参加し、力強すぎる歌唱で東独ジャズ・ロックシーンをソウルフルに染め上げてきた Uschi Brüning による初のレコード。アルバム未収録の 2 曲を収め、作曲は若者向けにダンスミュージックを紹介するラジオ番組「DT64」の音楽編集長だった Walter Bartel が担当している。フルートが入ったポップな A 面も良いが、聴いてほしいのは B 面。激しく叩きつけるドラムにオルガンとブラスの咆哮が加わり、ジャケットの眼光以上に鋭いグルーヴが突き刺さる。彼女の歌も冴えわたる、超名曲。

Deutsche Demokratische Republik

8 55 279　12"

No.2 - Ein Hauch Von Frühling
Manfred Krug
1972　AMIGA

Manfred KrugとGünther Fischerによる傑作4部作の2作目で、前作をさらに洗練させた超名盤。女性コーラスとストリングスが入った甘美なソフト・ロックを楽しむことができ、Fischerの作編曲は巨匠の域に達していて、彼の手がけた作品の中でも最もすばらしい一枚といえるだろう。A-3やB-4ではFischerが優れたサックス奏者であることも再確認できる、ツヤのあるプレイを聴ける。もちろんKrugの渋い歌唱もすばらしい。4部作の3枚目は西側カヴァー中心だが、4枚目は本作と同路線でオススメ。

8 55 290　12"

Das Gewitter
Uve Schikora Und Seine Gruppe
1972　AMIGA

Big-beatシーン終焉後にロックシーンの王道を行くミュージシャンとして地位を確立したUve Schikoraと彼のグループによる唯一のアルバムであり、東独ロック最高の名盤として語り継がれる一枚。彼は作編曲家としても活動し、スター歌手Frank Schöbelのバック演奏を務めるなどポピュラー音楽の分野でも幅広い活躍を見せた。その縁でSchöbelも本作でヴォーカルを担当している。オルガン入りの骨太なロックを聴くことができ、A-2などはグルーヴも◎。Schikoraは76年キューバへのツアー中に亡命し、その後西ドイツでも活躍した。

8 55 298　12"

Geh Durch Die Stadt
Horst Krüger Septett
1972　AMIGA

鬼才Horst KrügerはKlaus Lenzのグループにベーシストとして参加したのち、自身のグループを率い、さらにはシンガー・作曲家としても活躍した。本作はHorst Krüger Sextettから発展したSeptettによる作品で、彼のリーダー作としては2枚目にあたるアルバム。The Beatlesの影響下にあった前作とは打って変わって強靭なジャズ・ロックサウンドを聴くことができ、激しいドラミングに鋭利なギター、ブラスとオルガンにコーラスまで加わった重厚なグルーヴは必聴。全曲Krügerによるオリジナルで、作曲センスも光る。

8 55 297　12"

Stereo À La Carte
AMIGA Studio Orchester
1972　AMIGA

名指揮者Günter Gollasch率いるAMIGA Studio Orchesterが演奏する、イージーリスニング作品。コーラスにはJürgen Erbe Chorが参加している。煌びやかなピアノに分厚いブラスとストリングスが加わったゴージャスなサウンドが基本だが、高速ブラス・ミュージックA-2や、スイング・ジャズからマーチになるA-7などタイトルに相応しいア・ラ・カルトな楽曲を収録。Günther Fischerが作曲したManfred Krugの楽曲を、原曲以上のグルーヴで再現したA-3が特にオススメ。

8 55 335 12"

Hallo Nr. 5
V.A.

1972 AMIGA

『Hallo』は東独や東欧のロックグループを紹介するコンピ・シリーズ
で、72～76年にわたって計16枚リリースされた。ここでしか聴け
ない楽曲を多く収録しているのが特徴である。第5弾である本作に
は、Electra Comboのサイケデリックでグルーヴィな長尺曲A-4や、
Orchester Klaus Lenzによる良質ジャズ・ロックB-3、Stern
Combo Meißen [P.20]のブラス・ロック期の音源B-4など本作の
み収録の貴重音源が多数。アマチュア・グループの音源のみを集
めたNr. 8と併せてシリーズ中でも特にオススメの一枚だ。

8 85 024 12"

Auf Dem Wege Zu Dir
V.A.

1972 NOVA

NOVAはAMIGAの姉妹レーベルで、現代音楽を主に扱っているが
たまにポップスも混ざっていて見過ごせない。こちらもNOVAより
リリースされたポップスのコンピで、本作のみ収録の楽曲が多数あ
る。中でもDina StraatがDresden Sextettをバックに歌うA-3は、
ディープなジャズ・ファンクに仕上がった必聴曲だ。Horst Krüger
と彼のグループのギタリストBenno Pensslerによるサイケデリック
なファンク・ロックB-1、Uve Schikora Comboが演奏するB-5も
オススメで、どれも本作のみ収録。

4 55 860 12"

Alles, Was Uns Gefällt / Wo Hat Die Liebe Ihren Platz
Monika Hauff & Klaus-Dieter Henkler

1972 AMIGA

68年に結成し、東独で最も成功したデュオとなったHauff &
Henklerによるシングル。彼らはフォーク歌謡な楽曲を得意としてい
るが、本作ではそれにグルーヴを追加。ストリングスと"パッパヤー"
コーラス入りのハッピーなグルーヴ歌謡を収録したA面、太いベー
スのグルーヴと虚ろな口笛のギャップが楽しいイントロから哀愁
たっぷりの美メロが展開されるB面、どちらも良曲だ。彼らは壁崩
壊までに15枚ものアルバムをリリースしており、A面は1stにも収録。
しかしB面はここでしか聴けない楽曲だから本盤を購入すべし。

8 55 307 12"

Jazz
Friedhelm Schönfeld / Hubert Katzenbeier

1973 AMIGA

『AMIGA JAZZ』[P.23]シリーズでも作品をリリースしているサック
ス奏者のFriedhelm Schönfeldと、Rundfunk Tanzorchester
Berlinのトロンボーン奏者Hubert Katzenbeierによる作品。A面
には20分の大曲フリー・ジャズを収録している。6/8拍子のボッ
サから急にジャズ・ロックになったかと思えばスイングしたり、曲調
もテンポもめまぐるしく変化する、変幻自在のグルーヴB-1がオス
スメ。名ドラマーWolfgang Winklerのテクニックも堪能できる名
曲だ。ジャケットもクール！

Deutsche Demokratische Republik

8 55 310 12"

Frank Schöbel
Frank Schöbel
1973 AMIGA

東独一成功した歌手である、ポップの帝王Frank Schöbelによる
73年作。この頃は多くの楽曲でバックを東独最高峰のロックグルー
プUve Schikora und Seine Gruppeが担当しているため、歌謡曲
の域を超えた本格的なロックの演奏を聴くことができる。彼らが手
がけたA-6は、バロック調のオルガンが挿入された、プログレファ
ンにも愛されている一曲。さらにB-3・B-6では巨匠Günther
Fischerが作編曲と演奏を担当しており、Schöbelの力強い歌唱に
合わせたロックな仕上がりにしつつもジャジーなピアノが光る。

8 55 314 12"

Uschi Brüning und Das Günther Fischer Quintett
Uschi Brüning und Das Günther Fischer Quintett
1973 AMIGA

東独最高峰の女性歌手Uschi Brüningは、70年よりGünther
Fischerのグループに参加。数々の名曲を生み出すBrüningと
Fischerのタッグによる最初の作品が本作である。ふたりと同様
Klaus Lenzのグループ出身のReinhard Lakomyも参加し、
Fischerが4曲、Lakomyが2曲を作曲している。静と動を往来させ、
展開にも工夫を凝らした高い作編曲技術と、うねるグルーヴが同
居。中でも太いドラム・ブレイクで幕を開けるA-1は必聴だ。よりジャ
ズ・ロック色の強い演奏を聴ける74年のライブ盤も要チェック。

8 55 318 12"

Panta Rhei
Panta Rhei
1973 AMIGA

Panta RheiはDie Alexanders（Die Berolinasから改名）解散後、
そのメンバーだった鍵盤のUlrich Swillms、ギターHerbert
Dreilich、ベースHenning Protzmannを中心に、まだ学生だった
女性ヴォーカルVeronika Fischerを獲得して結成。東独らしい力
強いジャズ・ロックサウンドと、彼女のソウルフルな歌声が魅力のグ
ループだ。疾走する変拍子ロックA-1、フリーキーなブラスが入っ
たファンクなA-3、ハンドクラップ入りのブルージィなB-3がオスス
メ。

8 55 319 12"

...In Musik Verliebt
Gerd Michaelis Chor & Die Babsis
1973 AMIGA

『音楽に恋して…』と題されたイージーリスニング作品。演奏は
Orchester Günter Oppenheimerに、コーラスはGerd Michaelis
ChorとDie Babsisが参加している。内容は国内外の歌謡曲をファ
ンキー仕様にアレンジ。例えばFrank SchöbelカヴァーA-1ではゆっ
たりな原曲が魔改造され、太いドラムと叩きつけられるピアノ、オ
ルガンの洪水が楽しめる。洗練されたジャズ・ファンクのA-2、ハ
ンガリーのKoncz Zsuzsa［P.119］の曲をブルージィにカヴァーし
たB-2や、6/8ファンクのB-3もオススメ。

8 55 325　12"

Aha
Oktoberklub
1973　AMIGA

歌を通じて共産主義を称賛し、政府お墨付きの若者向け音楽集団
となったOktoberklubのアルバム。本作にはGünther Fischer
Quartettや、ほとんど音源を残さなかったジャズ・ロックレジェン
ドSOKが参加しているから内容は最高。ドラム・ブレイクで始まり、
演説にコーラスが飛び出すジャズ・ロックA-1からすばらしい。キッズ・
コーラス入りグルーヴ歌謡A-2、VIA [P.174] にも通じるサウンドと
民謡テイストが楽しいA-3、女声ヴォーカルにテクニカルな演奏が
合わさったA-6、フォーキーでプログレッシヴなA-7など名曲尽くし。

8 55 352　12"

Examen In Musik
V.A.
1973　AMIGA

ハンス・アイスラー音楽大学ダンスミュージック学部の生徒たちが、
おそらく卒業試験の一環で制作した作品を集めたアルバム。よって
作曲はプロの卵たちだが、実力は中々。学生たちのグループ
College Formation Berlinの演奏も若々しい熱気を帯びている。
良曲多数だが、中でものちにSillyを結成するMathias Schramm
作曲のA-4は、プログレッシヴかつグルーヴィなオルガン・ロック
になっておりオススメ。ヴォーカルIsa KaufnerものちにCaufner
Schwesternを結成してプロで活躍することとなる。

8 55 354　12"

Reinhard Lakomy
Reinhard Lakomy
1973　AMIGA

Klaus Lenzのグループからキャリアをスタートした鍵盤奏者
Reinhard Lakomyは、Günther Fischer Quintettにも参加したの
ち、独立して自身のグループを設立。本作はその初めてのアルバム
である。全体的にドイツらしい土着リズムのほのぼのした楽曲が多
いものの、B-3は太いベースラインにブラスサウンド、Lakomyのオ
ルガンが乗り、女性コーラスReinhard Lakomy Chorがソウルフル
に盛り上げる良曲に仕上がっている。その他、A-4・B-1などオス
スメ。

8 55 311　12"

Electra Combo
Electra Combo
1974　AMIGA

東ドイツを代表するプログレグループElectraは74年までElectra
Comboとして活動し、キーボード入りの骨太ハード・ロックを演奏
していた。そんな彼らの1stアルバムである本作は、高い水準のハー
ド・ロックサウンドとヘヴィなドラムのグルーヴが同居した人気作。
ニワトリの鳴き声をパーカッションが切り裂き、暑苦しいヘヴィ・ロッ
クに突入するA-1、ベースとギターのユニゾンにグルーヴィなドラム
と緊張感のあるフルートが加わるオルガン・ロックA-3がオススメ。
どこか牧歌的なメロディと女性コーラスに東独らしさも感じられる。

8 55 351　12"

Du - Liebeslieder Unserer Zeit
V.A.

1974　AMIGA

タイトルは『私たちの時代のラヴソング』。ここでしか聴けない楽曲がほとんど、かつ名曲ばかりを収録した東独で最も聴くべきコンピだ。歌姫 Uschi Brüning の他では聴けない 2 曲 (A-1・B-1) は、どちらもジャズサックス奏者 Friedhelm Schönfeld が作曲を手がけており貴重。内容もグルーヴ溢れるジャズ・ロックで最高だ。さらに Klaus Lenz Big Band のサックス奏者 Rainer Gäbler が作曲した A-4、映画音楽の作曲家 Jürgen Ecke による哀愁あふれる A-5 などジャズ・ロックの良曲を多数収録。

8 55 380　12"

Klaus Lenz Modern Soul Big Band
Klaus Lenz Modern Soul Big Band

1974　AMIGA

Klaus Lenz Band は 72 年 に Modern Soul Band と 合 併。Klaus Lenz Modern Soul Big Band となって 73 〜 74 年にツアーを行い、本作を録音した。5/4 の変拍子ファンクも顔を出す長尺 A-1 は、9/8 による B-1 と併せて作編曲能力の高さを感じるインスト曲。B-2 では"東欧の Gil Scott-Heron"、Klaus Nowodworski がポエトリーな歌唱を聴かせてくれ、Roberta Flack のカヴァー A-2 では Uschi Brüning がソウルフルに歌う。ヴォーカル陣も魅力の一枚。

8 55 384　12"

Chris Doerk 2
Chris Doerk

1974　AMIGA

スター歌手 Frank Schöbel の妻 (リリースと同年に離婚) で、彼とのデュオでも人気を博した歌手 Chris Doerk による 2nd アルバム。Frank Schöbel 同様、東独ロックの最重要人物 Uve Schikora と彼のグループをバックの演奏に起用しているのも見逃せない。中でも Schikora 作曲の A-1 はヘヴィ級のファンク・ロックに彼女の力強い歌唱が乗る超名曲。ポップ歌手とは思えない壮絶なシャウトも披露し、短いながらギター・ソロもかっこいい。同じく Schikora 作曲のフォーク・ロック B-5 もグルーヴィ。

8 55 387　12"

Gerd Michaelis Chor
Gerd Michaelis Chor

1974　AMIGA

タレント・作詞家の Wolfgang Brandenstein によるオーケストラから誕生した Gerd Michaelis Chor は、Gerd Michaelis 率いる男女 4 人ずつからなるヴォーカル・グループ。その名を初めて大きく掲げた本作では、分厚いコーラスサウンドを骨太のロックに乗せ、今まで参加した多くのイージーリスニング作品でのふんわりとした歌唱のイメージを大きく覆している。疾走するロックな A-1・A-6・B-1 も良いが、オススメは洗練されたソフト・ロック B-4。76 年にグループは解散し、Cantus Chor [P.27] として再編される。

SX 1348　12"

Klaus Lenz Big Band
Klaus Lenz Big Band

1974　Muza

Klaus Lenz Modern Soul Big Bandは73〜74年のツアー後に再
分裂し、Klaus Lenz Big Bandが誕生。本作は分裂後にポーラン
ドのジャズフェス「Jazz Jamboree」に出演した際のライブ録音盤。
ヴァイオリニストDietrich Petzoldの演奏が前面に出た、変拍子入
りインスト長尺ジャズ・ロックB-1が特にオススメで、プログレッシ
ヴかつスピリチュアルな良曲だ。ソウルフルなヴォーカルが入った
残り4曲もすばらしい。『Jazz Jamboree 74 - Vol. 1』では本作未
収録の2曲が聴ける。

4 55 995　7"

Oh, Liebling / Viele Wege Nach Rom
Henry Kotowski

1974　AMIGA

伝説的Big-beatグループFranke Echo Quintettでキャリアをスター
ト、並行してDie Sputniksを結成して人気を博したHenry
Kotowskiはシーンの崩壊後も活動を続け、本作はそのソロ作。バッ
クはTheo Schumann Formationで、Theo Schumannは編曲も
手がけている。バブルガム・ポップなA面も良いが、東欧グルーヴ
的に推したいのはB面。ハンドクラップ入りのゴキゲンなイントロ
に導かれ、ソウルフルなKotowskiのヴォーカルが入ればそれは東
独版R&B。女性コーラスも入っているのが嬉しい。

4 56 091　7"

Hochzeitsnacht / Einer Wie Du
Uschi Brüning

1975　AMIGA

東独が誇る女性ヴォーカリストUschi Brüningによる5枚目の7イ
ンチ。1stアルバムでも共演した盟友Günther Fischerを作編曲に
迎えた本作は、A面に収録された東欧屈指の名曲の存在ゆえ、超
人気盤となっている。ダウナー・ファンクなビートに絡む、エレピ
と彼女の喘ぎ声。うっとりするようなストリングスとフルートが曲を
盛り上げ、妖艶でソウルフルな彼女のヴォーカルが絡み、脳が溶け
るかと思う美しさだ。B面も洗練されたソフト・ロックに仕上がって
おり、Fischerの作編曲のすばらしさが染みわたる超オススメ盤だ。

4 56 096　7"

He, Wir Fahren Auf's Land / Komm, Komm
Nina Hagen & Automobil

1975　AMIGA

Nina Hagenは女優としてキャリアをスタートしてすぐ、のちにLiftに
参加するMichael Heubachを中心にAutomobilを結成。数枚の7イ
ンチを残しソロ活動を経たあと、76年西ドイツに移住。CBSから再
デビューしたのち、旅先のロンドンでSex Pistolsと出会ってパンクに
開眼、帰国後リリースしたアルバムは25万枚売れてパンクのカリス
マに。その後進出したアメリカでもヒットを飛ばし、00年のハノーバー
万博のテーマも歌うという、ハチャメチャな人生を送ってきた。貴重
な東独期の本作ではパワフルな歌唱と骨太なグルーヴが楽しめる。

4 56 101　7"

Es Ist Vorbei / Nachtballade
Christiane Ufholz
1975　AMIGA

伝説的Big-beatグループDie Butlersでキャリアをスタートさせ、後期Dresden Sextettとその発展形のLiftや、Klaus Lenz Big Bandに参加したシンガー Christiane Ufholzのソロ作品。Theo Schumann Formationがバックを固め、作曲もTheo Schumannが担当。彼女は東ドイツで最も本場のソウルに肉薄した歌手で、A面ではその持ち味が存分に発揮され鳥肌が立つ。B面は叩きつけるピアノにストリングス、ブラス、オルガンまで加わるファンキーな演奏も魅力な良曲。

4 56 116　7"

Kräht Der Hahn / Komm, Bitte Komm
Dina Straat
1975　AMIGA

Dresden Sextettにヴォーカルとして参加していたDina Straatは、グループがLiftへと発展するタイミングで離脱、ソロへと転向して数枚の7インチと1枚のアルバムをリリース。75年発表の本作はアルバム未収録の2曲を収めている。B面はベテラン作曲家のKlaus Hugoによって書かれ、熟練の指揮者Martin Hoffmannがアレンジと演奏を担当した楽曲で、浮遊するシンセのイントロと美しいピアノ、キュートな歌声が太いドラムによってグルーヴィに調理される良曲だ。

4 56 138　7"

Söhnchen / Hoch War Der Berg
Stern Combo Meißen
1975　AMIGA

プログレッシヴ・ロックグループとして広く知られているStern Combo Meißen（のちにStern Meißenに改名）は名前通りマイセン出身のグループで、64年に結成。元々はChicagoやBS&Tの影響を受けたブラス・ロックを演奏していた。ブラスのメンバーが抜けるとプログレ化を進め、77年にはシンフォニック・ロックの傑作である1stアルバムをリリースする。その前に発売された本作はプログレ化の過渡期にリリースされた彼ら初の7インチで、シンセサイザーをブラスの代わりに導入した良質ムーグ・ファンクを2曲聴くことができる。

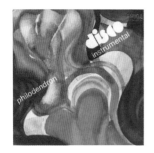

4 56 157　7"

Disco Instrumental - Philodendron / Kirschblüte
Veronika Fischer & Band
1975　AMIGA

Veronika Fischer & Bandが1stアルバム発表前にリリースした企画盤的7インチで、その内容ゆえ、東独トップの人気＆高額盤となっている一枚。太すぎるベースとは対照的に繊細なハープの爪弾きが美しく彩り、官能的なため息とストリングスが情感をかき立てる魅惑のディスコが収録されたA面は超名曲！ 後半に満を持して登場するカッティング・ギターも最高。そして叩きつけるドラムをブラスとストリングスが盛り上げる王道ディスコなB面も名曲で、つまりは両A面。Veronika Fischerのスキャットも◎。

8 55 459　12"

Veronika Fischer & Band
Veronika Fischer & Band
1976　AMIGA

学生時代Panta Rheiのヴォーカルとして活躍した女性歌手Veronika Fischerは、音大卒業後に自身のグループを結成。メンバーにはPanta Rheiから一緒だったドラマーのFrank Hilleや、後期Dresden Sextettのメンバーだった鍵盤奏者のFranz Bartzsch、のちに歌手としてソロでも活躍するギタリストHansi Bieblなどが在籍し、CSNY的なサウンドを聴かせる。メンバーの美しいコーラスとキュートな歌唱が聴けるA-3、ヘヴィに突き進むファンク・ロックB-5がオススメ。

8 55 509　12"

Aufbruch
Klaus Lenz Big Band
1976　AMIGA

Klaus Lenz Big Bandの76年作。全編インストで構成され、ビッグ・バンドサウンドとフュージョンを融合させた、より進歩的な音楽性を感じることができる。オススメはヘヴィなベースとシンセにブラスが絡む、プログレッシヴなA-1。残念ながらKlaus Lenzは77年に西ドイツへと移住し、AMIGAでの録音はこれが最後となってしまうが、鍵盤奏者Wolfgang Fiedlerがメンバーとコンセプトを引き継いだグループ、Fusionを結成。一方Lenzは西側では成功できず、2枚のアルバムをリリース後に音楽活動を引退してしまった。

8 55 555　12"

Modern Soul Band
Modern Soul Band
1976　AMIGA

Moderm Soul BandがKlaus Lenz Bandと合流後に再び独立し、作成した1st。BS&TやChicagoのカヴァーからキャリアをスタートさせた彼らの、本家越えの骨太ブラス・ロックが聴ける傑作だ。東欧屈指のグルーヴを持つインスト曲A-3をはじめ、A-1・A-2・A-5・B-2などハイレベルな楽曲揃い。B-2はヴォーカルKlaus Nowodworskiのソロ名義でもリリースされた名曲だが、演奏が緊張感を増しており、よりオススメ。女性ヴォーカルでは、音源の少ないRegine Dobberschützが参加している。

4 56 189　7"

Ein Wigwam Steht In Babelsberg / Manchmal Treffen Sich Zwei Leben
Express
1976　AMIGA

Expressは72年に結成され、アルバムは制作できなかったものの『Hallo』をはじめとする各種コンピや、数枚発表した7インチ群でその楽曲を確認できる。ヴォーカルからヴァイオリン、サックス、鍵盤まで演奏するErnst Lemkeがリーダーを務め、ほぼすべての作編曲を担当しているが、彼の楽曲はカントリー調のロックばかりで東欧グルーヴ的には今一つのものが多い。しかし本作のB面は例外的にジャズギタリストのUwe Kropinskiが作編曲を手がけているため、ドラム・ブレイクから始まる良質ムーグ・ファンクに仕上がっている。

4 56 203 7"

Drei Mädchen und Eine Band / Ur Ur Lied
Gruppe Elefant
1976 AMIGA

Gruppe Elefantはフランツ・リスト・ワイマール音楽大学の生徒によって76年結成。メンバーと音楽性を大きく変化させながらも85年まで存続し、2枚のアルバムをリリースしている。記念すべき初のシングルである本作にはアルバム未収録の楽曲を2曲収録。のちにB.E.M. [P.25]を結成するMichael Schubertが作編曲を手がけたA面はハッピーなディスコの良曲に仕上がっており、オススメ。B面はドイツらしい2拍子のリズムをベースとしたコミカルな楽曲だが、オブスキュアなグルーヴを楽しむことができる。

8 55 514 12"

Veronika Fischer & Band
Veronika Fischer & Band
1977 AMIGA

Veronika Fischer & Bandによる2ndアルバム。内容は、前作の延長線上にあるCSNY的なサウンドになっている。ソフト・ロックなA-1、ドラムブレイクで幕を開けるAORなB-1、プログレッシヴなThe Enid的展開を見せるB-4など良曲を多数収録。本作はロシア語表記のものなど様々な種類の盤が存在し、さらには西ドイツでもリリース。国内でも150万枚も売れた大ヒット作となったが、グループは分裂して一部は4PS [P.26]として独立。彼らは4thアルバムで再び合流するものの、3rdアルバムは全く違うメンバーで制作された。

8 55 515 12"

Orchester International
Martin Hoffmann
1977 AMIGA

様々なビッグ・バンドを率いた名指揮者Martin Hoffmannが東欧各国からゲストを招いた作品。Karel Gott [P.104]のような各国のスター歌手や演奏家が自身の曲をビッグ・バンドに乗せて披露するのは大変豪華だが、半分を占めるHoffmann自身のオリジナル曲も聴きどころ。パーカッションで幕を開け、途中ゴスペル風コーラスも登場するソウルフルなB-1、同じ共産圏である北ベトナムの首都ハノイをイメージしたアジア風味なメロディを忍ばせたB-3、強靭なグルーヴを持つジャズ・ファンクが一瞬マーチに変化するB-7などオススメ。

8 55 540 12"

Disco
Andreas Holm
1977 AMIGA

60年代から活躍するシュラーガー歌手Andreas Holmは時代に合わせて音楽性を変化させ、70年代後半にはディスコ路線へ転向。3rdアルバムである本作はそのままズバリなタイトルでディスコ歌謡を披露している。とはいってもイナたくアクの強い楽曲が多いため、良曲は少ない。評価できるのはコテコテすぎるディスコA-1、カッティング・ギターが激しく切り込むファンキーなB-4の2曲か。演奏はすべてOrchester Günter Gollaschが手がけている。Holmの4thアルバムもディスコ路線だが、こちらもアクが強くて好みが分かれる作品。

8 55 544　12"

Rhythmus '77
V.A.
1977　AMIGA

「Rhythmus」は、娯楽芸術委員会(Komitee Für Unterhaltun-gskunst)による、ダンスミュージックの振興を目的とした事業。コンサートが企画されてテレビでも放映されたほか、そこで披露された楽曲は毎年コンピとしてリリースされた。77年の本作 B-3 にはEntropie なるグループによる唯一の音源が収録され、"パッパラー"という謎のコーラス入りグルーヴは非常にユーモラス。ポーランドの歌姫 Urszula Sipińska の名曲「Fortepian w rzece」を原曲以上のグルーヴで収録している76年作もオススメ。

8 55 550　12"

Lift
Lift
1977　AMIGA

Lift は Dresden Sextett から発展し、73年に誕生した。当初は後期 Dresden Sextett に参加していた Christiane Ufholz がヴォーカルを務め、彼女の歌で数枚の7インチを発表。アルバムには未収録だがどれもオススメだ。彼女がグループを脱退し、1st アルバムである本作を発表する頃には音楽性をプログレッシヴに進化させ、本作と2nd は日本のプログレファンにも広く知られている。若干のAOR 風味をまとったプログレ曲が並ぶ中、ファンク・ロックな A-2は東欧グルーヴ的良曲だ。

8 55 551　12"

Gruppe Wir
Gruppe Wir
1977　AMIGA

Wir は Big-beat グループ、Baltic Quintett のリーダーだったWolfgang Ziegler により72年結成。ヘヴィなプログレッシヴ・ロックを演奏し15分の大曲も収録した 2nd アルバムが有名だが、初期の音源を収録した『DT64』シリーズの7インチ群ではファンク・ロックを演奏していて、1st アルバムである本作でもその名残が感じられる。7/8拍子の A-1、重く引きずるようなディスコ・ロック A-3、太いベースのリフで始まる A-5、ハードなギターとハイトーンのシャウトが聴ける B-4 などヘヴィなグルーヴを堪能できる一枚。

8 55 568　12"

AMIGA JAZZ: Big Band Aktuell
Rundfunk Tanzorchester Berlin
1977　AMIGA

国内の新譜のみならず、本場アメリカや西側ヨーロッパのジャズを紹介し、東独ジャズの発展に貢献してきた『AMIGA JAZZ』シリーズの一枚。ベルリン・ラジオ(Berliner Rundfunk)のお抱えビッグ・バンド Rundfunk Tanzorchester Berlin の本領発揮盤。率いるのは設立当初から指揮を担当する名手 Günter Gollasch。ポーランドの最重要ジャズメン Jerzy Milian [P.56] が参戦し、A面の作編曲を担当している。フルート入りジャズ・ファンクの A-5 や、ヴァイオリンの飛び出すジャズ・ロック B-5 がオススメ。

8 55 569　12"

Berlin - Lieder Einer Großen Stadt
V.A.

1977　AMIGA

『ベルリンへの愛の宣言』なるドキュメンタリー映画のサントラ。A面は当たり障りのない歌で構成されているが、注目すべきはB面。全編 Veronika Fischer の歌と Günther Fischer Quintett の演奏が聴け、もちろんアレンジも Günther Fischer だから悪いわけがない。洗練されたディスコ B-1 に始まり、アンニュイなダウナー・ファンク B-3、不協和音と電子音によるオブスキュアなグルーヴ B-6、極上ボッサ B-6 など、アレンジが光る多彩な楽曲を収録。どれも本盤のみ収録なのでぜひ聴いてほしい。

8 55 580　12"

box 1/78
V.A.

1978　AMIGA

『box』は75年から78年にかけて計21枚リリースされたコンピ・シリーズで、当初は東独以外の東欧諸国の歌手を紹介する企画だった。しかし途中から自国アーティストの音源も多く収録している。例によってコンピのみ収録の楽曲も多いのでスルーは禁物。ハンガリーの女性歌手 Cserháti Zsuzsa [P.137] によるディスコ A-3、チェコ生まれながら主に東ドイツで活躍した女性歌手 Schwarzer Mann によるムーグ・ファンク歌謡 B-2、音源の少ないユニット Peter & Cott'n によるサザン・ロック B-3 はどれも本作のみ収録ながら名曲だ。

8 55 582　12"

Alle Mann An Deck
Kreis

1978　AMIGA

ディスコ・ロックグループ Kreis は作編曲も担当する鍵盤奏者の Arnold Fritzsch を中心に結成され、彼の妻もヴォーカルとフルートで参加している。1stアルバムもオススメだが、前作以上に良曲を多数収録しているこちらの2ndを推薦したい。グルーヴを刻み続けるベースとソウルフルなヴォーカル、時折顔を出すぐぐもったシンセが最高な A-2、王道ディスコ A-4、うねるベースにささやくようなヴォーカルが乗る B-1 など、グルーヴィな良曲の宝庫。グループはこのあと、チェコや西ドイツでもアルバムをリリースして人気を博した。

8 55 585　12"

AMIGA JAZZ: FEZ
FEZ

1978　AMIGA

『AMIGA JAZZ』は西側の有名ジャズミュージシャンのベスト盤シリーズとして74年スタート。77年から東独産ジャズの紹介も開始し、ここから『AMIGA JAZZ』が初出となる作品が登場。その中で最も重要なのが本作で、FEZ 唯一のアルバム。東独産ジャズの多様性を凝縮したような変幻自在のジャズ・ロックが楽しめる傑作だ。6/8拍子のジャズ・ファンク A-1、エキゾチックなフレーズと変拍子に彩られた B-1 が特にオススメ。長尺ジャズ・ファンク A-3 や、アヴァンギャルドにスイングする B-2、哀愁のスピリチュアル・ジャズ B-3 など良曲多数。

8 55 599　12"

Erfurt
Gruppe Jürgen Kerth
1978　AMIGA

ブルースにルーツを持つギタリストJürgen Kerthは音楽学校を卒業したのちにJürgen Kerth Quintettを設立。レコードによってグループ名が異なるが、本作ではサックスが抜けて4人編成となっている。A-2・B-4・B-2のような重く引きずるブルース・ロックや、B-3のようにギターテクを披露するインスト曲が多いが、ディスコやレゲエの影響も感じられ、A-1・A-3・B-1・B-5などはヘヴィなグルーヴを有する。79年にベーシストが死亡してトリオとなり、以降はKerthのソロ名義でアルバムを数枚リリースしている。

8 55 608　12"

Wenn Der Abend Kommt
Holger Biege
1978　AMIGA

Lenz一派のSieghart Schubertによるグループでデビューした歌手Holger Biegeは76年ソロへ転向、色気のある個性的な歌唱で人気を博した。Klaus Lenz Modern Soul Big Bandに参加したこともあり、その77年のライブはCDで聴くことができる。その時披露した名曲「Kann Schon Sein」は、この時の熱気あふれるブラス・ロックの演奏には劣るものの、A-6として収録されている。もうひとつの名曲A-2はReinhard Lakomyが演奏で参加し、良質なポップスに仕上がっている。

8 55 663　12"

Die Erde Dreht Sich Linksherum
V.A.
1978　AMIGA

ワルシャワ条約機構の同盟国と協力して行われたソ連の宇宙探査計画"インターコスモス"により、東独からはSigmund Jähnが78年、宇宙に送り込まれた。本作はそれを記念したレコードで、彼と一緒に地球に帰還したソ連の宇宙飛行士Valery Bykovskyとふたりでジャケットに写っている。ここでしか聴けない宇宙ソングを多数収録し、Cantus Chor [P.27]によるスペース・ディスコB-1、Stern Combo Meißenによるコズミック・エレクトロ・グルーヴB-2、Horst KrügerによるプログレッシヴなB-3など良曲の宝庫。

4 56 309　7"

Telefon / Cherry Brandy
B.E.M.
1978　AMIGA

B.E.M.は、Uve Schikora und Seine GruppeやGruppe Elefantに参加していたヴォーカリスト兼ギタリストのMichael Schubertを中心に、ふたりの女性歌手Brigitte GoldnerとEva Kyselkaを加えて結成したディスコグループ。グループ名はメンバーのイニシャルとなっている。2曲ともSchubertの作曲で、A面のシンセサイザーが入ったムーグ・ディスコ、B面のダンサブルな王道ディスコどちらも良曲だ。作品が本作のみなのが惜しまれるグループ。

4 56 321 7"

Lied Von Der Märchenfee / Ich Würde, Wenn Ich Wüßte, Daß Ich Könnte
4PS
1978 AMIGA

4PSはVeronika Fischer & Bandから独立したグループで、単体で計2枚の7インチをリリース。本作はその2枚目。Veronika Fischer & Bandの楽曲のほとんどを手がけてきた鍵盤奏者 Franz Bartzschの卓越したメロディセンスは健在で、B面はドイツらしい歌心を持った良曲。美しいコーラスと演奏技術もすばらしく、そのサウンドはまさに東独版10ccだ。グループは80年に再びFischerと合流したものの、ほどなくしてBartzschとFischerは西ドイツへと移住してグループは分解してしまった。

4 56 347 7"

Komm, Wir Fahren Mal Raus / Ein Mädchen Zum Träumen
Centrum
1978 AMIGA

Centrumはシングルを2枚と、コンピに1曲参加したのみで情報が少ないグループであるが、判明しているメンバーにはHorst KrügerやGünther Fischerのグループに参加した鍵盤奏者 Detlef Bielkeがいる。タイトル通りのコテコテなディスコ曲「Disco King」を収録した前作も良いが、本作B面には多少の洗練を加えたディスコを収録しており、こちらがオススメ。A面には健康的なハード・ロックを収録している。作曲は判明しているもうひとりのメンバー、Rudi Babbenがいずれも担当している。

4 56 379 7"

Laß Dieses »He« / Was Nun
Caufner Schwestern
1978 AMIGA

Caufner Schwesternは、ハンス・アイスラー音楽大学ダンスミュージック学部の生徒たちで結成されたCollege Formation BerlinのヴォーカルだったIsa Caufnerと、同じくそのメンバーだったJuliane Caufnerが、さらにIrinaを加えて3姉妹で結成したディスコグループ。78年に2枚の7インチを残し、どちらも良盤だがA面にくぐもったシンセのイントロ入りディスコを収録したこちらがよりオススメ。Isa Kaufnerは80年にソロとして独立し、グループは活動をフェードアウトさせてしまう。

4 56 384 7"

Schäfchen Zählen / Du Bist Ein Märchenbuch
Regine Dobberschütz
1978 AMIGA

Modern Soul Bandに参加していたジャズシンガー、Regine Dobberschützは7インチを2枚残しており、本作はその2枚目。作編曲は両曲とも、ポーランド出身で80年代に東ドイツでも活躍したジャズメン Ryszard Kulaが手がけている。良質AORなA面は同年ポーランドの歌手 Irena Jarockaがリリースした楽曲のドイツ語ヴァージョンとなっているが、演奏のキレは格段にこちらが上。ドラムブレイクで始まるメロディアスなブラス・ロックのB面も良い。キュートな歌声も魅力的だ。

8 55 644　12"

Neue Generation
Neue Generation
1979　AMIGA

Neue Generation は76年に結成されたディスコ・ロックグループ。唯一のアルバムである本作は、力強いベースとドラムに気持ちいいエレピ、多彩なサウンドを奏でるシンセが入った贅沢なA-2、ハードなギター入りのファンク・ロックA-5、カッティングしまくるギターにフルートが入ったムーグ・ディスコB-4など、作編曲でも魅せる良曲多数。メンバーのうち3人がNeumis Rock Circusを結成したことでグループは短命に終わり、本作がリリースされたのはすでに解散したあととなってしまった。

8 55 649　12"

Meeting
Modern Soul Band
1979　AMIGA

東独最重要グループ、Modern Soul Bandの2ndアルバム。傑作1stよりもブラス・ロック色は後退したものの、ディスコやハード・ロックの要素を取り入れたサウンドとなっている。ヴォーカルにはお馴染み Klaus Nowodworskiに加え、新たに女性歌手Gonda Streibigも加わり、ソウルフルな歌声を聴かせてくれる。超コッテリなディスコA-3、ソウル・ジャズなA-4、ブラス入りハード・ロックB-1、そしてタイトルにもなったグルーヴィなジャズ・ロックB-3がオススメ。

8 55 655　12"

Das Unsichtbare Visier
Walter Kubiczeck
1979　AMIGA

ビッグ・バンドを率いて多くの歌謡曲でバックを務めてきた、作編曲家でもあるWalter Kubiczeckによるテレビドラマのサントラ盤。ドラマは謎の地域を旅し、そこで怪しげな文化と出会うという内容。そんな本作のハイライトはB-7で、ドラマでは異国の女性ダンサーが歌い踊る曲として使用されている。ほぼ全裸の女性たちが踊るシーンに目を奪われがちだが、曲もグルーヴィかつサイケデリックで最高だ。他にもヘヴィなファンクA-1、歌謡インスト風味のA-4、ディスコ調のA-6・B-5、ベースとコンガが怪しく響くオブスキュアなファンクB-1など良曲多数。

8 55 658　12"

Cantus-Boutique
Cantus Chor
1979　AMIGA

東独随一のヴォーカル・グループGerd Michaelis Chorは指導者Gerd Michaelisの健康悪化により76年に解散、メンバーのVlady Slezákがグループを引き継いでCantus Chorとして再編された。バック・コーラスがメインの活動だったGerd Michaelis Chor時代とは違いグループ自体が表舞台に立ち、ディスコ路線で人気を博している。A-2・A-4・A-6・B-1・B-4・B-5・B-7などディスコの佳曲を多く収録。少々コテコテだが、Neoton Família [P.134] (後期)が好きならこれも聴けるだろう。

8 55 664　12"

Orgel Spezialitäten
AMIGA Studio Orchester
1979　AMIGA

イージーリスニング作品が豊富な東ドイツだが、その多くはAMIGA
の一流スタジオ・ミュージシャンが参加しており見逃せない。本作
は民謡やクラシックをオルガンで弾くありがちな企画ながら、奏者
はAMIGAレーベルの名プロデューサーであり、東ドイツ歌謡界に
数々の名曲を送り込んできた作編曲家でもあるGerhard Siebholz。
「朝日のあたる家」のファンキーカヴァーA-1、日本で「メリーさんの
羊」として親しまれている「Good Night, Ladies」のカヴァーA-4が
オススメ。

8 55 698　12"

Günther Fischer
Günther Fischer Sextett
1979　AMIGA

Günther Fischerが作曲した映画音楽を集めた作品で、ディスコ〜
フュージョン路線の楽曲を多く収録したアルバム。彼のサックスが
唸るディスコA-1、洗練されたダウナー・ファンクからAORに移行
するA-3、ハーモニカ入りディスコA-6、ゆらめくサイケデリックな
ワルツB-4などを収録。B-5はベルリンを舞台にしたDavid Bowie
主演の映画『ジャスト・ア・ジゴロ』用に制作した楽曲だ。Fischer
は80年公開のアメリカ映画『Nightkill』のサントラも手がけており、
こちらは単独でアルバムになっているので要チェック!

8 55 697　12"

Komm In Den Park Von Sanssouci -
Dagmar Koller Singt Robert Stolz
Dagmar Koller
1980　AMIGA

オーストリアの歌手Dagmar Kollerと、同国の作曲家Robert Stolzによる
東独進出作という異色盤。しかし、編曲は全編Günther Fischerが担当し
ているので押さえておく必要がある。基本的にはストリングスが際立った
ムーディな歌謡モノだが、ギターが唸るディスコ歌謡B-2や、ツバ吹きフ
ルートとベースが主導し、白昼夢のごとき幻想的オケが盛り立てるブラジ
リアン・フュージョン歌謡B-4など、一聴の価値アリ.彼女は60年代デビュー
のベテランで、本作リリースの2年前にはウィーン市長と結婚している。

8 55 732　12"

Ich Will Dir Eine Rose Sein
Dagmar Frederic
1980　AMIGA

Dagmar Fredericは、男性歌手Siegfried Uhlenbrockとのデュエッ
トで60年代末にデビュー。ふたりは人気を博し、東独代表のフィギュ
アスケート選手Gaby Seyfertのフリースタイル用にその楽曲を採用
されたこともある。そんな彼女は70年代後半にソロでも活躍し、
1stアルバムである本作をリリース。中身は平凡な歌謡曲がほとん
どだが、そんな中B-3は作曲家に転身していた元ロッカーThomas
Natschinskiによる楽曲で、シルキーなソフト・ロックの超名曲に
仕上がっている。

8 55 757　12"

Kinderfest
V.A.
1980　AMIGA

子ども向けレコードであるが、作曲を元ロッカーThomas
Natschinskiが担当しているため見過ごせない作品。子どもたちの
叫び声をドラムが切り開きほのぼのキッズ・ファンクが展開される
A-1、乾いたパーカッションの上で女性ヴォーカルが淡々と歌うオブ
スキュアなグルーヴA-3、リコーダーとハーモニカが単調なビート
の上で緩いソロ・バトルを繰り広げるA-4、「Robotertanz(ロボット・
ダンス)」のタイトル通りロボット・ヴォイスで歌われるムーグ・ファ
ンクB-2。異形のグルーヴを収録し、芸術的にも極めて優れた一枚。

8 55 766　12"

Kleeblatt 1/1980
V.A.
1980　AMIGA

79年からスタートした、新人紹介のためのコンピ・シリーズ
『Kleeblatt』。ここにしか収録されない曲がほとんどなので要チェッ
クだが、特にオススメなのがコレ。冒頭4曲はGruppe Elefantの
ヴォーカルも務めたMarion Scharfのソロ曲だが、2曲をGünther
Fischerが作編曲。中でもA-4はメロウなAORとなっており特にオ
ススメ! Holger BiegeアレンジによるA-1もコテコテさがクセにな
る良曲。ロックグループKeksによるA-5・A-6・B-2も10ccを彷彿
とさせるメロディと演奏で悪くない。

8 55 778　12"

Tanzt Keiner Boogie?
Familie Silly
1981　AMIGA

ハンス・アイスラー音楽大学に在籍時代、学生たちのグループ
College Formation Berlinのメンバーとして活躍したMathias
Schrammがプロとして結成したのがこのFamilie Silly。彼はヴォー
カルとベースの他、作編曲も手がけている。1stである本作は80
年に西ドイツでSilly名義でリリースされ、その後英語のグループ名
が不適切との理由で名称を改めて、東ドイツでリリースされた。キー
ボードのサウンドを生かした煌びやかなロックを得意とするが、A-1
は重低音を効かせたヘヴィなブギーに仕上がっておりオススメ。

8 55 812　12"

Heisse Tage
Katrin Lindner & Schubert Band
1981　AMIGA

Schubert BandはKlaus Lenzのグループでトロンボーンを担当し
ていたSieghart Schubertにより結成(こちらでは鍵盤を担当)。女
性ヴォーカルのKatrin Lindnerは、ロックミュージシャンを多く輩
出した学生グループCollege Formation Berlinの出身で、力強い
歌唱が魅力的だ。彼らは元々ジャズ・ロックを演奏していたが、唯
一のアルバムである本作では時代の流れに沿い、ディスコサウンド
を導入。A-2・A-5・B-2・B-3では強靭なビートを持った、骨太なディ
スコ・ロックが聴ける。

Leben Ist Halt So
Eva-Maria Pieckert

1981　AMIGA

透き通ったキュートな歌声を持つ女性歌手Eva-Maria Pieckertは
70年代後半にデビュー、AMIGAではこのアルバム1枚と7インチ
を2枚リリースした他、コンピに数曲を収録している。ほとんどの
楽曲をHorst Krügerが作編曲、演奏までしているから見逃せない。
本作からは、グルーヴィなロック・バラードA-5や途中からサンバパー
トへ雪崩れ込むディスコB-1を推薦。こちらには未収録だが、シン
セ入りの爽やかなディスコを収録した80年リリースの7インチA面
もオススメだ。

8 55 822　12"

AMIGA JAZZ: Theo Schumann
Theo Schumann

1981　AMIGA

娯楽音楽の帝王Theo Schumannがルーツであるジャズに向き合った
作品。『AMIGA JAZZ』シリーズの1枚。A-3を除く全曲が自身の作曲。
ディスコ調ジャズA-1、Soft Machineの影響を感じさせるジャズ・ロッ
クA-2へ続き、オルガン入りソウル・ジャズに昇華されたCharlie Parker
のA-3、そして正統ジャズで〆るA面が最高。パッションに満ちたA面
から一転して、B面は東独らしいリリカルでクールなジャズが続くが、ラ
テンパーカッションが入っていたり、展開にも工夫が凝らされていて作
曲家としての才能が際立っている。ラストB-4は良質フュージョン。名盤。

8 55 829　12"

Was Treibt Mich Nur
Angelika Mann

1981　AMIGA

Angelika Mannは"Lütte（リュッテ）"の愛称で親しまれ、Reinhard
Lakomyのグループに歌手として携わってきた。Lakomyの愛称で
ある"Lucky"と合わせてLucky & Lütteの名義でも活動している。
唯一のアルバムである本作もLakomyが半分の作曲と演奏を手が
け、彼によるA-2は重苦しいビートに乗せて段々と熱を帯びてくる
ヴォーカルとそれに絡むサックスが最高な良曲。残りはのちに
Stern Meißenに参加するAndreas Bickingが手がけており、彼に
よるAORなA-1もオススメだ。

8 55 847　12"

Jumping At The Woodside
Rundfunk Tanzorchester Leipzig

1982　AMIGA

東独第二の都市、ライプツィヒのラジオ局Rundfunk Leipzigお抱
えのビッグ・バンド、Rundfunk Tanzorchester Leipzigによるアル
バム。内容はスタンダードなビッグ・バンド作品だが、印象的なエ
レピと、重厚なブラスサウンドで綴ったボッサA-4は見過ごせない。
グルーヴと優美さが同居した贅沢な一曲だ。作編曲を担当したピ
アニストのEberhard Weiseはあのklaus Lenzの師匠的存在で、
LenzがキャリアをスタートさせたのもWeiseのグループからだった。

8 55 961　12"

8 56 017　12"

Pop-Gymnastik
V.A.

1983　AMIGA

東欧各国に存在するエアロビクス用レコードのひとつ。Karat や
Puhdys など大物アーティストの楽曲も収録し、曲間をなくしたノン
ストップ仕様に仕上がっている。Karat による A-7 は既出の曲だが、
ヴォーカルの代わりに Stern Combo Meißen の Lothar Kramer によ
るキーボードが加わり、よりダンサブルなアレンジになっている。
Silly による B-5 はここでしか聴けない曲で、ヘヴィなベースが生み出
すグルーヴにチープなシンセが乗る、クセになる一曲。最後にドラム
ブレイクも存在。体操のやり方を解説したポスターが付属している。

8 56 047　12"

Atemlos - Disco Non Stop
V.A.

1984　AMIGA

ロックグループ Reform の名曲をタイトルに冠したディスココンピ。
Modern Soul Band による Stevie Wonder に捧げた B-4 は、「Sir
Duke」からの引用フレーズもあるグルーヴィな楽曲でオススメ。
Reggae Play による、レゲエ風ディスコ B-5 も良曲だ。この2曲は
本作のみに収録されている。スクラッチをシンセサイザーで代用し
ラップを乗せた B-1、メロウなトラックにラップを乗せた B-3 は東
独最初期のヒップホップで、『Kleeblatt No. 11』でも聴くことがで
きるが買うなら内容の充実したこちらをどうぞ。

8 56 048　12"

Heisse Spur
Walter Kubiczeck

1984　AMIGA

多くの映画音楽を手がけた作曲家 Walter Kubiczeck が 70 年代後半
から 80 年代にかけて制作したサントラを寄せ集めたアルバム。世界中
の DJ が熱い視線を向けるのも納得の充実した内容で、ミュート・トラ
ンペットとフルートによるオルガン・ファンク B-1 をはじめとするグルー
ヴィな名曲を多数収録している。コンガ入りファンク A-1、ヘヴィなギター
が混入したオブスキュアな A-4、ストリングスが舞いクラビネットが踊
る A-6、太すぎるドラムブレイクを持つ B-2、スパニッシュな香り漂うフ
ラメンコ風ディスコ B-5 など多彩な楽曲はどれもオススメ。

8 56 053　12"

Freundliches Wort
Maja Catrin Fritsche

1984　AMIGA

ドレスデンの歌謡祭「Goldener Rathausmann」で優勝し、80 年
にデビューした歌手 Maja Catrin Fritsche の 1st。演奏指揮と作詞
作曲は、元 Gerd Michaelis Chor の Hartmut Schulze-Gerlach が
手がけている。特筆すべき点のない歌謡曲がほとんどだが、A-3 は
秀逸なディスコとなっており、軽快なグルーヴにストリングスと官
能的な吐息が加わったイントロから引き込まれる。"ビテビテビテ
ビテ" というキラーフレーズや、クセになる低音の男声との掛け合
いなど、気持ちいい要素が盛りだくさん。

Kleeblatt No.14: Electronic-Pop
V.A.
1985 AMIGA

コンピ・シリーズ『Kleeblatt』の1枚で、電子音楽にフォーカスした
人気盤。最新鋭のアーティスト4組を集め、タイトル通りエレクト
ロニックかつポップな楽曲を収録している。中でも、のちに単体で
もアルバムをリリースするユニットKeyによる3曲はどれもキャッ
チーでダンサブル。他にも、同じくのちに単独でアルバムをリリー
スするシンセサイザー奏者Hans-Hasso Stamer、コンピと同名のグ
ループKleeblattの鍵盤奏者Julius Krebs、ギタリスト兼シンセサ
イザー奏者Wolfgang Paulkeらのここでしか聴けない音源を収録。

8 56 125　12"

Jürgen Karney Präsentiert Schlager Aus "Bong"
V.A.
1985 AMIGA

Jürgen Karneyが司会を務める音楽番組『Bong』は83年から89年
まで放送され、若手アーティストが多く出演して人気を博した。番組内
で紹介された楽曲はコンピとしてまとめられ、計5枚がリリースされて
いる。多くの楽曲が番組のために制作されているため、ここでしか聴
けない楽曲がほとんどだ。85年リリースの本作は、Eva-Maria
Pieckertによる強靭なディスコB-7を収録しているので特に手に入れ
たい一枚。86年リリース作には、ニワトリの鳴き声をサンプリングした
ビートを使う異色のコミックソングを収録しており、そちらもオススメ。

8 56 131　12"

Electronics: Sound-Synthese
Jürgen Ecke
1985 AMIGA

82年からスタートした、東ドイツの電子音楽を紹介するシリーズ
『Electronics』の1枚。Jürgen Eckeは作曲やオーケストラ指揮で、
特に映画音楽の分野で活躍してきた人物だが、今作では自らシン
セサイザーを操りゴリゴリの電子音楽を制作。その楽曲は無機質
ながらも強靭なグルーヴを持ち、中でも叩きつけるようなシンセの
リフが印象的なA-1はオススメ。2017年にリリースされたコンピ
『AMIGA Electronics』でも紹介されており、東独テクノシーンを象
徴するアルバムとなっている。

8 56 171　12"

Uhren Ohne Zeiger
Reform
1985 AMIGA

Reformは75年に結成し、メンバーチェンジを繰り返しながら86年
まで存続。結成2年後に加わった、Electraや初期Liftに参加したヴォー
カリスト・鍵盤奏者のStephan Trepteがフロントマンとしてグループ
を牽引した。ダミ声のヴォーカルに暑苦しいキーボードとギターが加
わったコテコテのロックが特徴だが、3rdとなる本作ではベースとド
ラムを交代しグルーヴを強化。ワールド・ミュージックの要素も取り
入れて音楽性も豊かになっている。超名曲B-3をはじめ、スラップす
るベースで幕を開けるラテン・ロックA-5、レゲエなA-6がオススメ。

8 56 176　12"

5 56 117　EP

AMIGA Quartett: Dancin' - Special Disco Mix
P. S. J.

1985　AMIGA

80年からスタートした『AMIGA Quartett』シリーズの1枚で、この
音源しか存在しないグループP. S. J.によるEP。作曲はPuhdysの
ベーシストだったHarry Jeske、編曲はStern Combo Meißenの
鍵盤奏者Lothar Kramerが担当（おそらく演奏でも参加）。シンセ
にまみれた強靭なビートにより、タイトル通りダンサブルな内容に
仕上がっている。サックスとヴォコーダーが入ったA-1、チープなシ
ンセが哀愁漂うA-2、ダンサブルなベースラインを持ったB-1、コッ
テリ味ディスコB-2と、全曲味わい深い。

8 56 215　12"

Swinging Pool
Pascal von Wroblewsky

1986　AMIGA

ジャズからクラシックまで歌いこなし、現在も活躍を続けるシンガー
Pascal von Wroblewskyによる1stアルバム。ほぼ西側楽曲のカ
ヴァーでまとめられているが、B-1のみオリジナル。本作のアレンジ
を全編担当する盲目のピアニストReinhard Walterによる作曲だ。
チェコのヴォーカリストJana Koubková [P.108]を想起させるパー
カッシヴなスキャットを多重録音した、エレピ入りブラジリアン・
フュージョンとなっている。Herbie Hancock楽曲のA-1・B-5など、
カヴァーの仕上がりも良い。

8 56 293　12"

Spezial Disco Mix
Pop Projekt

1987　AMIGA

Pop Projektはディスコ・ロックグループKreisが82年に解散した
のち、中心人物だったArnold Fritzschによるプロジェクトとして誕
生。彼は作曲、オケの打ち込みから、ギター、ベース、トランペッ
トの演奏までこなしている。Fritzschはクラブ・カルチャーを完全
に吸収しており、生み出す楽曲は太いグルーヴを持つエレクトロ・
ファンク。本作は確実にフロアを沸かせる曲だけを収録した超オス
スメ盤だ。"セックス！"と連呼し、サンプリングした男女の喘ぎ声
が飛び交うB-2は東ドイツで最もキケンな楽曲！

8 56 324　12"

Fasten Seat Belts!
Bajazzo featuring Pascal von Wroblewsky

1987　AMIGA

78年にアマチュアのジャズグループとして結成され、Berlin
Amateur Jazz Orchesterを略してBajazzoと名付けられた。81年
にプロとしてデビューしたあとは、元Stern Combo Meißenのドラ
マー Michael Behmや、歌手Pascal von Wroblewsky（今回はゲ
ストとしてクレジット）といった強力なメンバーも獲得。本作は東独
時代唯一のアルバムで、オリジナル曲は中心人物でギターの
Jürgen Heckelが作曲し、ブラジリアン・フュージョンな内容に仕
上がっている。

5 56 169　EP

AMIGA Quartett: Pop-Palast
V.A.
1987　AMIGA

『AMIGA Quartett』は様々なポピュラー音楽を紹介するEPシリーズ（4曲入りだからQuartett）だが、本作では4アーティストの楽曲を1曲ずつ収録している。A-3にはファンキーなトラックにラップが乗るヒップホップを収録。歌っているのは音楽番組『Bong』の司会者Jürgen Karneyと、同じく音楽番組『Meine Erste Show』の司会者Wolfgang Lippertという面白い組み合わせだ。作曲はディスコ・ロックグループNeue Generationの鍵盤奏者だったRainer Oleakが手がけている。

8 56 360　12"

Kleeblatt Nr. 24: Jazz-Rock Rock-Jazz
V.A.
1988　AMIGA

『Kleeblatt』の24枚目で、ジャズ・ロックに焦点を当てた作品。90年にAMIGAの後継レーベルZongからアルバムを発表するグループFlairによるスラップ・ベース舞い踊る強靭なフュージョンA-1、超高速サンバA-2、ここでしか音源の聴けないFill Inによるブラジリアン・フュージョンA-4、レゲエ風イントロを持つA-5、音源の少ないグループBossa NostraによるスーパーのBGMを技巧的にしたようなB-1、そしてやはりここでしか聴けないグループGin-Chillaによるハードなギター・ソロ入りフュージョンB-3を収録。

8 56 423　12"

Key
Key
1989　AMIGA

Keyはシンセサイザー奏者Frank Fehse（一時期Gruppe Elefantに在籍）とAndreas Freginによるユニットで、東独シンセ・ポップのパイオニア的存在。84年に結成し、85年の『Kleeblatt No.14』に参加したのち、唯一のアルバムである本作を発表。ポップなメロディとダンサブルなリズムにより、本格的な電子音楽作品ながら親しみやすく仕上がっている。尺八風味のシンセがオリエンタルなA-3のような曲もあれば、美しいエレピと哀愁のメロディで泣かせてくるB-3、縦ノリ電化ロックンロールB-4など多彩な楽曲を収録。

5 56 215　EP

AMIGA Quartett: Delta Dreams
Delta Dreams
1989　AMIGA

Delta Dreamsは、後期Stern MeißenのヴォーカリストRalf Schmidt（ソロ名義IC Falkenbergとしても活動）と、同じく鍵盤奏者でサックスも演奏するAndreas Bickingによるユニットだ。本作は『AMIGA Quartett』シリーズとしてリリース。Bickingのサックスも舞い狂うA-1、ドイツ語のラジオ音声をサンプリングしたA-2など、フロアを確実に沸かせるハイエナジーな4曲を収録。東西統一後はZongレーベルから唯一のアルバムを発表し、本作のA-2を除く3曲はそちらにも収録している。

ポーランド人民共和国

Polska Rzeczpospolita Ludowa

カタコンベ時代とポーリッシュ・ジャズの誕生

　ポーランドはジャズ、ロック双方で東欧をリードする存在だった。"白いアームストロング"と呼ばれたEddie Rosnerは、20年代後半から30年代初頭にかけてヨーロッパ最高のトランペッターと評されていた。彼はベルリンでポーランド系ユダヤ人の家庭に生まれたが、ナチスの迫害を逃れるためワルシャワへ移り、ポーランドのジャズシーンを大きく発展させた。39年、ナチスの爆撃を逃れてベラルーシへ向かうと、スターリンに評価されてソ連でもジャズの発展に尽くした。しかし終戦後、スターリンはジャズに対する態度を一変させて規制し、Rosnerは強制収容所へと送られた。スターリンの時代、ポーランドでもジャズは規制の対象となった。公共の場での演奏を禁止されたミュージシャンは、地下での活動を余儀なくされた。この時代を"カタコンベ時代"という。

　"カタコンベ時代"もジャズの熱気が消えることはなかった。47年に結成されたMelomani（音楽愛好家）は、ディキシーランド・ジャズを演奏して人気を博した。若手ミュージシャンも多く参加し、ピアニストAndrzej Trzaskowskiらのちのジャズシーンを支える才能が集まった。52年に加わったピアニストKrzysztof KomedaはMelomaniでは満足できずに自身のセクステットを結成し、モダン・ジャズの先駆者となった。

　53年のスターリン死去によって、カタコンベ時代はようやく終わりを迎える。54年にはRosnerが釈放され、翌年にはワルシャワで政府公認のジャム・セッションが開催された。55年に放送が始まった短波ラジオの番組「Voice of America Jazz Hour」もシーンに大きな影響を与えた。Willis Conoverが司会するこの番組には、アメリカの音楽を東側に広めるプロパガンダとしての目的もあった。実際、この番組を聴くことは、当時の東欧で本場のジャズを体験できる数少ない方法だったという。スターリン批判がなされた56年、ポーランドではポズナンで暴動が起こり、比較的穏健なゴムウカ政権が誕生した。この年、東欧で初めてのジャズフェスである「ソポト・ジャズ祭（Festiwal Jazzowy Sopot）」が開催され、MelomaniやKomeda

のセクステットが出演した。ソポト・ジャズ祭は60年には「ジャズ・ジャンボリー（Jazz Jamboree）」へと発展し、世界中のミュージシャンが一堂に会するヨーロッパ最大のジャズフェスとなった。

ソポト・ジャズ祭やジャズ・ジャンボリーの模様は録音されてリリースされ、徐々にジャズのレコードは増えていった。63年には初の12インチ盤であるAndrzej Kurylewicz Quintet『Go Right』[P.38]がリリースされた。65年には『Polish Jazz』シリーズがスタートし、自国のミュージシャンを紹介した。『Polish Jazz』は体制転換までに76枚ものアルバムをリリースし、ポーリッシュ・ジャズの高いレベルを世界中に知らしめた。

72年にはポーランド・ジャズ協会（Polskiego Stowarzyszenia Jazzowego、略してPSJとも）もレコード制作を始め、76年には独自のレーベルPoljazzを設立した。64年から始まった学生ジャズフェスティバル「Jazz nad Odrą」は新世代のミュージシャンを育成し、70年代にはExtra BallやLaboratoriumらジャズ・ロック系のグループを多く輩出した。Poljazzレーベルは、彼らのような若手のレコードを積極的にリリースしていった。

ロックンロールの規制とBig-beat

「ソポト・ジャズ祭」実行委員のひとりだった、ジャズを愛好する音楽ジャーナリストFranciszek Walickiはロックシーンでも重要な役割を果たした。彼は58年に初となるロックグループRhythm and Bluesを結成してその音楽監督を務めたが、グループは政府の圧力を受けて60年に解散を余儀なくされた。Walickiはロックンロールの代替語としてBig-beatを考案し、規制をある程度免れることに成功。Rhythm and Bluesの後続グループとして設立されたCzerwono Czarniはさらなる人気を獲得した。62年にWalickiが結成したNiebiesko Czarniも成功し、ポーランドを代表するロッカーとして知られるCzesław Niemenを輩出した。Big-beatシーンは東ドイツとチェコスロヴァキアにも広がり、大きな影響を与えた。62年に開催された「ヤング・タレント・フェスティバル（Festiwal Młodych Talentów）」でNiebiesko Czarniが優勝すると、Big-beatの人気は不動のものとなった。

65年、作曲家Andrzej Korzyńskiによってラジオ局に設立されたスタジオ「Rytm」は、Big-beatを中心とする若者向けの音楽を録音して放送する役割を担った。このスタジオではNiebiesko Czarniのような人気グループだけでなく、様々な歌手が楽曲を録音した。そのような歌手の演奏は、Big-beatグループTajfunyを前身とする「Rytm」専属のセッション・ミュージシャン集団Zespół Studia Rytmが担当し、Big-beatサウンドをポピュラー音楽全体に浸透させていった。

ビート・ミサの誕生

60年代末、Big-beatは教会とも結びついた。司祭Leon Kantorskiは67年、ミサで演奏される曲をBig-beatにして教会に若者を呼び込むべく、作曲家Katarzyna Gärtnerに協力を依頼した。こうして完成した『Msza beatowa（ビート・ミサ）』はCzerwono Czarniによって演奏され、若者を熱狂させた。無神論を掲げる共産主義の政府から独立した存在だった教会は、Big-beatをお咎めなしで演奏できる場所だった。神学校の生徒たちがBig-beatグループを結成する例も多く見られたという。69年に始まった「サクロソング宗教歌フェス」でもBig-beat化した聖歌が披露された。その背景には、カトリックの現代化を目的とした63年の第2ヴァチカン公会議の影響もある。第2ヴァチカン公会議の典礼憲章により、教会音楽として伝統的なパイプオルガンを用いたグレゴリオ聖歌だけでなく、ジャンルや楽器を問わない自由な楽曲を演奏できるようになった。聖歌のBig-beat化に顔をしかめる聖職者もいたが、のちにヨハネ・パウロ2世としてポーランド初の教皇になるクラクフ教区の大司教カルロ・ヴォイティワが強力な後ろ盾となった。彼は資金面でも「サクロソング宗教歌フェス」を支援した。80年代に活躍した歌手Izabela Trojanowskaのように、このフェスで注目されてプロとなったアーティストも多く存在する。

『Msza Beatowa』
（1968年）

Big-beatからロックへ

68年に結成されたBreakoutは、Tadeusz NalepaのハードなギターサウンドによってBig-beatを脱却してロックの先駆者となった。彼らが西側のブルース・ロックを追究した一方で、TrubadurzyやSkaldowieといったグループはクラシックや伝統音楽を融合させた独自のロックを完成させた。R&Bの影響を受けたPolanieから発展したグループABCは、ギター・レスの編成にジャズの要素や美しいコーラスを特徴とする個性的なロックを生み出した。元BreakoutのギタリストDariusz Kozakiewiczを獲得したTestはハード・ロックの開祖となった。こうして70年代にはBig-beatの時代は終わり、多様なロックグループが活躍するようになっていった。その中でも特に成功を収めたのが、ソウルフルな歌唱を特徴とするロック歌手

Czesław Niemenだった。彼は72年にミュンヘンで制作したアルバム『Strange Is This World』を皮切りに、西側への進出も果たした。この頃Niemenのバックで演奏していたミュージシャンは、SBBとして単体でも人気を集めた。『Strange Is This World』やSBBの1stアルバム（74年リリース）では、テクニカルなジャズ・ロックサウンドを聴くことができる。彼らは79年にシンフォニック・ロック路線のアルバム『Welcome』を発表し、東欧のプログレッシヴ・ロックシーンに多大な影響を与えた。

詩と音楽、詩人とロック

　ポーランド特有の音楽に、"歌う詩（Poezja śpiewana）"がある。これは音楽用ではない詩を歌うもので、文学的な内容の詩に繊細なメロディをつけ、ギターかピアノによるシンプルな演奏で歌われることが多い。このジャンルも若者の間で大変な人気を博し、ポーランドのポピュラー音楽において重要な位置を占めた。その第一人者であるMarek Grechutaはジャズ・ロックグループAnawaと協力し、"歌う詩"の可能性を大きく広げた。

　"歌う詩"に限らず、詩はポーランドの文化において非常に重要なものだった。5人のノーベル文学賞作家を輩出し、その中にはCzesław Miłoszら詩人が含まれていることからも、そのことがわかるだろう。Big-beatやロックのグループは、歌詞をプロの作詞家に委ねることで規制を免れることができた。しかし、歌詞が重要だったのは規制だけが理由ではなく、詩に対するリスペクトがあったからだといえる。NiemenはJulian TuwimやCyprian Kamil Norwidといった詩人の作品を好んで曲を付けた。彼らはポーランドを代表する詩人であるが、その詩はもちろん音楽用に作られたものではないし、そもそもTuwimは53年、Norwidは19世紀に死去しているのでロックとは無縁の人物だ。Norwidの詩は16分もの曲となり、Niemenの名盤『Enigmatic』に収録されている。

ポーランド歌謡の発展

　ポーランド歌謡の発展は、61年からスタートした「ソポト歌謡祭（Festiwal Piosenki w Sopocie）」、63年からの「オポーレ歌謡祭（Krajowy Festiwal Piosenki Polskiej w Opolu）」によって支えられた。「オポーレ歌謡祭」が国内の歌手による歌謡祭だったのに対して「ソポト歌謡祭」は国際歌謡祭であり、西側の歌手も多く登場してポーランドの音楽シーンに影響を与えた。また、62年から始まった「学生歌謡祭（Studencki Festiwal Piosenki）」は新しい歌手の発掘に貢献し、最も成功したMaryla Rodowiczもここでの優勝を契機に人気を獲得した。

　ポーランド歌謡では、ヴォーカル・グループも多く活躍した。そのルーツは伝統音楽において不可欠な合唱団にある。合唱がいかに重要だったかは、民族舞踊のグループとして有名なMazowszeやŚląskが、ダンサーや楽団の他に100名以上の合唱隊を擁していたことからもわかる。この合唱の文化がポピュラー音楽と結びついた結果、多くのヴォーカル・グループが誕生していった。48年、クラクフのラジオ局に設置されたChór Polskiego Radiaは民謡やクラシックを歌う合唱団であるが、歌謡曲やロックのコーラスも担当した。59年に結成された初の女性ヴォーカル・グループFilipinkiは、多くの歌謡曲でコーラスを手がけ、単体でも人気を博した。彼女らを皮切りに、AlibabkiやPartitaなど様々なグループが生まれている。AmazonkiのHalina Żytkowiakのように、ヴォーカル・グループでキャリアを積んだ歌手がソロでも人気を獲得したケースも多い。

戒厳令から民主化まで

　80年代のポーランドには、個性的なアーティストが多くひしめいていた。中でも、シンセサイザーを自作してミュンヘン・サウンドを演奏したKombiは人気を博した。しかし、81年末から敷かれた戒厳令によって、音楽シーンは一時的に断絶してしまう。「オポーレ歌謡祭」や「ジャズ・ジャンボリー」が82年に中止を余儀なくされた。Niemenは活動を制限されたばかりか、戒厳令を支持しているように発言を切り取られた映像がテレビで放映されて、誤解したファンから非難を浴びた。音楽シーンの復活は、83年に戒厳令が解かれるのを待つこととなった。

　83〜84年に、ポロニアと呼ばれる海外在住のポーランド人によって設立されたPolton、Savitor、Arstonは、独立系レーベルとしてパンクやニューウェーヴ、オルタナティヴ・ロックのグループを紹介した。80年から始まった「全国青少年音楽フェス（Ogólnopolski Festiwal Muzyki Młodej Generacji）」には、インディーズの多くのグループが出演して観客を熱狂させた。戒厳令以降、フェス出演者の歌詞は印刷して検閲を受ける必要があったが、本番ではこれを無視した過激な歌が披露されることも多かった。検閲は事務的で、機能していない例も多々あったという。80年の「全国青少年音楽フェス」で注目されたMaanamは全国的な人気を得たが、84年にソ連の代表団の前で演奏することを拒否したために、放送禁止の処分を受けた。

　85年頃から始まったソ連のペレストロイカによって、ポーランドでも民主化が進められていった。89年の円卓会議、選挙による連帯の勝利によって、東欧でいち早く民主化が達成された。ポピュラー音楽で東欧をリードする存在だったポーランドは、民主化においても真っ先にその道筋を示した。ジャズやパンク、伝統音楽を融合させたYass（ヤス）など体制転換後にも新しいジャンルが生み出されており、『Polish Jazz』シリーズの新作も2016年からリリースが続いている。現在の音楽シーンにも注目だ。

XL 0186　12"

Go Right
Andrzej Kurylewicz Quintet

1963　Polskie Nagrania Muza

本作はポーランド初のジャズによる12インチ盤であり、のちの『Polish Jazz』シリーズのvol.0とも称される先駆的なアルバム。リーダーであるトランペッター Andrzej Kurylewicz は、ラジオ局お抱えのビッグ・バンド Polish Radio Big Band の指揮者を64年から66年にかけて務め、ジャズシーンの発展に大きく貢献した人物。他メンバーもこのあとシーンを牽引していく面々が揃っており、パッション溢れるハード・バップを聴かせてくれる。Kurylewicz の作曲による、5拍子のジャズ B-2 が聴きどころ。

N 0338　EP

Nie otworzę drzwi nikomu
Helena Majdaniec

1964　Polskie Nagrania Muza

Helena Majdaniec は"ツイストの女王"と呼ばれ、Big-beat（ロックンロールの代替語）シーンの黎明期に活躍。最初期の Big-beat グループである Czerwono Czarni や Niebiesko Czarni をバックに従えて歌い、シーンの発展に大きく貢献した。本作では、のちにポーランドにおける最も重要な作曲家となる Piotr Figiel が楽曲を提供しているほか、演奏指揮も担当。4曲とも腰を振らずにはいられないダンサブルなツイストの良曲となっており、Majdaniec の伸びやかな歌唱も楽しめる推薦盤。

SKL 4644　12"

Lola
Zbigniew Namysłowski Modern Jazz Quartet

1964　DECCA

ポーリッシュ・ジャズの最重要人物 Zbigniew Namysłowski はサックス奏者としてはもちろん作曲家としても傑出し、ジャズのみならずポップス分野でも多くの名曲を手がけた。63年に自身初のカルテットを結成した彼は英国の DECCA より本作をリリース。大半をオリジナル曲で構成し、ポーランド独自のジャズの誕生を告げた、金字塔的作品である。彼が作曲した A-1 は、美しく哀愁あふれるメロディが心を打つボッサの超名曲。同じく彼による A-3 は5/4のリズムになっており、ソロでは影響を受けたという John Coltrane のごとくスピリチュアルに飛翔する。超名盤。

XL 0241　12"

Polish Jazz vol.2: Polish Radio Big Band
Andrzej Kurylewicz

1965　Polskie Nagrania Muza

『Polish Jazz』シリーズは65年にスタートし、89年のvol.76で一旦休止するまでオリジナリティ溢れる国産ジャズを紹介し続けた。vol.2には Andrzej Kurylewicz 率いる Polish Radio Big Band のアルバムが登場。彼らはポーランド初のビッグ・バンドでもあった。Piotr Figiel や Jerzy Milian ら、のちに作曲家として目覚ましい活躍をするジャズミュージシャンに作曲を任せていることにも注目。Kurylewicz は共産党員になることを拒否したため、66年に指揮者を解雇されてしまった。

SXL 0246　12"

Polish Jazz vol.3: Polish Jazz Quartet
Polish Jazz Quartet

1965　Polskie Nagrania Muza

"ポーリッシュ・ジャズのゴッドファーザー"と呼ばれた Jan Ptaszyn Wróblewski が 63 年に結成した Polish Jazz Quartet による作品。他メンバーはピアニストの Wojciech Karolak、ベーシスト Juliusz Sandecki、そしてドラマーの Andrzej Dąbrowski で、いずれも黎明期のジャズシーンを支えた人物だ。A 面に Karolak による楽曲、B 面には Wróblewski による楽曲を収録し、中でも力強く刻まれるドラムのビートに美しいピアノが絡む A-1 はオススメだ。

XL 0258　12"

Polish Jazz vol.4: The Andrzej Trzaskowski Quintet
The Andrzej Trzaskowski Quintet

1965　Polskie Nagrania Muza

Andrzej Trzaskowski は戦後ジャズシーンにおける始祖的グループ Melomani のピアニストとしてデビュー。56 年には国内最高のジャズピアニストとして雑誌の投票で選出されている。59 年には自身のグループ The Wreckers を結成して、アメリカで演奏したポーランド初のジャズグループとなった。彼がクインテットを率いて『Polish Jazz』に残した本作は、いち早くフリー・ジャズの要素を取り込んだ名曲 A-2 や、ポーランド民謡に着想を得た B-3 など、先進的楽曲を収録。トランペッター Tomasz Stańko の演奏にも注目。

XL 0298　12"

Polish Jazz vol.5: Astigmatic
Krzysztof Komeda

1966　Polskie Nagrania Muza

Krzysztof Komeda はポーランドにおける"モダン・ジャズの父"であり、伝説的ピアニスト。ジャズが規制を受けていた"カタコンベ時代"の最中、52 年に Melomani へと参加。しかしディキシーランド・ジャズでは満足できず、56 年に自身のセクステットを結成してモダン・ジャズを追求した。作曲家としても優れていた彼は映画音楽の分野でも多くの名曲を残したことで知られる。本作はフリー・ジャズを取り入れた前衛的でスリリングな演奏と、胸を打つ美しいメロディが高次元で調和した類まれなる名盤。不慮の事故により早世したのが惜しまれる、才能の結晶。

XL 0331　12"

Niebiesko Czarni
Niebiesko Czarni

1966　Pronit

ポーランド最初期の Big-beat グループ Niebiesko Czarni は、シーンの立役者 Franciszek Walicki によって 62 年結成。結成後間もなく第 1 回「Festiwal Młodych Talentów(ヤング・タレント・フェスティバル)」で優勝して人気を博した。のちにシンガー・ソングライターとしてロックシーンを牽引する Czesław Niemen も参加し、グルーヴィなツイスト A-1 で作曲の才能を発揮している。Niemen の離脱後もギター・ヴォーカルの Wojciech Korda を中心に、76 年まで活動を続けた。

XL 0352　12"

Czerwono Czarni
Czerwono Czarni
1966　Polskie Nagrania Muza

ポーランド最初のロックグループRhythm and Bluesは当局の圧力により60年に解散。芸術監督だったFranciszek Walickiはロックンロールの代替語としてBig-beatを考案し、後継グループとしてCzerwono Czarniを設立した。メンバーも大きく入れ替わり、新たな命が吹き込まれた彼らは最初のBig-beatグループとして熱狂的に迎えられた。すべてオリジナル曲で構成された彼らの1stアルバムは、ポーランド産ロックの幕開けに相応しすぎる、瑞々しいロックの躍動を捉えた名盤。

XL 0381　12"

Dla ciebie miły
Violetta Villas
1967　Polskie Nagrania Muza

Violetta Villasは60年代を代表する歌姫であり、セックス・シンボルとして絶大な人気を博したスター。ピアノやヴァイオリンも演奏し、絶対音感を持ち、作曲までこなすばかりか、5か国語を操る才色兼備な人物だ。本作の演奏を担当したZespół Studia Rytmも超重要で、ラジオで若者向け音楽を紹介するために作られたスタジオ「Rytm」お抱えのグループであり、Big-beatの精鋭集団である。グループを率いるAndrzej Korzyńskiが作曲したB-5は、トイピアノのようなキュートなイントロを持つロックンロールな名曲。

XL 0437　12"

Blackout
Blackout
1967　Polskie Nagrania Muza

ギター・ヴォーカルのTadeusz Nalepa、のちにStan Borysと改名してソロで活躍するStanisław Guzek、Nalepaの妻でもある歌手Mira Kubasińskaによって結成されたBlackout唯一のアルバム。リリース直後に彼らはポーランドで初めて本格的なロックを演奏したグループBreakoutに発展するが、本作でもブルージィなメロディや、荒々しい演奏にその片鱗を見ることができる。全曲Nalepaの作曲となっており、良リフを持ったA-6は中でもオススメの一曲。

SXL 0438　12"

Polanie
Polanie
1968　Polskie Nagrania Muza

Niebiesko Czarni、Czerwono Czarniのメンバーから成り、短い活動期間ながらもポーランドのロックシーンに大きな影響を与えたグループ、Polanie唯一のアルバム。本格的なR&Bサウンドを国内に持ち込んだ功績は特に大きく、本作ではR&Bを完全に消化してオリジナルに挑戦。A面に自作曲、B面にThe AnimalsやRay Charlesなど影響を受けた音楽のカヴァーを収録している。メンバー自身の曲はもちろんだが、最重要ジャズサックス奏者であるZbigniew Namysłowskiが作曲したA-1もすばらしい。

SXL 0466 12"

Daj!
Jerzy Połomski
1968 Polskie Nagrania Muza

50年代に俳優としてキャリアをスタートさせ、その後歌手としても活躍した大御所Jerzy Połomskiの68年作。60年代の彼は、ポーランド歌謡界でもトップの人気を誇っていた絶頂期。ダンディズム溢れる歌声にも痺れるが、本作で推したいのは、のちにソ連でかのMelodiya EnsembleにカヴァーされることになるB-6。ベースの印象的なイントロで幕を開け、オルガンがソウルフルに曲を彩る、東欧グルーヴのクラシックだ。作曲と演奏の指揮を担当したのは、Komedaのトリオなどで活躍したジャズベーシストのAdam Skorupka。

SB 15 169 12"

Novi in Wonderland
Novi Singers
1968 SABA

ポーランドが誇るヴォーカル・グループNovi Singersは、作編曲もこなすBernard Kawkaを中心に、ワルシャワ国立高等音楽学校の生徒で64年に結成された。NoviとはNew Original Vocal Instrumentsの略。その名が示す通り、声を楽器として用いて複雑な和声を表現し洗練されたジャズと組み合わせた手法は唯一無二。西ドイツでリリースされた本作は、彼らの芸術を世界に知らしめ、今でも世界中のDJからリスペクトされる説明不要の名盤だ。かのU.F.O.にもサンプリングされたB-5は、レアグルーヴ史に残る超名曲。

XL 0516 12"

Czy mnie jeszcze pamiętasz?
Czesław Niemen, Akwarele
1969 Polskie Nagrania Muza

Big-beatシーンの立役者Franciszek Walickiに見出されたNiemenは、Niebiesko Czarniに参加後、自身のグループAkwareleを結成。彼らと共に3枚のアルバムを残した。共産主義へのプロテストソングとして絶大な支持を集めた「Dziwny jest ten świat」を収録した1stに比べインパクトは劣るものの、完成度は続く2枚が上回る。特に3枚目の本作では、本場のソウルをポーランド流に解釈した独自の音楽を創造。Niemenのコブシを効かせた歌唱とシャウトは鳥肌モノ。

SXL 0531 12"

Na drugim brzegu tęczy
Breakout
1969 Polskie Nagrania Muza

68年の2月、BlackoutはBreakoutに改名し、ヴォーカリストStanisław Guzekの脱退などメンバーチェンジも経て新体制に移行。ポーランドで初めて本格的なロックを演奏した彼らによって、Big-beatの時代は終わり、ロックシーンの到来が告げられた。1stアルバムである本作は、ポーランド産ロックの最重要作品としてリスペクトを集め続けている名盤である。ハードなギターと太いドラムに、清涼感のある女性ヴォーカルが乗り、フルートまで登場するA-1は、早すぎたハード・ロック〜プログレとしても解釈できる名曲。

XL 0529　12"

To ziemia
Stan Borys, Bizony

1969　Pronit

Blackoutと決別したStan BorysことStanisław Guzekは、新グループBizonyを率いてソロに転向して本作をリリースした。ブラスやストリングスが効果的に使われ、アート志向なロックに仕上がっている。彼の最初のヒット曲にもなったB-1やB-4など、ジャズ・ファンク的な魅力も秘めた良盤だ。Bizonyのリーダーでサックス奏者のZbigniew Bizońは、Niebiesko Czarni、Czerwono Czarni、Tajfunyなど重要なグループに参加した、Big-beatシーンの影の立役者でもある。

N 0556　EP

Motyle
Amazonki

1969　Pronit

Amazonkiは、歌はもちろんフルートやピアノも演奏し、作曲までこなすHalina Żytkowiakを擁した女性ヴォーカル・グループで、Filipinkiを率いたJan Janikowskiの監督のもと結成された。本作ではロック専門のセッション・ミュージシャン集団であるZespół Studia Rytm [P.43, 47] が演奏に加わり、グルーヴ十分なポーランド産ドゥーワップを楽しむことができる。Żytkowiakが作曲したA-1は中でも名曲。ŻytkowiakはTrubadurzy加入のため脱退してしまうが、そのあとリリースされた次作EPも良い。

N 0570　EP

Piosenka o Zielińskiej
Skaldowie, Alibabki

1969　Pronit

SkaldowieはBig-beatグループとして65年に結成された。メンバーが生まれたクラクフ最南端のポドハレ地区は、伝統的文化が色濃く残る山岳地帯であり、哀愁のメロディや、ヴァイオリンを導入したサウンドにはその影響が大きく表れている。リーダー・鍵盤奏者のAndrzej Zielińskiは優れた作曲家でもあり、上記の通り伝統音楽とロックを融合させ、ジャズやクラシックなども取り入れてジャンルを横断した楽曲を制作。本作はZielińskiによる気品漂うボッサA-2を収録した推薦盤で、Alibabki [P.60] のコーラスが華を添えている。

N 0577　EP

Napisz proszę
Grupa ABC

1969　Pronit

ABCはNiebiesko Czarni、Polanieと渡り歩いてきたAndrzej Nebeskiにより、69年結成。元々はGrupa O!という名前だったが、「A.B.C. Boogie」のカヴァーをヒットさせたことで、投票によって名前を変更したという経緯がある。作品数は少ないが、ギターレスという編成と、クオリティの高い楽曲群により、強い存在感を放っている。デビュー盤となった本作はアルバム未収録の4曲入り。Halina Frąckowiakのソウルフルな歌唱が光るロックンロールA-2、グルーヴィなR&BのB-2がすばらしい。

N 0579　EP

Z Cyganami w świat
Maciej Kossowski
1969　Polskie Nagrania Muza

Maciej KossowskiはトランペッターとしてCzerwono Czarniで活動したあと、Zespół Studia Rytm（若者向け音楽を制作するラジオのスタジオ「Rytm」お抱えグループ）の前身Tajfunyに加わってソ連ツアーに参加。帰国後はスタジオ「Rytm」でプロデュース、作曲など多彩な活躍を見せ、Big-beatシーン発展の陰の立役者となった。このEPでは自らコンポーズした楽曲を歌い、演奏の指揮も手がけるというマルチぶりを発揮。そのR&Bな楽曲はPolanieを彷彿とさせる、Big-beatの隠れた名曲だ。

SXL 0599　12"

Na fujarce
Czerwone Gitary
1970　Polskie Nagrania Muza

65年にグダニスクで結成されたCzerwone Gitaryは、数あるBig-beatグループの中でも突出した美しいコーラス、哀愁の美メロを持ち味とし、ポーランドで最もThe Beatlesに近づいた存在である。その楽曲クオリティは、東欧はもちろん、全世界を見渡しても同時代で極めて高い水準に達しており、世界中で人気を博した。1st～3rdはどれも20万枚前後の売上を記録し、その人気を裏づけている。本作は最高傑作と評される4thで、もしThe Beatlesが活動を続けていたらこんな楽曲を作っていただろう…と思えるような、アート・ロックの名盤。

SXL 0601　12"

Marek Grechuta Anawa
Marek Grechuta & Anawa
1970　Polskie Nagrania Muza

Poezja śpiewana（歌う詩）はポーランド特有のジャンルで、音楽用でない詩に音楽をつけて歌うものを指す。その第一人者であるMarek Grechutaは、ジャズ・ロックグループAnawaを演奏に加えることで、Poezja śpiewanaの芸術性を一段と高く押し上げた。Grechutaによる詩の表現に、Anawaによるチェロやピアノが寄り添うように盛り上げる。繊細なメロディはクラシカルだが、曲のクライマックスでは情熱的なジャズへと発展。ポーランドが世界に誇る、至高の芸術がここにある。

SXL 0606　12"

Polish Jazz vol.21: Krzysztof Sadowski and His Hammond Organ
Krzysztof Sadowski
1970　Polskie Nagrania Muza

Krzysztof Sadowskiは50年代から活躍するジャズオルガン奏者であり、Czerwono CzarniをはじめとするBig-beat～ロックグループにも楽曲提供や演奏で協力してきた。ジャズからロックまで貪欲に吸収してきた彼の演奏は非常にソウルフルだ。本作はA面がライブ録音であり、オルガンとドラムのみの演奏を収録。B面ではジャズ界のゴッドファーザーJan Ptaszyn Wróblewski [P.54]が指揮するビッグ・バンドとの演奏を聴ける。The Beatlesのカヴァーをメドレー形式にしたA-2も興味深い一曲。

SXL 0623　12"

Wiatraki 1
Wiatraki

1970　Polskie Nagrania Muza

ヴォーカリスト・鍵盤奏者のRyszard Poznakowskiは65年から67年までBig-beatグループCzerwono Czarniに参加したあと、ウッチのグループ Trubadurzyに移籍し、その音楽監督を務めた。さらに69年に一時 Trubadurzyを脱退して結成したのがWiatraki。Poznakowskiのオルガンを中核に据えたロックサウンドに、男女3人から成るヴォーカルがソウルフルに絡み合うコテコテのグルーヴがクセになる。グループは71年に分解し、Poznakowskiは Trubadurzyへと帰還した。

SXL 0626　12"

Skąd my się znamy
Wiślanie 69

1970　Pronit

美しく艶のある声が特徴のElżbieta Żakowiczと、ソウルフルな歌唱を得意とするJanusz Hryniewiczのふたりのヴォーカリストを擁するBig-beatグループ、Wiślanie 69は68年に結成。ソウルミュージックを得意とし、そのサウンドは数あるBig-beatグループの中でも特にグルーヴィ。ブラスやPartita [P.57]による分厚いコーラスはもちろんだが、のちにBemibek [P.48]に参加する鍵盤奏者Andrzej Ibekの功績は大きく、美しいピアノ・ソロを持った彼作曲のA-2や、ソウルフルなオルガンが炸裂するB-1は必聴だ。

SXL 0627　12"

Grupa ABC
Grupa ABC

1970　Pronit

ABCはAndrzej Nebeskiを中心に、伝説的R&BグループPolanieを前身として結成。Polanie時代から磨かれたグルーヴに、ABCから合流したサックス奏者Aleksander Michalskiによってもたらされたジャズの要素も加わり、洗練されたジャズ・ファンクを聴かせてくれる。唯一のアルバムである本作は、名曲A-6をはじめとする捨て曲なしの内容で、ポーランドを代表する名盤。Nebeskiが古巣Niebiesko Czarniに戻ったことでグループは短命に終わり、Frąckowiakもソロへと移行した。

SXL 0637　12"

Kochana
Trubadurzy

1970　Pronit

ウッチのBig-beatグループとして63年に結成されたTrubadurzyは、The Beatlesの影響下にあるロックにポーランドの伝統音楽やクラシックなどの要素も取り入れた、ゴッタ煮的サウンドを特徴とする。6枚のオリジナル・アルバムすべてがゴールドディスクを獲得している怪物グループだ。3rdアルバムである本作では、スラヴ的エッセンスの効いた哀愁のメロディを前面に押し出し、イナたさ溢れるサイケデリック・ロックを演奏。激しいドラミングから生み出されるグルーヴの熱気に対し、ヴォーカルの美しいハーモニーが清涼剤となってバランスを取っている。

SXL 0657　12"

Torpedo
Novi Singers

1970　Polskie Nagrania Muza

ヴォーカル・グループNovi Singersの3作目にして、彼らの最高傑作のひとつ。演奏にはJan Ptaszyn Wróblewski率いるビッグ・バンドや、Adam Makowicz（ピアノ）、Michał Urbaniak（ギター）、Tomasz Stańko（トランペット）、Czesław Bartkowski（ドラム）などポーリッシュ・ジャズを代表するミュージシャンが参加している。洗練された歌声のハーモニーに、ソフト・ロック〜ボッサな演奏が組み合わさった楽曲群はどれもオススメだが、変拍子も使用したタイトル曲A-4は必聴。

SXL 0761　12"

Blusełka
Grupa Bluesowa Stodoła

1970　Polskie Nagrania Muza

Grupa Bluesowa Stodołaは、ブルースを中心としたブラックミュージックを演奏するグループとして69年に結成。ワルシャワ工科大学の学生クラブ「Stodoła」を拠点として活動していた。唯一のアルバムである本作では、ゴスペルにジャズ・ファンクを合わせたような独自の音楽を楽しむことができる。中でもジャズピアニストMieczysław Mazurによるソロが美しいA-3は、高揚感のあるスピリチュアルな良曲だ。彼らは72年にGrupa Bluesowa Gramineと名前を変更して活動を続けた。

N 0601　EP

Ach, co to był za ślub
Quorum

1970　Pronit

作曲家・ピアニストのJuliusz Lorancによって結成され、のちに伝説のグループBemibekの創立メンバーとなるドラマーAleksander Bemも参加した、ヴォーカル・グループQuorum唯一のレコード。B面の2曲がすばらしく、Novi SingersやBemibekが好きな人には確実に刺さる内容。美しいコーラスと、ジャジーでグルーヴィな演奏が堪らない。彼らのレコードは本作だけだが、演奏陣はLorancのグループとして様々な歌手のバックで参加しており、Alibabkiの1stなどで演奏を聴くことができる。

N 0609　EP

Portret
Portrety

1970　Polskie Nagrania Muza

ヴォーカル・グループPortretyは、Partitaを設立しFilipinkiの芸術監督にも就任するなど、ポーランドを代表する多くのヴォーカル・グループを率いたJanusz Kępskiによって結成。男女ふたりずつで構成され、フォークミュージックやソフト・ロックを得意とする。楽曲はKępski自身がコンポーズし、彼の美しいピアノとオルガンもサウンドを特徴づけている。本作B-2は、ヴィブラートを効かせたテクニカルな混声コーラスに煌めくピアノが添えられた美しいソフト・ロックの宝石となっており、オススメだ。

Polska Rzeczpospolita Ludowa

Górnik gola!
Respekt
1970　Pronit

N 0611　EP

ピアニストAntoni Kopffによって69年に結成されたグループ、
Respektによる唯一のレコード。彼らは複数のヴォーカルを擁し、
重厚なコーラスを生かしたR&Bサウンドが特徴。そのヴォーカル
の中には、のちにソロで活躍するKrystyna Prońkoもいて、本作
でも3曲でソロをとっている。彼女の作曲の才能も発揮されており、
グルーヴィなA-2は良曲だ。Kopff作曲のB-1もすばらしく、ドラマー
でもあるWojciech TarczyńskiとProńkoがソウルフルな掛け合い
を披露し、サビでは分厚いコーラスが迫りくる、迫力の一曲。

Trochę żal
Blues Trio Wojciecha Skowrońskiego
1970　Polskie Nagrania Muza

N 0632　EP

本格的なブラックミュージックを志向するWojciech Skowroński
は、後期Polanieとその発展形であるABCに参加したあと自身のブ
ルーストリオを結成して脱退、EPを1枚のみ残した。彼のルーツで
あるブルースとロックンロールを、持ち前のソウルフルな歌唱と激し
いピアノプレイで表現。ピアノとベース、ドラムのシンプルな編成な
がら、その音楽は非常にパワフルだ。Polanieの音楽性の延長にあ
るポーランド産R&B、A-4は一聴の価値アリ。トリオは72年に解散
し、Skowrońskiはメンバーを増やしたBlues & Rockを結成する。

Wołanie o słońce nad światem
Dżamble
1971　Polskie Nagrania Muza

SXL 0704　12"

Dżambleは66年にジャズグループとして結成され、二度解散した
あと、68年秋に再々結成。実力派ヴォーカリスト、Andrzej
Zauchaが加わったことで成功する。唯一のアルバムである本作は、
ジャジーなソフト・ロックの良盤。ジャズ界からもヴァイオリニスト
Michał Urbaniakや、トランペッターTomasz Stańkoが参加してい
る。Urbaniakのヴァイオリンに、Zauchaのソウルフルな歌声が冴
える大名曲A-3など聴きどころ多数。リリース翌年、Zauchaが
Anawaに移籍したことでグループは三度目の解散を迎える。

Niemen
Czesław Niemen
1971　Polskie Nagrania Muza

SXL 0710　12"

芸術的傑作『Enigmatic』の次に、メンバーを同じくしてリリースされ
た2枚組の大作。1枚目は前作の延長にある重苦しいブルース・ロッ
ク中心だが、2枚目はコンパクトでグルーヴィな曲が多い。中でも
D-2はヘヴィなドラムブレイクに始まる、Niemenの中で最もDJユー
スな楽曲だ。その他、Partitaの重厚なコーラスが入ったハード・ロッ
クC-2、Zbigniew Namysłowskiのフルートを堪能できるD-1、ハー
ドなNiemen流ソウルD-3など良曲多数。このアルバムのあと演
奏メンバーは解散し、のちにSBB [P.63]となる面々が加わった。

XL 0756　12"

Mrowisko
Klan

1971　Polskie Nagrania Muza

69年に結成されたKlanは作詞家のMarek Skolarskiを芸術監督に据えて、彼のシュールな詩世界に呼応した、進歩的なロックを演奏。デビュー作であるEPは、アグレッシヴなギターや過剰なサウンド・エフェクトを盛り込んだサイケデリック・ロックのカルト的作品として知られている。1stアルバムの本作は、音楽性をさらに進化させたポーランド初のプログレッシヴ・ロックアルバム。ロック・バレエのための音楽として制作されており、実際の公演は80分の長尺だったようだ。Santanaの影響を受けたというラテン・パーカッションのグルーヴも凄まじい。

SXL 0801　12"

Piotr
Piotr Figiel

1971　Pronit

Piotr Figielは63年にピアニストとして、翌年作曲家としてもデビュー。さらに67年にはZespół Studia Rytmの2代目指揮者に就任し、若者に向けたポップスの演奏を一手に引き受けた。そんなFigielの名前を初めて冠した本作は、彼の作編曲が全編にわたって楽しめる超名盤。彼自身が操るオルガンを中心とした骨太のジャズ・ファンクに、伝説的ヴォーカル・グループBemibekのスキャットが加わったA-3・B-2はポーランド屈指の名曲。捨て曲一切なしの必携アイテムである。

SXL 0814　12"

Muzyka filmowa
Andrzej Korzyński

1971　Polskie Nagrania Muza

Andrzej Korzyńskiは若者向け音楽を発信するラジオ用スタジオ「Rytm」を設立し、Big-beatグループTajfunyのメンバーを中心とするZespół Studia Rytmを結成（彼らは多くの歌手のバックで演奏し、ポップスにBig-beatの要素を導入した）。映画音楽の分野でも活躍し、69年には20世紀フォックスと契約して渡仏。海外作品も手がけた。本作は彼によるポーランド映画の音楽を収録。ABCやTrubadurzyといったロックグループも演奏に加わり、ポーランド産モンド・ミュージックを聴かせてくれる。

SXL 0826　12"

Polish Jazz vol.28: Let's Swing Again
Stodoła Big-Band

1971　Polskie Nagrania Muza

Stodoła Big-Bandは68年、ワルシャワ工科大学の学生クラブ「Stodoła」で結成された、スイング・ジャズを演奏するビッグ・バンド。リーダー兼トランペッターのHenryk Majewskiはディキシーランド・ジャズを演奏するOld Timersなど、古典的スタイルのグループを多く率いた人物で、A-1・A-5では作曲も担当。唯一作である本作は古き良きスイングの楽曲が大半だが、のちにJazz Carriers [P.50]を設立するサックス奏者Zbigniew Jaremkoが作曲を手がけたB-5はジャズ・ファンクスタイルのオススメ曲。

N 0671　EP

Sprzedaj mnie wiatrowi
Bemibek
1971　Polskie Nagrania Muza

Bemibekは AleksanderとEwaの Bem兄妹を中心に70年結成。
作品は本作のみであるがそのすばらしさゆえ、絶大な人気を誇る。
サックス奏者Zbigniew Namysłowskiが作曲したジャズ・ファンク
の超名曲A-1、ボッサから一転してR&Bなサビに突入するA-2、軽
快なスキャットが爽やかに駆け抜けるB-1、Komeda作曲のB-2、
と充実の4曲を収録。録音にはNamyslowskiがフルート、Marek
Grechutaがコーラスで参加している説もある。グループは73年に
Bemibemへと発展する。

SXL 0748　12"

Na kosmodromie
Grupa Organowa Krzysztofa Sadowskiego
1972　Pronit

ジャズオルガン奏者Krzysztof Sadowski率いるグループの作品で、
A面には20分に及ぶ大曲を収録。これが宇宙をテーマとした組曲で
あり、プログレッシヴでスピリチュアルな大傑作。地球脱出への夢を
Liliana Urbańska [P.53]がフルートとスキャットで官能的に表現す
る冒頭、そして宇宙が投げかける不安が不協和音となって襲いかかる
が、ジャズ・ファンクの熱気と共に宇宙へ旅立つ…という濃密な20分
をぜひ体験してほしい。B-1はアルファ・ケンタウリをテーマとしたグ
ルーヴィな楽曲で、A面とB面の橋渡しとなる楽曲。こちらも必聴だ。

SXL 0768　12"

Do zakochania jeden krok
Andrzej Dąbrowski
1972　Pronit

Andrzej KurylewiczやJan Ptaszyn Wróblewskiのグループでドラ
ムを演奏し、ポーリッシュ・ジャズの発展に大きく貢献した Andrzej
Dąbrowski が ヴォーカル に 転向 して 制作 した アルバム。
Wróblewskiが指揮するジャジーな演奏と、ムードたっぷりな彼の
歌唱が魅力の一枚に仕上がっており、中でもジャズ・ファンクなグ
ルーヴ歌謡A-1がすばらしい。B-2ではサックス奏者Włodzimierz
Nahornyによるジャズの名曲「Jej Portret（彼女の肖像画）」をカ
ヴァーしており、こちらもオススメだ。

SXL 0806　12"

Wyznanie
Maryla Rodowicz
1972　Pronit

Maryla Rodowiczはポーランドで最も成功した女性歌手のひとり。
そのハスキーな歌声でソウルフルに歌い上げるスタイルは唯一無二
であり、東欧全域で人気を博した。初期の作品群はアコースティッ
クギターを中心に据えたフォーク・ロックな内容となっており、特
にこの2ndは完成度が高い。ジャズ界のゴッドファーザー Jan
Ptaszyn Wróblewskiが音楽監督となり、ジャズ系・ロック系の凄
腕ミュージシャンが集結しているため、グルーヴも非常に強力。
Marek Grechuta作曲のB-4は芸術性も極めて高いオススメ曲だ。

SXL 0836　12"

Drzewo rodzinne
Andrzej i Eliza

1972　Polskie Nagrania Muza

フォーク・ロックグループDwa plus Jedenのギタリストだった
Andrzej Rybińskiは、グループを離脱して妻のElizaと共に
Andrzej i Elizaを結成。フォーク色の強いソフト・ロックを演奏し、
そのメロディにはポーランドの伝統音楽からの影響も強く感じられ
る。Andrzejが作編曲の多くを手がけており、鳩時計のサンプリン
グで幕を開け、リバーヴが深くかけられたフルートとパーカッショ
ンの渦がサイケデリックにトリップさせるB-4は名曲。弟であるベー
シストJerzy Rybińskiが加わった次作もオススメ。

SXL 0866　12"

Nowy wspaniały świat
Dwa plus Jeden

1972　Polskie Nagrania Muza

Big-beatグループWarszawskie Kurantyの元同僚Janusz Kruk（ギ
ター）とElżbieta Dmoch（フルート）のデュオに、ギタリスト
Andrzej Rybińskiが加わってDwa plus Jeden（意味:2+1）は結成。
フォーク・ロックグループとして活躍した。RybińskiがAndrzej i
Eliza結成のため離脱し、Andrzej Krzysztofikが加入したのち絶大
な人気を獲得。1stアルバムである本作のA-1・B-3は大ヒットに。
ソフト・ロック好きならB-1・B-5も必聴だ。

SXL 0869　12"

Magda Umer
Magda Umer

1972　Pronit

Magda Umerは、詩に音楽をつけて歌うPoezja śpiewanaの歌手。
本作は彼女初のアルバムであり、「2匹のコオロギと煙突の中の風
のための秋の協奏曲」と題された1曲目は代表曲。囁きかけるかの
ような幻想的な声で歌い上げる彼女の歌唱は絶品だ。演奏には
Orkiestra Polskiego Radia w Warszawie（ワルシャワのポーラン
ド放送管弦楽団）が参加し、気品あふれるストリングスで楽曲を盛
り上げる。ボッサ調のA-5は中でもオススメで、Marek Grechuta
とAnawaの作品が好きなら必聴。

SXL 0881　12"

Rock-Opera „Naga"
Niebiesko Czarni

1972　Polskie Nagrania Muza

伝説的Big-beatグループNiebiesko Czarniの最終作であり、ポー
ランド最初のロック・オペラとして制作された計2枚の大作。
Niebiesko Czarniのサイケデリック・ロックに、ゲスト参加したサッ
クス奏者Zbigniew Namysłowskiによるジャジーな演奏が加わり、
グループ史上最もグルーヴィなアルバムにもなっている。楽曲は切
れ目なく繋がるようにアレンジを施され、長尺オルガン・ソロも盛
り込んだ珠玉のプログレッシヴ絵巻に圧倒される。73年にはグダ
ニスクの劇場で実際に上演もされた。

ポーランド人民共和国

Polska Rzeczpospolita Ludowa

049

SXL 0888　12"

Krywań, Krywań
Skaldowie

1972　Polskie Nagrania Muza

伝統音楽を取り入れ、いち早く独自のスタイルを獲得したロックグルー
プSkaldowieの最高傑作。A-1は彼らの故郷ポドハレから見えるスロヴァ
キアのクリヴァン山をテーマにした18分の大曲で、民謡やクラシックを
引用し、ハードなオルガンと混沌としたグルーヴの渦の中でヴァイオリ
ンが舞い狂う圧巻のプログレッシヴ·ロック絵巻。続くB-1はプリミティ
ヴなパーカッションで幕を開けジャジーなピアノと重厚なコーラスが加
わる、東欧グルーヴ的超名曲。芸術性、グルーヴ、そしてアートワーク、
そのすべてが絶品であり、ポーランド最高峰の名盤と評される作品。

N 0679　EP

Antonina
Test

1972　Pronit

ギター・レスのジャズ・ファンクスタイルで唯一無二の音世界を作り
上げたABCは71年、メンバーのうち3人が新グループTest結成
のため脱退。メンバーを補充して乗り切ろうとしたものの上手くい
かず、翌年には崩壊してしまった。一方Testには、ABCにジャズ
の要素をもたらしたサックス奏者Aleksander Michalskiなど主要
メンバーが移籍したため、その音楽性を引き継ぐことになる。元
ABCの3人が共同で作曲したA-1はフルート入りの洗練されたジャ
ズ・ファンクになっていて、そのことを如実に表している。

SXL 0954　12"

Opole 73: Premiery vol.1
V.A.

1973　Polskie Nagrania Muza

「Krajowy Festiwal Piosenki Polskiej w Opolu（オポーレ歌謡祭）」
は63年から開催されているポーランド最大の歌謡祭で、「ソポト国
際歌謡祭」が世界中の歌手を招待しているのに対し、こちらは国内
の歌手を集めて行われている。大会はコンペ形式で、多くの歌手や
作曲家がこの歌謡祭を通して知名度を獲得した。参加曲はコンピと
してリリースされ、ここでしか聴けない楽曲も多いためスルーは禁物。
こちらには録音の少ない女性ヴォーカル・グループPro Contraの他
では聴けないグルーヴ歌謡A-3が収録されているのでオススメ。

SXL 0962　12"

Polish Jazz vol.34: Carry on!
Jazz Carriers

1973　Polskie Nagrania Muza

サックス、クラリネット奏者のZbigniew Jaremkoは、学生時代に
名門ディキシーランド・ジャズグループOld Timersに参加。その後
はスイング・ジャズを演奏するビッグ・バンドStodoła Big-Bandに
加わるなど、古典的なジャズを得意とするグループで活躍してきた。
しかしモダン・ジャズ的志向も持ち合わせていた彼は、古典的ジャ
ズとモダン・ジャズを融合させるべく、Jazz Carriersを結成。その
唯一作がこちらである。スピリチュアルな変拍子ジャズA-1や、ブルー
ジィなソウル・ジャズA-2など良曲多数。

SXL 0963　12"

Polish Jazz vol.35: Unit
Adam Makowicz

1973　Polskie Nagrania Muza

ジャズピアニスト Adam Makowicz は、『Polish Jazz』シリーズに2
枚のリーダー作を残している。本作は Michał Urbaniak のグループ
での同僚であるドラマー、Czesław Bartkowski とふたりで制作し
たアルバム。Makowicz による歪んだエレピと、Bartkowski の超
重量級ドラムが生み出すドープなグルーヴは必聴。中でも
Makowicz 作曲のボッサ A-4、暗黒のジャズ・ファンク A-5 はぜひ
聴いてほしい。Bartkowski が作曲し、彼のソロが炸裂する B-2 も
オススメだ。

SXL 0998　12"

Byle bym się zakochała
Marianna Wróblewska

1973　Polskie Nagrania Muza

ジャズシンガー Marianna Wróblewska はソウルやブルースも得意
とし、ヴィブラートを多用する独特の歌唱が特徴。72 年の 1st アル
バムでは、西側のジャズやソウル、そして自国の楽曲までも英語で
カヴァーし、本場の歌唱を追求した。続く本作では一転して全曲ポー
ランド語のオリジナル曲を収録。前作で演奏と指揮を担当した
Zbigniew Namysłowski は不参加ながら、A-4 の作曲を手がけて
いる。『Polish Jazz』に作品を残した前衛的ジャズ・ロックグループ
Paradox が演奏した、ゴスペル風ジャズ・ファンク B-2 は必聴。

SXL 1008　12"

Bright Days Will Come
Urszula Sipińska, Piotr Figiel

1973　Pronit

Urszula Sipińska は、シンガー・ソングライターでピアノも操る"ポー
ランドの Carol King"。2nd アルバムである本作は、ポーランドの
最重要コンポーザー Piotr Figiel とのコラボ作となっており、半分
は彼が作曲を担当、全曲の演奏指揮と編曲も手がけている。
Figiel が作曲した A-2 はブルージィなピアノのイントロに始まり、
Sipińska の伸びやかな歌声が映えるジャズ・ファンク歌謡となって
おり、ふたりの持ち味を生かした名曲に仕上がっている。Figiel の
歌声も入った A-3 もグルーヴィな良曲。

SXL 1010　12"

Polish Jazz vol.36: In Concert
Michał Urbaniak Constellation

1973　Polskie Nagrania Muza

ヴァイオリニスト Michał Urbaniak はジャズシーン黎明期を支えた
重要人物。当初より海外志向だった彼は、スウェーデンから帰国
後 69 年に自身のグループを結成。Wojciech Karolak、Adam
Makowicz、Czesław Bartkowski ら強者が集結した。本作は 73
年 5 月の彼の送別コンサートの実況録音で、彼はここでも鮮烈なス
キャットを聴かせている Urszula Dudziak と共に 9 月にアメリカに
移住、そこで本場のフュージョンシーンで活躍することは周知の事
実であるが、本作でも尖った先駆的フュージョンを聴かせる。

ポーランド人民共和国

Polska Rzeczpospolita Ludowa

051

SXL 1066 12"

Anawa
Anawa
1973 Polskie Nagrania Muza

Anawaはキャバレーで演奏する学生グループとして66年結成。Poezja śpiewanaの第一人者となるMarek Grechutaを擁し、彼の詩と音楽の芸術は唯一無二の幻想的ジャズ・ロックサウンドで彩られることで完成した。しかし72年にGrechutaが脱退、一部メンバーが前衛的ジャズグループOssianに異動。代わってDżambleのヴォーカリストだったAndrzej Zauchaを引き入れて本作を制作した。伝統音楽とジャズ・ロックを組み合わせ、めくるめくカラフルな音世界を作り上げた超傑作。

SXL 0956 12"

Szukam przyjaciela
Stan Borys
1974 Polskie Nagrania Muza

Big-beatグループBlackoutのメンバーだったStanisław Guzekは69年にStan Borysと変名しソロデビュー。渋すぎるダミ声を生かしたブルース・ロックを得意とする。本作ではPartitaやFilipinki、Portretyなど多くのヴォーカル・グループの監督を務めたJanusz Kępskiが演奏指揮を担当し、熱気あふれるブラス・ロックの味付けでBorysのアクの強すぎる歌唱を調理。A-1、そしてStan Borys自身が作曲したA-3は強靭なグルーヴと野性的な歌唱が迫りくる名曲だ。

SXL 1013 12"

Bemowe frazy
Bemibem
1974 Polskie Nagrania Muza

Novi Singersと比肩される伝説的ヴォーカル・グループBemibekはBem兄妹を除いたメンバーが入れ替わり、73年Bemibemへと発展。本作はその唯一のアルバムだ。Bemibek時代から継承された美しいコーラスとボッサなサウンドは、Old TimersのピアニストTomasz Ochalski率いる豪華ジャズミュージシャン（Włodzimierz Nahorny、Jan Ptaszyn Wróblewski、Tomasz Stańkoなど）によってさらに豊かに洗練され、捨て曲なしの超傑作に仕上がっている。マスト中のマスト。

SXL 1055 12"

Idę
Halina Frąckowiak
1974 Polskie Nagrania Muza

ABCのヴォーカリストHalina Frąckowiakは72年にソロデビューし、それによりグループは消滅した。しかし彼女の1stアルバムである本作には、元ABC人脈が多く参加しており、その発展形ともいえるサウンドを楽しめる。リーダーだったドラマーAndrzej Nebeskiをはじめとする元ABCメンバーが参加したB-2·B-5は、プログレッシヴでグルーヴィなオルガン・ロックに仕上がっており、特にオススメだ。A-2·A-4ではABCから分離したTestのメンバーが演奏し、ブルージィな楽曲を楽しめる。

SXL 1068　12"

Liliana Urbańska
Liliana Urbańska
1974　Pronit

ジャズシンガー、フルート奏者 Liliana Urbańska 唯一のアルバム。夫でもあるオルガン奏者 Krzysztof Sadowski が演奏と作曲を手がけたことにより、ジャズ・ファンクな内容となっている。Urbańska のドスの効いた歌唱も相まって、そのソウルフルさはポーランド随一。中でも A-3・A-4 は特濃だ。一転、B-3 では清涼感のあるボッサを披露しているが、彼女が元々 Bossa Nova Combo なるボサノヴァの先駆的グループでフルート奏者としてデビューしたことを鑑みれば納得だ。

SXL 1082　12"

Test
Test
1974　Pronit

ABC の音楽性を引き継いだ Test は 1st EP 発売後、元 Breakout のギタリスト Dariusz Kozakiewicz を獲得したことでハード・ロックグループへと変貌。その分野のパイオニアとなる。楽曲の多くを彼が手がけたことによりハードなギターが前面に押し出されているが、美しいメロディには ABC の名残も感じられる。オルガン奏者 Krzysztof Sadowski が参加した、美しくジャジーなバラード B-5 にも注目。このあともメンバー交代を繰り返し、2nd アルバムの制作を実現できぬまま 76 年に解散してしまった。

SXL 1084　12"

Bądź szczęśliwa
Jacek Lech
1974　Pronit

Big-beat グループ、Czerwono Czarni のヴォーカルも務めた歌手 Jacek Lech のソロ 2nd。最重要コンポーザー Piotr Figiel が作曲と演奏指揮で参加しているのがポイントだ。中でも Figiel による A-1 は、ファットなドラムにファンキーなワウ・ギターが加わった超名曲。続く A-2 は映画音楽の巨匠 Wojciech Trzciński の作曲で、咽び泣くサックスも入ったダンディズム溢れるグルーヴ歌謡となっておりこちらもオススメ。ジャケットの花は PFM『Photos of Ghosts』からのサンプリングだろうか。

SXL 1086　12"

Halina Kunicka
Halina Kunicka
1974　Pronit

Halina Kunicka は学生時代に参加したアマチュア歌手のコンテストで優秀な成績を収めてプロとしてデビュー。60～70 年代には絶大な人気を博して多数のアルバムをリリース、うち 3 枚がゴールドディスクとなっている。演歌調のクセの強い楽曲が多い彼女だが、74 年の本作にはグルーヴ歌謡として評価できるものもあり、聴いておいて損はないだろう。Trubadurzy の音楽監督として名高い Ryszard Poznakowski が作曲した A-6、イージーリスニングの帝王 Leszek Bogdanowicz [P.62] による B-3 に注目。

Polska Rzeczpospolita Ludowa

SXL 1089　12"

Niebieskie dni
Wawele
1974　Polskie Nagrania Muza

Waweleは66年、クラクフで結成されたBig-beatグループ。地元の製菓会社Wawelの後援を受けて活動していたため、このグループ名になったという経緯がある。バンジョーやヴァイオリンなどを用いたフォーク色の非常に強いサウンドは、伝統文化の根強く残るクラクフならでは。1stアルバムである本作はポーランドのフォーク・ロックを代表する作品となっている。牧歌的な雰囲気の中、ベースがグルーヴィにうねるA-3は必聴だ。楽曲はすべてリーダーでありヴォーカルとギターを担当するJan Wojdakが手がけている。

SXL 1098　12"

Gramine
Gramine
1974　Polskie Nagrania Muza

ブルースを中心としたブラックミュージックを演奏するGrupa Bluesowa Stodołaは72年にGramineへと名前を変更し、本作をリリース。本場ブラックミュージックのカヴァーに混ざってオリジナルも3曲収録。Gramineから合流したジャズサックス奏者Jerzy Dobrzyńskiの貢献により、楽曲は前身グループの時代よりも洗練されている。特に彼のサックスが咽び泣き、長尺ドラム・ソロまで入ったゴスペル風ファンクA-1は必聴だ。作曲にも携わっているリードヴォーカルHalina Szemplińskaの歌唱は"本物"。

SXL 1141　12"

Sprzedawcy glonów
Jan Ptaszyn Wróblewski, Studio Jazzowe Polskiego Radia
1974　Polskie Nagrania Muza

"ポーリッシュ・ジャズのゴッドファーザー"と呼ばれたJan Ptaszyn Wróblewski率いるStudio Jazzowe Polskiego Radia（ポーリッシュ・ラジオ・ジャズ・スタジオ）によるアルバム。国内のトップミュージシャンが集結したオールスター的なビッグ・バンドで、スロヴァキアからLaco Deczi[P.101]までも参加。緊張感漂うクールなジャズ・ファンクを聴かせてくれる良盤に仕上がっており、淡々と繰り返されるベースライン上でメンバーのソロが炸裂するA-1や、重苦しいビートのジャズ・ロックB-2がオススメ。

SXL 1166　12"

Rytm zieri
Czerwone Gitary
1974　Polskie Nagrania Muza

"ポーランドのThe Beatles"と評されたCzerwone Gitaryによる74年作。美しいコーラスと哀愁の美メロという持ち味はそのままに、シンセサイザーの導入や伝統音楽との融合によってさらなるオリジナリティを獲得。サイケデリックなギターがヴァイオリンと絡み、太い長尺ドラム・ブレイクまで導入したA-2、これまた太いドラム・ブレイクで幕を開けヴァイオリン・ソロが狂気を奏でるB-2は超名曲。どちらもくぐもったシンセによって、さらに変態性を増している。The Beatles風楽曲B-3もオススメだ。

SX 1069 12"

Easy!
Wojciech Karolak

1975 Polskie Nagrania Muza

KomedaやJan Ptaszyn Wróblewskiも参加したJazz Believersの
サックス奏者としてデビューしたWojciech Karolakは、60年代に
ピアニストへ転向。さらに作曲家としても活躍した。70年代から
はオルガンを操り、ジャズ・ファンクの才能を発揮。初のリーダー
作『Easy!』はDJユースな名盤として、絶大な支持を集めている。メ
ンバーはすべてジャズ界の重鎮で固められ、さらにNovi Singers
まで参加。彼らのコーラスが入った洗練されたボッサB-2は超名曲
だ。不協和音を多用した実験的ファンクA-3も◎。

SX 1094 12"

Zabaw się w mój świat
Urszula Sipińska

1975 Pronit

シンガー・ソングライター、Urszula Sipińskaの3rdは彼女らしい力
強くブルージィな歌声を楽しむことができる代表作。Aleksander
Maliszewskiが制作に携わっていることにも注目で、彼は80年代を
代表するフュージョングループAlex Bandの創始者であり、ここで
はポーランドにおけるフィリー・ソウルの先駆的存在Ergo Bandを
率いて演奏に参加、作曲でも貢献している。あくまで彼女の音楽性
を尊重したブルージィな楽曲が多い中、クラヴィネット入りファンク
B-5はMaliszewskiの作曲センスが輝く、時代を先取りした超名曲。

SX 1221 12"

Polish Jazz vol.45: Complot of Six
Spisek Sześciu

1975 Polskie Nagrania Muza

Spisek Sześciuはサックス奏者Włodzimierz Wińskiを中心に、ヴ
ロツワフで結成されたジャズ・ロックグループ。73年に学生ジャズ
フェスティバル「Jazz nad Odrą」でデビュー、そこで優秀な成績を
収めて名声を高めた。その唯一作は初期Weather Reportの影響
下にあるエレクトリック・ジャズを展開し、A面すべてを費やした大
曲も収録した意欲的な内容となっている。変拍子入りジャズ・ファ
ンクB-2もオススメだ。グループは76年、Wińskiを中心とする
Spisekと、フュージョングループCrash [P.64]に分裂する。

SX 1230 12"

Polish Jazz vol.46: Kujaviak Goes Funky
Zbigniew Namysłowski Quintet

1975 Polskie Nagrania Muza

ポーリッシュ・ジャズの最重要人物Zbigniew Namysłowskiが
『Polish Jazz』シリーズとしてリリースした3枚目のリーダー作。前
作で試みた伝統音楽とジャズの融合を進め、ファンク色を濃くした
人気盤。今作からジャズ・ファンクを得意とする鍵盤奏者
Wojciech Karolakとヘヴィ級ドラマー Czesław Bartkowskiが加
わったことでグルーヴが強化されている。伝統舞踊クヤヴィアクか
ら着想した変拍子ジャズ・ファンクA-1や伝統的旋法を用いたB-3
には、Namysłowskiの優れた作曲の才を認識させられる。

SX 1276　12"

String Beat
Orkiestra Polskiego Radia i Telewizji w Łodzi
1975　Polskie Nagrania Muza

ウッチのラジオ局お抱えのオーケストラは50年に組織され、Henryk Debichによって約40年ものあいだ率いられてきた。歌手のバックや映画音楽の制作、歌謡祭や軍歌の祭典での演奏まで幅広く手がけ、音楽シーンへの貢献は計り知れない。そんな彼らの数ある作品の中でとりわけ人気なのがこちら。優美なストリングスと骨太なビッグ・バンドサウンドを楽しめる推薦盤だ。ドラム・ブレイクで始まるA-1から引き込まれること間違いなし。B面ではIsaac HayesやHerbie Hancock､The Beatlesの変態的カヴァーも収録している。

SX 1278　12"

Orkiestra Rozrywkowa PRiTV w Katowicach
Jerzy Milian, Orkiestra Rozrywkowa Polskiego Radia i Telewizji w Katowicach
1975　Polskie Nagrania Muza

ヴィブラフォン奏者Jerzy Milian率いるカトヴィツェのラジオ局お抱えのオーケストラが残した東欧屈指の名盤であり、世界最高峰の傑作アルバム。演奏陣17人とヴォーカル7人はあえて平均25歳の若手で構成され、骨太のジャズ・ファンクは瑞々しく躍動し、透明度の高いコーラスが美しく降り注ぐ。作曲も若手メンバーが多くを手がけ、すべてすばらしい出来栄えだ。中でも太いドラムに美しいフルート、ヴィブラフォン、コーラスが彩るA-4は世界中のDJの注目を集める超名曲。Milianによるダークで実験的な2曲もアルバムのスパイスとして作用している。

SX 1301　12"

Bogdana Zagórska
Bogdana Zagórska
1975　Pronit

63年の学生歌謡コンペで優勝し、プロ歌手としてのキャリアをスタートさせたBogdana Zagórskaは作品数が少なく知名度は高くない。しかしポーランド最高峰のコンポーザー Piotr Figielや、ロックシーンの重要人物Ryszard Poznakowskiなど豪華な面々が楽曲を提供しており、そのクオリティは高水準。さらに2ndはJacek Malinowskiの指揮するOrkiestra PRiTV w Łodziなど演奏陣も豪華なためオススメだ。MalinowskiとFigielが共作したA-2は洗練されたボッサな名曲。

SX 1076　12"

Biała sowa, biała dama, biały kruk
Kram
1976　Pronit

ロックグループKramは71年の結成当初こそ不人気に苦しんだが、徐々に知名度を高め、75年に唯一のアルバムを録音した。その内容は71年から作り続けた楽曲の詰め合わせであるが、彼らはその過程でフィリー・ソウルの影響を受けたという。そのため本作ではサイケデリック・ロックから音楽性を変化させ、早くもディスコ・ロックの先駆者へと進化を遂げていく過程を垣間見ることができる。その到達点となった表題曲B-6は、浮遊するシンセとワウ・ギター、分厚いコーラスにパーカッションが入ったコテコテのディスコ・ロックに仕上がっており必聴だ。

SX 1300　12"

NOL
Breakout

1976　Polskie Nagrania Muza

ポーランドでいち早く本格的なロックサウンドを導入したパイオニア Breakout の8枚目のアルバム。前作からギターの Tadeusz Nalepa とヴォーカルの Mira Kubasińska を除くメンバーが一新したことで、これまでのブルース・ロック〜ハード・ロック色は後退。グループ史上初めて鍵盤奏者が加わり、ファンク系を得意とするドラマーが加入したことでムーグ・ファンクサウンドを獲得した。そこに Big-beat 時代から続くサイケデリックな空気感や Nalepa のハードなギターも合わさり、魅力的な作品に仕上がっている。A-2・B-2は必聴。

SX 1320　12"

Piotr Figiel Music
Piotr Figiel

1976　Pronit

ポーランド最重要作曲家 Piotr Figiel の楽曲集。もちろん彼がすべての楽曲を書いており、演奏も担当している。Figiel の本領が発揮された、捻りの効いたムーグ・ボッサな楽曲群はどれもオススメ。本作でしか聴けないものも多く、盟友 Urszula Sipińska が歌う珠玉のソフト・ロック A-1、太いドラム・ブレイクで始まる Andrzej Zaucha のファンク歌謡 A-4は必聴だ。ローファイなビートによる浮遊感がクセになる A-3は歌っている Lucyna Owsińska のアルバムにも収録されているが、ここでも聴けるのはありがたい。

SX 1376　12"

Wojciech Skowroński
Wojciech Skowroński

1976　Pronit

ブラックミュージックを追究した Wojciech Skowroński は72年に Blues & Rock を結成し、アルバム1枚を残した。続いてソロ名義でリリースしたこちらでは、これまでのルーツ色が強い硬派なスタイルから脱却してジャズ・ファンクの要素を加えている。エレピによってオシャレな雰囲気をまとったブルース A-2、ゴスペル調の B-1、超本格ファンク B-2が聴きどころ。A-1は唯一 Skowroński 以外の作曲で、Andrzej Dąbrowski と Jerzy Milian というジャズ界の重鎮による共作が生んだブルース・ロックの良曲だ。

SX 1397　12"

Niech ziemia tonie w kwiatach
Partita

1976　Polskie Nagrania Muza

Partita は66年に Janusz Kępski によって結成されたヴォーカル・グループ。71年にピアニストで作曲家の Antoni Kopff へ指揮者が変わってからは、多くの歌手のバックコーラスを務めて活躍した。単体でも人気を博し、76年の解散までに3枚のアルバムを残した。Alibabki や Novi Singers ら同時代のグループに比べて、ブラックミュージック色の強いスピリチュアルなコーラスが特徴。最終作となったこちらは特に人気のアルバムで、ソウルフルな歌声とジャズ・ファンクな演奏が組み合わさった DJ ユースな一枚だ。

Polska Rzeczpospolita Ludowa

SX 1414　12"

Polish Jazz vol.48: Birthday
Extra Ball
1976　Polskie Nagrania Muza

フュージョングループExtra Ballは74年、クラクフ出身のギタリスト Jarosław Śmietana を中心に結成。同年の学生ジャズフェスティバル「Jazz nad Odrą」で2位を獲得、翌年には優勝を果たし、さらに Śmietana とピアニスト Władysław Sendecki は個人賞も獲得するという快挙を達成した。疾走感あふれるテクニカルなフュージョンサウンドという持ち味は、1stアルバムである本作でも十二分に発揮。圧倒的手数で変拍子も正確に叩いて疾走する元 Anawa のドラマー Benedykt Radecki にも注目だ。

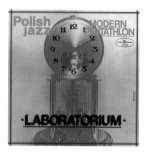

SX 1418　12"

Polish Jazz vol.49: Modern Pentathlon
Laboratorium
1976　Polskie Nagrania Muza

Laboratorium は70年結成。当初よりフリー・ジャズにロックの要素を加えた先進的なジャズを演奏し、72年の「Jazz nad Odrą」で2位となったのを契機に録音の機会を得てレコードデビュー。75年にはロックレジェンド Niemen と共演したのをきっかけにシンセサイザーを導入し、フュージョングループへと進化を遂げた。満を持して制作された1stアルバムA面には電子音楽の導入,サウンドコラージュ、過剰なエフェクトなどあらゆる実験を凝らした20分の大曲を収録。B面には DJ ユースなムーグ・ファンクが収録され、聴きどころ多数。

SX 1419　12"

Polish Jazz vol.50: Drums Dream
Czesław Bartkowski
1976　Polskie Nagrania Muza

ポーランドを代表するジャズドラマー Czesław Bartkowski 唯一のリーダー作。A面ではピアニストで盟友 Adam Makowicz、サックス Tomasz Szukalski、トランペット Tomasz Stańko らレジェンドと、Bartkowski のヘヴィなドラミングを中心としたフリー・ジャズを展開。B面では Jan Ptaszyn Wróblewski 率いる Studio Jazzowe Polskiego Radia と共演し、グルーヴィなソウル・ジャズを堪能できる。長尺ドラム・ソロに続いて7/8のボッサとなるB-1bがオススメ。

SX 1424　12"

Rysunek na szkle
Krzysztof Krawczyk
1976　Pronit

人気 Big-beat グループ Trubadurzy が73年に解散すると、そのヴォーカリスト Krzysztof Krawczyk はソロ活動を開始。ソロでも人気を博したが、Trubadurzy 時代よりも伝統音楽に凝った演歌調サウンドや、アクの強い歌唱には好みが別れるところ。しかしこの2ndアルバムではヴィブラフォン奏者 Jerzy Milian が作曲と演奏指揮に携わったことで、洗練されたジャズの要素が流入。Krawczyk の楽曲とは思えない、都会の風を感じる珠玉の AOR 歌謡 A-3 が誕生した。

SX 1427 12"

Wśród Ptaków
Ptaki
1977 Pronit

Ptakiは作曲家でもあるJacek Szczygiełを中心に71年結成。演奏するメンバーそれぞれがヴォーカルをとり、美しいハーモニーを聴かせる形式は同時代のBemibekなどに近いが、彼らの特徴はルンバやマンボといったラテン音楽を取り入れている点にある。71年のデビューEPでは、ポーランドらしい洗練された歌声のハーモニーとマンボを融合させた独自のスタイルを示している。唯一のアルバムである本作は、Santana的ラテン・ロックなキラートラックB-4を収録し、A-1では美しいソフト・ロックを聴かせるなど、魅力が詰まった一枚。

Halina Frąckowiak · Geira

SX 1428 12"

Geira
Halina Frąckowiak
1977 Polskie Nagrania Muza

元ABCのHalina Frąckowiakによるソロ2作目。東欧のシンフォニック・ロックシーンを代表する世界的グループSBBが演奏で参加した本作は、彼らの得意とするシンセサイザーサウンドとFrąckowiakのソウルフルな歌唱が合わさったムーグ・ファンクな内容に仕上がっている。SFテイストなアートワークも相まって、プログレファンからも人気を集めるアルバムだ。東欧グルーヴ的にはA-1・A-5がオススメ。SBBは、同年の『Jerzyk』や78年に東独AMIGAでリリースされたアルバムでもファンキー路線を披露しているため要チェック。

Dziewczyny marzą o miłości

SX 1432 12"

Dziewczyny marzą o miłości
Jadwiga Strzelecka
1977 Polskie Nagrania Muza

歌手Jadwiga Strzeleckaは計2枚のアルバムを制作している。74年にリリースされた1stはジャズ・ファンク歌謡な内容となっており、そちらもオススメだ。2ndアルバムはのちに80年代を代表する作曲家として活躍するJanusz Komanが演奏指揮を手がけており、ストリングスやブラスが入ったフィリー・ソウルな楽曲を聴くことができる。Komanは作曲も担当しており、ワウ・ギターとブラスによる強烈なイントロを持ったグルーヴ歌謡A-1は必聴だ。さらに巨匠Piotr Figielによる珠玉のボッサ歌謡B-3も収録し、良曲多数。

orkiestra wojciecha trzcińskiego

muzyka dla ciebie

SX 1472 12"

Muzyka dla ciebie
Orkiestra Wojciecha Trzcińskiego
1977 Polskie Nagrania Muza

歌謡曲や映画音楽などで数多くの楽曲を残した大御所コンポーザー、Wojciech Trzcińskiが率いるオーケストラが演奏するイージーリスニング作品。多くの歌手のバックを手がけてきただけあり、優美で洗練されたサウンドの中にも鋭いグルーヴを潜ませている。ムーディーなダンス・チューンA-2・B-4や、Maryla Rodowiczの楽曲をムーグ・ボッサにセルフカヴァーしたA-5など、Trzcińskiのアレンジが光る楽曲多数。さらにはイージーリスニングの帝王Bob Roy作曲のコテコテなディスコA-3も収録された、隙のない一枚。

SX 1493　12"

Zbigniew Namysłowski
Zbigniew Namysłowski

1977　Polskie Nagrania Muza

ポーリッシュ・ジャズの最重要人物Zbigniew Namysłowskiが活動20年目に作成したアルバムで、これまでクインテットでの演奏が多かった彼が、ビッグ・バンドを率いて制作した異色の作品。大規模な編成を用いたことで、彼の作品群の中で最もファンキーな作品にもなっている。バラエティに富んだ楽曲群は、どれもリズムや曲調を変化させる仕掛けを持ち、緻密なアレンジを施されている。大編成も難なく操る彼の才能にただただ驚くばかりだ。怪しげなイントロから始まるスペーシーなジャズ・ファンクB-3は中でもオススメ。

SX 1494　12"

Zagrajmy w kosci jeszcze raz
Alibabki

1977　Polskie Nagrania Muza

Alibabkiは63年結成の女性ヴォーカル・グループ。様々な歌手のバックでコーラスも担当し、彼女らの歌声はポーランド大衆音楽のアイコン的存在になっている。単独名義による2ndアルバムは、ジャズ界のゴッドファーザー Jan Ptaszyn Wróblewskiが演奏を率いたことで強固なグルーヴも獲得。美しいハーモニーと流麗なストリングスが心地よい珠玉のソフト・ロックA-3、太いベースと熱いブラスが重厚なコーラスと共にファンキーに迫るB-5は東欧が誇る屈指の名曲だ。ポーランドを聴くならまずここから始めたい、マストな一枚。

SX 1509　12"

Jumbo Jet
Arp Life

1977　Polskie Nagrania Muza

Big-beatシーンの発展に寄与し、映画音楽のコンポーザーとしても活躍したAndrzej Korzyński率いるセッション・ミュージシャン集団Arp Lifeは、映画音楽やライブラリーミュージックの録音など幅広く手がけた。74年に結成された彼らは、ポーランドで最初に電子音楽を演奏したグループでもあったという。本作は手練れたちによるグルーヴィなスペース・ディスコを聴くことができる推薦盤。ファットなドラムと太いベースにオブスキュアなシンセサイザーが加わるB-6は、超DJユースな名曲だ。カセットのみの2ndも要チェック。

SX 1554　12"

Zawsze gdzieś czeka ktoś
Anna Jantar

1977　Polskie Nagrania Muza

多くのヒット曲を生み出し、70年代において最も有名な歌手のひとりだったAnna Jantarのアルバムはどれもすばらしいが、ディスコ路線でリリースされた本作は中でもオススメだ。ドラム・ブレイクで始まるA-4、オブスキュアなシンセサイザーが入ったディスコ歌謡A-6、Jantarの可憐な歌声が映えるソフト・ロックB-3、怪しげなベースラインを持ったB-6など良曲を多数収録している。演奏指揮と作曲は彼女の夫Jarosław Kukulskiが担当。惜しくも80年、米国ツアーから帰国の飛行機が墜落して帰らぬ人となってしまった。

Z-SX 0648　12"

Jazz nad Odrą '77
V.A.

1977　Poljazz

学生ジャズフェスティバル「Jazz nad Odrą（オドラ川上のジャズ）」は64年にスタートし、多くの新人がここを登竜門としてプロデビューを果たした。コンペ形式となっており、LaboratoriumやExtra Ballなど70年代にはジャズ・ロック志向のグループが多く優勝を手にしている。77年大会入賞者の録音を収録した本作は、Świadectwo Dojrzałości（優勝）やMuzyczna Spółka Akcyjna 1111など、ここでしか聴けない貴重なグループが参加。どちらも先進的なジャズ・ロックを聴かせてくれる。

SX 1560　12"

Polish Jazz vol.52: Music for My Friends
Big Band Katowice

1978　Polskie Nagrania Muza

Big Band Katowiceはカトヴィツェ国立高等音楽学校のポピュラー音楽学部によって設立されたビッグ・バンド。代々、学部の教授によって率いられ、本作ではのちにジャズグループMetrumを設立するZbigniew Kalembaが指揮を担当している。メンバーには上記学部の学生やOBが参加しており、OBであるギタリストJarosław ŚmietanaらExtra Ball人脈も名を連ねている。エレピ入りジャズ・ファンクB-1を筆頭に、濃厚なファンクサウンドを堪能できる推薦盤だ。Keith JarrettカヴァーA-3も必聴。

SX 1565　12"

Idę przez świat
Lucyna Owsińska

1978　Pronit

Lucyna Owsińskaは女性ヴォーカル・グループPro Contraに参加後、夫である元Czerwono Czarniの歌手Jacek Lechのコーラスとして活動した。同時期にソロでも活動しており、本作が唯一のアルバムとなっている。Lechもゲスト参加したA-6はメロウでファンキーな超名曲に仕上がっており必聴だ。さらには巨匠Piotr Figielが作曲した珠玉のムーグ・ボッサB-1や、Alibabkiのコーラスが美しいソフト・ロックB-2、優美なストリングスが舞うフィリー・ソウルなB-5など名曲を多数収録した隠れた良盤。

SX 1596　12"

Jestem tylko dziewczyną
Halina Żytkowiak

1978　Pronit

歌はもちろん、フルートやピアノも演奏して作曲までこなす才女Halina Żytkowiakは、女性ヴォーカル・グループAmazonkiで存在感を示したあと、人気ロックグループTrubadurzyに加入して黄金期を支えた。ソロ唯一のアルバムである本作では、のちにハード・ロックグループとしてデビューするPerfectによる貴重なファンク路線の演奏も聴くことができる。ディスコ歌謡A-2、哀愁漂うフィリー・ソウルA-3、のちにAlex Bandを結成するAleksander Maliszewskiが作曲したエレピ入りファンクB-1がオススメ。

SX 1606 12"

Ergo Band, Grażyna Łobaszewska
Ergo Band, Grażyna Łobaszewska

1978 Polskie Nagrania Muza

のちに80年代ポーランドを代表するフュージョングループ、Alex Bandを結成するAleksander Maliszewskiは音大卒業後、自身の理想とする音楽を実現できる初のグループとして75年にErgo Bandを結成。フィリー・ソウルの先駆的存在となった。Maliszewskiはすぐに離脱してしまったものの、Ergo Bandの音楽性は唯一のアルバムとして結実。ジャズ・ファンクなA-5・B-5から、クラヴィネットがファンキーに刻みディスコの胎動を感じさせるA-3まで、ディスコブーム到来に至る過渡期のサウンドを記録した名盤だ。

SX 1625 12"

Deszcz w Cisnej
Krystyna Prońko

1978 Pronit

Krystyna Prońkoは美しく伸びやかな歌声をソウルフルに操る超絶的歌唱力を持ち、音楽雑誌『Non Stop』での投票で最も人気のある歌手に選ばれたこともある、実力・人気共に間違いなくポーランド最高の歌姫だ。そのデビューを陰で支えたのがのちに80年代を代表する作曲家として活躍するJanusz Komanであり、1st・2ndでは多くの楽曲で演奏指揮と作曲を手がけた。彼のコンポーザーとしての才能が遺憾なく発揮された本作は捨て曲なしの超傑作となっており、洗練されたムーグ・ボッサやエレピ入りファンクなど珠玉の名曲ばかりの必聴盤。

SX 1680 12"

Być narzeczoną twą
Irena Jarocka

1978 Pronit

女優としても活躍し、国内外で人気を博した歌手Irena Jarockaの4th。巨匠Piotr Figielが作編曲と演奏指揮を手がけているため要チェックだ。中でもムーグ・ボッサなB-2はFigielの代表曲にもなり、彼のアルバムにインスト・ヴァージョンでも収録された名曲。ゴキゲンなA-1、哀愁のグルーヴ歌謡A-2、ボンゴ入りの強力なイントロから徐々に盛り上がりサックスが咽び泣くA-4、ドラムブレイクで幕を開けるB-3、ソフト・グルーヴB-4など良曲多数。美しく幻想的なアレンジと、キュートな歌声の組み合わせが最高の一枚だ。

SX 1696 12"

Discoland
Chorus & Disco Company

1978 Polskie Nagrania Muza

独学でギター、作曲、指揮を身につけてイージーリスニングを大量生産したBob RoyことLeszek Bogdanowicz。彼は様々な名義で多くのイージーリスニング作品を生み出しており、ストリングス入り、ラテン風など毎回コンセプトが違う。Chorus & Disco Company名義ではインスト・ディスコを演奏しており、計2枚の作品をリリースした。中でもヴィヴィッドなジャケットが目を引く2ndは人気盤で、ブラスにシンセ、ストリングスが加わった軽快なディスコを聴くことができる。チープなサウンドがクセになる、愛すべき一枚。

SX 1764　12"

Poznańska Orkiestra Rozrywkowa PRiTV
Poznańska Orkiestra Rozrywkowa Polskiego Radia i Telewizji
1978　Polskie Nagrania Muza

ポズナンのラジオ局お抱えオーケストラ、Poznańska Orkiestra Rozrywkowa PRiTVによるアルバム。その中心的指揮者(本作ではA-1・A-5・B-2・B-5で指揮)、Zbigniew Górnyは作曲家としても活躍して多くの歌謡曲や映画音楽を手がけた。本作はイージーリスニング作品ながら、ストリングスやクラヴィネットに彩られたフィリー・ソウルなサウンドを聴くことができる推薦盤。The Salsoul Orchestraのカヴァーを収録していることからも、その影響が窺える。キュートなジャケットにも注目!

160.611　12"

Follow My Dream
SBB
1978　Spiegelei

ベーシスト、鍵盤奏者のJózef Skrzekを中心に結成されたSilesian Blues Bandは、Niemenに見出されて彼のバックバンドとして活躍したあと、SBBとして独立して世界的な人気を得た。シンフォニック・ロックのイメージが強いが、西ドイツでリリースされた本作は、彼らのファンキーな演奏が聴ける推薦盤。A-3の中間部やB-1の後半、B-3・B-4などでは全く乱れを見せないテクニカルな演奏にグルーヴを忍ばせているのが感じ取れる。特にメロウなB-4前半はオススメだ(後半部分はテクニカルなプログレッシヴ・ロック)。

S-112　7"

Tango Mundial / Gramy o finał
Jerzy Dąbrowski / Andrzej Tenard
1978　Tonpress

78年にアルゼンチンで開催された、FIFAワールドカップを記念して制作された7インチで、A面はアルゼンチン・タンゴのカヴァー。しかしB面にはフォーク・ロックグループBractwo KurkoweのヴォーカルだったAndrzej Tenardが歌う、咽び泣くサックス入りのラテン風味グルーヴ歌謡が収録されていて、これが中々良い。ちなみにこのワールドカップにて、ポーランドは欧州予選をグループ通過1位で勝ち進み、2大会連続3回目の本大会出場を果たしており,ベスト8に輝いている。ジャケットの少年が着ているのもポーランド代表のユニフォームだ。

S-113　7"

Interkosmos 1978
V.A.
1978　Tonpress

同盟国から宇宙飛行士を選抜するソ連の"インターコスモス"政策により78年、Mirosław Hermaszewskiがポーランド人として初めて宇宙に飛び立った。本作はそれを記念してリリースされた3枚組の7インチである。演歌風グルーヴ歌謡のA面、スペーシーに味付けされたソフト・ロックのB面、歌姫Krystyna Prońkoが歌うジャズ・ファンクなC面、ダークなロック・オペラのD面、シンセが宇宙へと誘うイージーリスニングなE面、そしてスペース・ディスコなキラートラックF面と珠玉の6曲を収録。ここでしか聴けない貴重な楽曲群だ。

SX 1772　12"

Edward Hulewicz
Edward Hulewicz
1979　Pronit

歌手Edward HulewiczはTarpany、Helios、Kanon Rytmなど、様々なBig-beatグループを結成したあと、71年からソロ活動を開始した。ソロでは2枚のアルバムをリリースしており、本作は2nd。演歌色が強く好みが別れる内容だが、ディスコの良曲をいくつか収録している。演歌風ディスコA-1や、サンバ風歌謡A-3は一聴の価値がある。本作のハイライトはB-2で、グルーヴィなイントロから美しいヴァイオリンと合唱によるパートを経て、珠玉のグルーヴ歌謡へと突入する名曲だ。演奏にはJerzy Milianも関わっている。

SX 1782　12"

Senna o powieść Jana B.
Crash
1979　Polskie Nagrania Muza

ジャズ・ロックグループSpisek Sześciuは76年に分裂し、後継グループであるSpisekと、Crashの2組が誕生した。Crashは同年の「Jazz Jamboree」（ポーランド最大の国際ジャズフェス）でデビューすると、国際的な評価を得た。2ndアルバムである本作では、元Ergo Band [P.62]のヴォーカリストGrażyna Łobaszewskaによる清涼感たっぷりな歌声と、タイトな演奏が魅力なフュージョンサウンドを楽しむことができる。中でも美しく疾走するブラジリアン・フュージョンB-3は必聴だ。

SX 1783　12"

Wokół cisza trwa
Krzysztof Cugowski
1979　Pronit

ブルース・ロックグループBudka SufleraのヴォーカルだったKrzysztof Cugowskiは絶唱型のハイトーンヴォイスを特徴とし、かのNiemenのスタイルを彷彿とさせる。本作は彼がソロに転向してリリースした1stアルバムで、演奏指揮を巨匠Piotr Figielが担当しているため見逃せない一枚。Figiel作の楽曲も3曲収録され、チークタイム・アンセムなバラードB-2は必聴だ。Cugowski自身も収録曲の半分を作曲しており、中でも力強いファンク・ロックA-3は良い。

SX 1785　12"

Gdzieś, kiedyś...
Piotr Figiel Ensemble
1979　Pronit

巨匠Piotr Figielとそのアンサンブルによるインスト作品。ブラスやストリングスを贅沢に用いたフィリー・ソウルなサウンドに、Figiel自身の操るエレピとシンセによってオブスキュアな味付けがなされた唯一無二の楽曲群は、今も世界中のDJから熱い視線を集め続けている。Novi Singersらのコーラスが彩るブルージィなA-1、スキャット入りジャズ・ファンクA-3、Irena Jarockaに提供した楽曲のセルフカヴァー A-4、シルキーなムーグ・ファンクB-1、哀愁のフィリー・ソウルB-2、ラテン風なB-3など名曲尽くしの必携盤。

S-316 EP

Moknie w deszczu diabeł
Hanna Banaszak

1979 Tonpress

Hanna Banaszakはディキシーランド・ジャズグループSami Swoi
と共に1stアルバムをリリースしたあと、彼らと訣別。路線をディス
コに変更してこの2枚組7インチを発表した。名コンポーザー
Janusz Komanが作編曲と演奏指揮で参加し、メロウに仕上げた4
曲を収録。太いベースとソウルフルな歌声が徐々に盛り上げていく
A面もすばらしいが、白眉はC面。60年代に活躍した歌手Krystyna
Konarskaが歌ったしっとりとしたボッサを、もはや原型をとどめな
いグルーヴィでメロウなアレンジでカヴァーしている。必聴！

SX 1851 12"

Odcienie samotności
Zdzisława Sośnicka

1980 Pronit

Zdzisława Sośnickaは広い音域と力強い歌唱が特徴の実力派女性
歌手で、60年代から現代に至るまで第一線で活躍を続け、多くの
作品をリリースしている。ファンク歌謡路線の2ndアルバムや、ディ
スコに舵を切った3rdなど魅力的な作品が多く甲乙つけがたいが、
ここでは2枚組の大ボリュームでリリースした4thアルバムを推薦
することとする。ポズナンのラジ
オ局お抱えオーケストラPoznańska Orkiestra Rozrywkowa
PRiTVが演奏に参加した、煌びやかな王道ディスコB-4は名曲だ。

SX 1857 12"

Kombi
Kombi

1980 Pronit

Kombiの歴史は古く、前身となるBig-beatグループAkcentyは69
年に結成された。中心人物である電子技術者Sławomir Łosowski
は電子音楽に興味を持ち、70年代初頭にソ連製電子オルガンを改
造してシンセサイザーの自作に成功。早すぎた電子音楽の先駆者と
なったKombiだが、ミュンヘン・サウンドを取り入れることで80
年代にはポーランドで最も人気のあるグループへと成長した。本作
はその記念すべき1stアルバムであり、ヒット曲にもなったB-4はポー
ランド産ミュンヘン・サウンドの超名曲だ。

SX 1880 12"

Aura
Aura

1980 Polskie Nagrania Muza

Auraは後期Partitaのメンバーを中心に、75年に結成された男女
混合のヴォーカル・グループ。本作はその唯一のアルバムである。
演奏はカトヴィツェのラジオ局お抱えのオーケストラが担当し、か
のJerzy Milianはもちろん、名コンポーザー Janusz Komanも指揮
者として参加。Auraによる澄んだハーモニーと、洗練された演奏
が組み合わさり、美しい音世界を聴かせる隠れた名盤だ。さらに
電子音楽のカリスマMarek Bilińskiがシンセサイザーで参加したこ
とでスペーシーな味付けも加わった、唯一無二の作品。

― ポーランド人民共和国 ―

Polska Rzeczpospolita Ludowa

Nasza Basia Kochana
Nasza Basia Kochana

1980   Polskie Nagrania Muza

Nasza Basia Kochanaは、Poezja śpiewanaを愛好する学生たち
が75年の学生歌交換(各地の学生が集まってフォークソングを披露
しあうイベント)で意気投合して結成したヴォーカル・グループ。地
元の異なる彼らは手紙を通じて作曲するなど困難を乗り越え、76
年クラクフでの学生歌謡祭で大賞を獲得、ヴァイオリン奏者
Krzesimir Dębskiや大御所作詞家Jacek Cyganの協力で唯一のア
ルバムを制作することができた。美しいハーモニーに伝統音楽、ボッ
サ、ソフト・ロック、ジャズとポーランド音楽の魅力を凝縮した超傑作。

SX 1926   12"

Polish Jazz vol.61: Follow Us
Sun Ship

1980   Polskie Nagrania Muza

Extra Ballの鍵盤奏者だったWładysław Sendeckiは、その同僚
と共に新たなグループ結成のため脱退。そこに元Jazz Carriersの
リーダーでサックス奏者のZbigniew Jaremkoらが加わり78年に
Sun Shipは結成された。『Polish Jazz』シリーズ61枚目としてリリー
スされた本作は、Extra Ballを進化させた骨太なジャズ・ロックが
聴ける推薦盤。ゴキゲンなラテン風ジャズ・ロックA-1、ムーグ・ファ
ンクな展開を見せるB-1、太いベースラインを持つフリー・ジャズ
B-2がオススメだ。

SX 1941   12"

Follow Your Kite
Zbigniew Namysłowski, Air Condition

1980   Polskie Nagrania Muza

サックス奏者Zbigniew Namysłowskiは78年にアメリカに活動拠
点を移したものの、2年後に帰国。Air Conditionを結成してジャズ・
ロック路線の本作を制作した。メンバーにはExtra Ball～Sun
Shipでポーランド産ジャズ・ロックの旗手として活躍した
Władysław Sendeckiや、元LaboratoriumのベーシストKrzysztof
Ścierańskiが参加し、大きく貢献している。ベースが激しくスラッ
プするA-3、高速ブラジリアン・フュージョンB-1など、骨太のグルー
ヴを楽しめる推薦盤。

SX 2303   12"

Buzuki Disco
Eleni & Prometheus

1980   Pronit

ギリシャ系ポーランド人シンガー Eleniとその兄Kostas Dzokasに
よるグループ Prometheusの3rd。前作まではギリシャの伝統音楽
に根差したポップスを演奏していたが、本作ではディスコ路線に転
向。伝統楽器ブズーキとディスコの異色な組み合わせを楽しむこと
ができる。とはいえ単なるイロモノではなく、B-1を中心に完成度
の高い楽曲を収録。A-1には偉大なギリシャのミュージシャンMikis
Theodorakisのカヴァーを収録しているほか、B-5ではかのJerzy
Milianが作曲を手がけている。

SLP 4016   12"

SX-T 1

Vox
Vox

1980 Tonpress

78年に結成された男性ヴォーカル・グループVoxはディスコを中心に幅広いジャンルを歌いこなし、80年代に絶大な人気を博した。その1stは国営出版局（Krajowa Agecja Wydawnicza）のレーベルTonpressから最初にリリースされたアルバムにもなった。演奏には実力派フュージョングループAlex Bandが参加し、ドライブ感のあるグルーヴを聴かせてくれる。Alex BandのリーダーAleksander Maliszewskiが作曲を手がけた疾走するディスコB-1は必聴だ。レゲエ調のヒット曲A-1もオススメ。

SX-T 2 12"

Zderzenie myśli
Alex Band

1980 Tonpress

Urszula Sipińskaに提供した「Fortepian w rzece」で早くも優れたコンポーザーとしての才能を発揮したAleksander Maliszewskiが、自身の音楽を追求すべくErgo Bandに続いて結成したのがAlex Band。彼らはフュージョンをベースとしながらも、20人近くものメンバーを擁することでビッグ・バンド的アプローチを可能にし、さらにシンセサイザーを前面に押し出すことで唯一無二のダイナミックなグルーヴを得た。本作はその持てる可能性を最大限に引き出した、80年代ポーランド最高峰のアルバムだ。

LP-011 12"

Boutique Disco
Ewa Kuklińska

1980 Wifon

Ewa Kuklińskaはバレエ学校を卒業してバレリーナとして活動したあと、フランス政府から奨学金を得てパリに留学し、そこで歌をはじめとする舞台芸術全般を身につけた。帰国後は歌手・女優・ダンサー・振付師と多彩な活躍で人気に。本作は歌手としてリリースした1stアルバムである。ウッチのラジオ局お抱えオーケストラを演奏に起用し、ストリングスを贅沢に使用したタイトル通りの煌びやかなディスコを収録している。Minnie Riperton「Lovin' You」など西側楽曲のポーランド語カヴァーも良い。

LP-013 12"

Mężczyzna na niepogodę
Roman Frankl

1980 Wifon

俳優Roman Franklは演出や台本執筆など、舞台・映画でマルチな活躍をしたが、歌手としても才能を発揮し、作曲も手がけるなど音楽でも多彩な才能を披露した。母親である歌手Maria Koterbskaの遺伝子を受け継いでいるともいえるだろう。本作はその唯一のアルバムとなっており、彼自身が作曲してヒット曲となったB-5を収録。洒落たボッサA-3、ムーグ・ファンク歌謡B-3、ディスコなB-4などがオススメ。Barry ManilowやBilly Joelのカヴァーも収録している。大人の色気あふれるダンディな歌唱に痺れる良盤だ。

S-252　7"

Ten kto wie / Rzeki snu
Monastyr
1980　Tonpress

MonastyrはリーダーでギタリストのWaldemar Koperkiewiczにより、73年結成。彼は作曲家として歌謡祭で数々の賞を獲得し、文化センターで歌の指導をするなど大きな活躍をしたが、レコードはシングルを1枚リリースしたのみと不遇に終わった。しかしそのA面には、ムーグ・ファンク～ディスコなサウンドに分厚いコーラスが加わった珠玉の名曲を収録しているため必聴だ。Koperkiewiczは歌う詩Poezja śpiewanaの大会でも賞を獲得しており、B面にはそのことが垣間見えるフォーキーなバラードを収録している。

S-398　7"

Opadają mi ręce
Krystyna Prońko
1980　Tonpress

3rdアルバムからディスコ路線に舵を切った歌姫Krystyna Prońkoは、その力強い歌唱を武器に、ディスコの良曲を数多く生み出した。80年代にリリースしたアルバムはどれもオススメだが、ここでは未収録曲が4曲収録された7インチ2枚組を推したい。うち3曲はProńko自身が作曲を手がけており、彼女が最も得意とするメロウなディスコを収録。中でもD面では、虚ろに煌めくシンセから始まり、Prońkoの歌唱に導かれて徐々に盛り上がっていくヴォコーダー入りフィリー・ソウルを聴くことができ、要チェック。

SLP 4017　12"

Kolęda nocka
Ernest Bryll, Wojciech Trzciński
1981　Pronit

映画音楽の巨匠Wojciech Trzcińskiと作詞家Ernest Bryllによる、ミュージカル『Kolęda Nocka（クリスマス・キャロル）』のサントラ。大御所ふたりによる壮大な世界観を味わえる、ダークな一大ジャズ・ロック絵巻となっており、プログレファンにもオススメだ。ヴォーカルには歌姫Krystyna Prońkoが参加し、力強い歌声を聴かせてくれる。B-1・B-4は太いベースのグルーヴを持ち、合唱団による荘厳なコーラスも加わった、ジャズ・ロックのオススメ曲だ。

HR 1004　12"

To and Fro
Jan Jarczyk
1981　Helicon

ジャズピアニストJan Jarczykは60年代から活動するベテラン。62年にはのちにアメリカで活躍するヴァイオリニストZbigniew Seifertのカルテットに参加し、学生ジャズフェスティバル「Jazz nad Odrą」で受賞して注目を浴びた。その後もスタジオ・ミュージシャンとして様々なプロジェクトに参加したが、リーダー作としてはこれが初めてとなった。Jarczykによるエレピとシンセサイザーが心地よい、あたたかな昼下がりのようなジャズを聴くことができる。B-1は79年に亡くなったSeifertに捧げられている。

LP-036　12"

Jadę w świat
Maria Jeżowska
1981　Wifon

シンガー・ソングライター Majka Jeżowska は79年の「オポーレ歌謡祭」で注目を集め、1stアルバムとして本作の制作を開始。翌年の同歌謡祭で受賞した、レゲエとディスコを融合させた A-2 をはじめ、多くの楽曲がヒットしている。映画音楽の巨匠 Wojciech Trzciński が編曲を手がけたグルーヴィなディスコ A-4 も必聴だが、ハイライトは80年代を代表するコンポーザー Janusz Koman 編曲のメロウな AOR となっている B-5 だ。彼女は81年に渡米して活動、さらに子ども向け音楽の分野でも活躍した。

S-370　7"

Henio na wczasach / Narodziny Karoliny
Dariusz Kozakiewicz
1981　Tonpress

Dariusz Kozakiewicz はポーランドで最も重要なロックギタリストのひとり。Breakout のアルバム『Blues』に参加したあと、Test に加入して彼らを国内初のハード・ロックグループへと変貌させた。さらにはサックス奏者 Zbigniew Namysłowski によるプロジェクト、Air Condition に参加してジャズ・ロックサウンドの要となるなど、ジャズシーンでも活躍した。本作は彼が体制転換前にリリースした唯一のソロ作品であるが、両面に超絶ダンサブルな骨太インスト・ディスコを収録しているためオススメ。

SX 2148　12"

Paczka
Krzak
1982　Pronit

Krzak はインストのロックグループとしては珍しく、国内外でかなりの人気を得た。元々ブルース・ロックやカントリーを演奏していたが、本作ではフュージョングループ String Connection のヴァイオリニスト Krzesimir Dębski や、SBB の Józef Skrzek（シンセサイザー）らがゲスト参加したことにより、フュージョン寄りの音楽性も獲得。アクの強いブルース・ロックが多い中、A-4 は例外的にグルーヴィで洗練された良曲に仕上がっている。シングルのみでリリースされた「Funky 608 D」も同路線の名曲なので見逃せない。

PSJ-107　12"

Workoholic
String Connection
1982　Poljazz

String Connection はヴァイオリニスト Krzesimir Dębski を中心に81年結成。そこに元 Extra Ball のサックス奏者 Andrzej Olejniczak や、元 Laboratorium の技巧派ベーシスト Krzysztof Ścierański らが加わると、強固なテクニックを持つフュージョングループとして人気を得た。本作は結成からわずか1年でリリースされた 1st アルバムで、Dębski のヴァイオリンが躍動する A-1 や、変拍子と超絶ベース・ソロが聴ける B-1 などを収録。

Polska Rzeczpospolita Ludowa

PSJ-120　12"

Heavy Metal Sextet
Heavy Metal Sextet

1983　Poljazz

ベーシストMariusz Bogdanowiczによって82年結成されたジャズ
グループHeavy Metal Sextetはデビュー後すぐに高評価を得て、
立て続けに2枚のアルバムをリリースした。ハード・バップをベース
に、ジャズ・ロックやフュージョンの要素も取り入れて多彩な演奏
を聴かせるのが特徴。ジャズ・ファンクなA-1、複雑なリズムを次々
繰り出すジャズ・ロックB-1、テクニカルに疾走するサンバB-3がオ
ススメ。翌年リリースの2ndも同路線のアルバムとなっており、併
せて聴いてほしい。

SX 2103　12"

Solo i w duecie
Grażyna Łobaszewska, Piotr Schulz

1984　Polskie Nagrania Muza

Ergo Band、Crashで歌ったGrażyna Łobaszewskaと、歌手Piotr
Schulzとのデュオによる作品。演奏はポズナニのラジオ局お抱え
のオーケストラが担当し、指揮と編曲は名コンポーザー Zbigniew
Górnyと、String Connectionの ヴァイオリニストKrzesimir
Dębskiが半々に手がけている。ふたりの歌唱力と巨匠たちの演奏、
作編曲が組み合わさったことにより、本場アメリカのソウルに引け
をとらない奇跡の名演が実現。浮遊感のあるシンセや心地よいグ
ルーヴが耳の保養となる、著者の愛聴盤。

SX 2197　12"

Talking Guitar
Jarosław Śmietana

1984　Polskie Nagrania Muza

学生ジャズフェスティバル「Jazz nad Odrą」で頭角を現し、Extra
Ballを結成して人気を博したギタリストJarosław Śmietanaによる
ソロ1st。メンバーには後期Extra Ballで同僚だった鍵盤奏者
Wojciech Groborzや、元Jazz Carriers～ Sun Shipのサックス奏
者Zbigniew Jaremko及びHenryk Miśkiewiczが参加し、安定感
のあるフュージョンサウンドを聴かせる。Śmietanaの繊細で流れる
ようなギターが心地よい。

ALP-001　12"

Franek Kimono
Franek Kimono

1984　arston

Franek Kimonoは俳優Piotr Fronczewskiが演じる、ディスコを嘲
笑したパロディ的キャラクターとして生み出された。この発案者は
数多くの映画音楽を手がけた名コンポーザー、プロデューサーの
Andrzej Korzyńskiであり、彼が作曲も手がけている。Kimonoと
いう名前や衣装の道着からアジアをコンセプトにしていると思われ
るが、楽曲にも随所にアジア的味付けがなされている。フザけて
はいるが、Korzyńskiによるミュンヘン・サウンドは本格的で、ディ
スコファンにも受け入れられて異例のヒットとなった。

HR 1012　12"

Time Killers
Time Killers

1985　Helicon

本作はTomasz Szukalski（サックス）、Wojciech Karolak（オルガン、シンセサイザー）、Czesław Bartkowski（ドラム）というジャズシーンを代表する3人のミュージシャンによって、84年に結成されたTime Killers唯一のアルバム。ポーランド・ジャズ協会が発行する権威ある雑誌『Jazz Forum』の批評家投票によって、80年代で最も優れたポーリッシュ・ジャズの作品に選ばれた重要作だ。Karolakの操るシンセによってプログレッシヴにアップデートされたソウル・ジャズを聴くことができる名盤。

LP 073　12"

Alex Band i przyjaciele
Alex Band

1985　Wifon

鬼才Aleksander Maliszewski率いる大所帯フュージョングループによる6枚目のアルバム。『Alex Bandと友達』と題され、グループ唯一のヴォーカル入り作品となっている。大御所Maryla Rodowiczや、Ergo BandでもMaliszewskiと共演したGrażyna Łobaszewskaなど豪華な歌手が参加。元Sami SwoiのHanna Banaszakが歌うメロウなサンバA-3、ここでしか歌声を聴くことのできない謎のヴォーカリストZuzuを迎えた、オブスキュアなムーグ・ファンクB-5がオススメ。

RLP 017　12"

Schi
Sucha Orkiestra

1986　Klub Płytowy Razem

若者向けの週刊誌『Razam』は、83年にKlub Płytowy Razem（Razemレコード・クラブ）を設立して会員向けのレコードを発行した。国営レーベルではリリースの難しい、パンクやニューウェーブの作品を多く手がけている。本作はチェロとシンセサイザーを演奏するKrzysztof Suchodolski率いるジャズグループSucha Orkiestraによるアルバムだ。メロウなフュージョンA-1、ヴォコーダー入りの前衛ジャズ・ファンクA-3がオススメ。ベーシストはのちにハード・ロックに転向し、かのScorpionsに参加する。

PSJ-141　12"

Polski Jazz Ensemble
Polski Jazz Ensemble

1986　Poljazz

Extra Ballの鍵盤奏者として活躍したあと、自身のグループSun Shipを結成してジャズ・ロックシーンを牽引したWładysław Sendeckiだったが、81年の戒厳令を理由にスイスへと亡命した。国際的なキャリアを開始した彼だったが、同じく亡命したミュージシャンらとPolski Jazz Ensembleを結成。本作はミュンヘンで録音された1stアルバムである。ドイツに亡命していたベテランのドラマーJanusz Stefanskiが作曲したA-1は、サックスが飛翔する珠玉のスピリチュアル・ジャズに仕上がっており、必聴。

LP 084　12"

I co z tego masz?
Ewa Bem

1986　Wifon

元Bemibekのジャズシンガー Ewa Bemによるソロ3作目。もうひ
とりジャケットに写っているのは、本作の作曲をすべて担当した
Winicjusz Chróst。彼はPiotr Figiel Ensemble、Arp Lifeなど様々
なグループに協力したセッション・ミュージシャンで、本作ではギター
とキーボードを演奏してサウンドの要にもなっている。タイトなグ
ルーヴ、浮遊するシンセ、軽やかでジャジーな歌声が組み合わさっ
た良盤だ。前衛的なシンセに始まり、太すぎるベースがグルーヴ
するヴォコーダー入りジャズ・ロックA-6は超オススメ。

SX 2534　12"

Dusze kobiet
Zbigniew Wodecki

1987　Polskie Nagrania Muza

Zbigniew WodeckiはヴァイオリニストとしてMarek Grechuta &
Anawaなど歌う詩Poezja śpiewana系のアーティストをサポートし
たり、クラクフ室内管弦楽団で働くなどクラシックの分野でも活躍
した。しかし73年に突如歌手デビュー。本作は歌手としての2nd
アルバムで、Alex Bandが演奏で参加し、そのリーダー Aleksa-
nder Maliszewskiが作曲にも関わっているためオススメ。
Wodecki自身も半数の作曲を手がけており、爽やかなディスコB-2
や疾走するサンバB-4は良曲だ。

Stare, nowe, najnowsze
Andrzej Zaucha

1987　Wifon

DżambleやAnawaなど名ジャズ・ロックグループに参加した
Andrzej Zauchaは、適度に力の抜けたソフトな発声でソウルフル
に歌うことができる、ポーランド最高峰の歌唱力を持ったシンガー。
特にジャズやAORを得意とし、その作品はどれもオススメだ。本
作はソロ2枚目のアルバムであり、メロウな超名曲B-3を中心とし
たAORな楽曲群を聴くことができる推薦盤。ちなみにアルバム未
収録のシングル「Wieczór nad rzeką zdarzeń」も心地よいボッサな
名曲なので、必ず併せてチェックしてほしい。

LP 114　12"

Hollywood
Bolter

1987　Wifon

Bolterは作曲家のSławomir Sokołowskiによって84年に結成。
Iwona MaciejewskaとJan Zielińskiを加えた女性ひとり、男性ふ
たりのヴォーカル・グループだ。Sokołowskiが操るシンセサイザー
を前面に押し出した本格的なイタロ・ディスコを特徴とし、良質な
ダンスミュージックを数多く世に送り出した。本作はその2ndアル
バムとなっており、Maciejewskaの妖艶な歌唱が映えるA-1、太
いベースラインを持ったB-1、そして哀愁のディスコB-3などオスス
メ曲多数。

LP 115　12"

SX 2588　12"

Piotr Schulz
Piotr Schulz

1988　Polskie Nagrania Muza

歌手Piotr Schulzは、Ergo BandやCrashで活躍した歌手Graż-
yna Łobaszewskaとのデュエット曲「Może za jakiś czas」のヒット
によって知名度を上げ、ソロでもアルバムを制作することに成功。
彼は作曲にも携わり、ほとんどの楽曲を書いている。演奏は鬼才
Aleksander Maliszewski率いるAlex Bandが担当し、AORなサウ
ンドに仕上げた。唯一Maliszewskiが作曲も手がけたメロウなシ
ティ・ポップA-5は必聴。他にもA-1・A-2・A-3・B-2などがオスス
メだ。

SX 2676　12"

Metamorphosis
Bernard Kafka, Ewa Bem

1989　Polskie Nagrania Muza

ポーランドを代表するヴォーカル・グループ、Novi Singersと
Bemibekのそれぞれの中心人物、Bernard KawkaとEwa Bemに
よる奇跡の共演盤。作曲はKawkaがすべて手がけており、演奏に
はSBBのJerzy Piotrowski（ドラム）をはじめとする豪華なミュージ
シャンが参加している。ヴォコーダーとKawkaの甘い歌声が心地よ
いB-1、Bemの歌うディスコB-3が聴きどころ。インスト曲も充実
しており、Kawkaがヴァイオリンを弾くサンバA-1、太いベースのグ
ルーヴが聴けるスペース・フュージョンB-5がオススメ。

SX-T 124　12"

Nasz ziemski Eden
Papa Dance

1989　Tonpress

ふたりの音楽プロデューサーMariusz ZabrodzkiとSławomir
Wesołowskiによって84年に結成されたシンセ・ポップグループ
Papa Danceは、1stアルバムをリリースしたあと一旦解散し、参加
メンバーはEx-Danceというグループ名で活動を続けた。その後、
創設者によって一新されたラインナップで再結集。さらにギタリスト
の参加でサウンドを強化して、本作（3rd）では本格的イタロ・ディス
コを聴かせるグループへと発展している。ジャケットのインパクトに
劣らない強烈なビートで、フロアを沸かせること間違いなしな一枚。

SXV-1009　12"

Wild Minds
Marek Surzyn

1989　Veriton

フォーク・ロックグループEn Faceのドラマーとしてデビューした
Marek Surzynは、後期Breakoutにも参加してロックグループを渡
り歩いた。さらには元Laboratoriumの技巧派ベーシストKrzysztof
Ścierańskiとのタッグでフュージョンシーンでも活躍し、ポーラン
ドで最も重要なドラマーとして評価されている。その手数の多さと
正確無比なドラミングはTerry Bozzioを彷彿とさせる。本作も
Ścierańskiをベースに迎え入れて制作しており、彼のベースがうね
るファンキーなフュージョンA-1はオススメだ。

Polska Rzeczpospolita Ludowa

Column

越境する東欧グルーヴ
──亡命、世界進出、東西の邂逅

　西側からリリースされた東欧のミュージシャンによるレコードは意外にも多い。その理由の多くを占めるのが亡命だ。抑圧された生活、そして検閲を嫌い、西側で活動したミュージシャンは数知れない。その中には優れた才能の持ち主も多く、亡命先で大きく活躍した例もある。Mahavishnu Orchestraへの参加や劇伴の制作で音楽史に名を刻んだJan Hammerはその代表格だ。世界ツアーは亡命の良い機会であり、ツアー先の国から西側に脱出するケースはよく見られた。もちろん亡命には危険や代償がともない、その音楽は国内で放送禁止の処分となり、グループの場合は残されたメンバーも活動を制限されることとなった。

　政治的に比較的穏健だったポーランドやハンガリーでは、単に世界進出という形でレコードをリリースした例も多い。ポーランドでは、Czesław NiemenやZbigniew Namysłowskiといったシーンを代表するミュージシャンが西側でレコードを残した。

　西側でリリースされた作品の魅力は、やはり東西ミュージシャンの豪華なコラボレーションにあるだろう。東欧由来の個性的な音楽が、本場ミュージシャンとの邂逅によって新たな進化を遂げることもある。東欧に比べて音質が良いレコードが多いのも魅力だ。一概には言えないが、やはり物資の不足していた東欧のレコードには音質が悪いものも多い。東側では音質に恵まれなかったミュージシャンの音源が西側に良い形で残っているのはありがたいことだ。The Plastic People of the Universeのように、西側でしかリリースできなかったグループもいる。今回は、世界的に有名なミュージシャンはレジェンド枠として除外し、それ以外から重要作をピックアップしてみた。東欧から飛び出したグルーヴを、ぜひ味わってほしい。

東欧出身の世界的有名ミュージシャン

Joachim Kühn、Rolf Kühn … 東ドイツ

George Mraz（Jiří Mráz）、Jan Hammer、Miroslav Vitouš … チェコスロヴァキア

Szabó Gábor、Zoller Attila … ハンガリー

Eugen Cicero（Eugen Ciceu）… ルーマニア

15260 ST　12"

Identification
Yancy Körössy

1970　MPS

ルーマニアのジャズシーン黎明期を支えたピアニスト Körössy János は、早くから国際的評価を確立して西ドイツ MPS で録音を残した。自国の録音ではあまり見せることのなかったアグレッシヴな演奏を聴くことができる傑作アルバムだ。自作曲をふたつ収録しており、タイトルにもなった B-1 からはルーツであるトランシルヴァニア地方やハンガリーの伝統音楽を感じることができる。本作の録音後、帰国することを放棄して、Körössy はアメリカへと移った。移住の背景には、彼を高く評価していた Willis Conover の支援があったようだ。

S 64381　12"

Emergency
Emergency

1971　CBS

チェコの Big-beat シーンを代表する伝説的ロックグループ The Matadors は、ミュージカル『ヘアー』ドイツ語版の演奏を担当する仕事を得て西ドイツへと向かった。その最中にグループは分裂し、リーダー兼ベーシスト Otto Bezloja らは西ドイツで活動を継続することとなる。70年、ドイツ人も加えて結成された Emergency はジャズ・ロック〜プログレのグループとして知られており、中でも『ヘアー』の音楽監督だったチェコ人サックス奏者 Hanus Berka によってグルーヴィなブラス・ロックへと仕上げられた 1st アルバムはオススメだ。

80557　12"

Mourner's Rhapsody
Czesław Niemen

1974　CBS

ポーランドを代表するロッカー Czesław Niemen は SBB のメンバーをバックに従え、『Strange Is This World』を皮切りにミュンヘンでアルバムを数枚レコーディングした。彼の国際的活躍の集大成として、ニューヨークのセッション・ミュージシャンたちと制作したのが本作だ。その中には同郷の Michał Urbaniak や、チェコ出身の Jan Hammer ら Mahavishnu Orchestra のメンバーもいた。Niemen のソウルフルな歌唱とプログレッシヴな楽曲を、本場のジャズ・ロックサウンドで仕上げた良作だ。

EFG-501 5 101　12"

Song of the Pterodactyl
Pop Workshop

1974　Grammofonverket

ポーランド人ピアニスト Wlodek（Włodzimierz）Gulgowski は 65年にスウェーデンへと移住して活躍した。そこで結成したジャズ・ロックグループ Pop Workshop は 2 枚のアルバムを残している。いずれも Gulgowski のかつての同僚でもあるサックス奏者 Zbigniew Namysłowski が参加していて、2nd では彼の名曲「Kujaviak Goes Funky」を聴くことができる。Gulgowski はこのあとプログレッシヴ・ロックグループ Made in Sweden に参加し、キーボードを担当した。

SD 36-116　12"

Funk Factory
Funk Factory
1975　ATCO

73年にポーランドからアメリカへと移ったジャズヴァイオリニスト
Michał Urbaniakは、本場のフュージョンシーンで活躍を続けた。
彼は自国のミュージシャンを度々招き、その実力をアメリカに伝え
た。本作ではピアニストWlodek Gulgowskiや、74年からアメリカ
に移っていた元Novi SingersのリーダーBernard Kawkaを迎えて
制作。Kawkaは新たにB.K. Singersを結成して率いており、美し
いハーモニーをここでも披露している。Novi Singersの名曲「Rien
ne va plus」は鳥肌モノ。

ZS-168　7"

Let's Go and Make It
Jackie Orszaczky, The Marcia Hines Band
1975　Wizard Records

ハンガリーのジャズ・ロックグループSyrius［P.128］のベーシスト
だったOrszáczky Miklósは、ツアーで向かったオーストラリアに亡
命してJackie Orszaczkyの芸名で活動した。本作はソウル歌手
Marcia Hinesのバックバンドで中心的立場になった彼がリリース
した7インチで、B面にはインストのムーグ・ファンクを収録した人気
盤。その後もオーストラリアのブラックミュージックシーンで最高峰
のベーシストとして成功を続けた。祖国でも毎年ツアーを敢行し、
06年にはハンガリー政府から勲章を授与されている。

AL 4065　12"

Urszula
Urszula Dudziak
1975　Arista

ジャズヴォーカリストUrszula Dudziakは67年、ヴァイオリニスト
Michał Urbaniakと結婚し、音楽面でも彼をサポートした。ふたり
は73年にアメリカに移り、そこでも成功を収めた。Dudziakの声
を楽器として操る強烈なスキャットは唯一無二で、本作ではその魅
力が遺憾なく発揮されている。疾走するジャズ・ファンクの上で彼
女の声が縦横無尽に駆け回るA-1は超名曲だ。後半ではUrbaniak
のヴァイオリンも堪能できる。この楽曲は21世紀になってからフィ
リピンで人気に火がつき、その後世界的に人気を集めている。

No. 7 Mag 42-107　12"

Bright Sun
Bright Sun
1977　Magyar Records

このレコードをリリースしたMagyar Recordsは、ハンガリー人
Püski Sándorによって設立された。彼は母国で出版社を営んでいた
が、60年代に冤罪で投獄されている。70年にアメリカに移って書店
を営み、母国では政治的理由で出版できない書籍を発行した。彼
は西側に住む亡命ハンガリー人の精神的支柱になっていたという。
ハンガリーからアーティストを呼んでライブも企画し、それがレーベ
ル事業へと繋がっている。本作はジャズサックス奏者Ráduly Mihály
が民謡歌手と共演し、民謡をジャズ・ロックにアレンジした推薦盤だ。

CLP 8003　12" (Single)

Special Way
Aura Urziceanu
1978　Change Records

ルーマニア最高のジャズ歌手Aura Urziceanuは、かのDuke
Ellingtonに才能を見出されて国際的に評価された。71年にはベル
ギーで開催された国際歌謡祭「Songfestival van Knokke」で優勝
も果たしている。彼女はカーネギー・ホールで共演したドラマー
Ron Rullyと結婚して、彼の住むカナダへと移った。そこでの録音
はジャズスタンダードが多いが、ここではディスコを披露している。
彼女の艶のあるソウルフルな歌声はディスコとも愛称バツグンだ。
中でもシングル・カットされたA-4は秀逸。

DR1039　12"

Blue Levis
Milcho Leviev
1978　Dobre Records

ブルガリアのジャズシーンを大きく発展させたピアニストMilcho
Levievは、Jazz Focus-65を率いて国際的に評価され、トランペッ
ター Don Ellisの誘いで71年にアメリカへと移った。同年のEllis
によるアルバム『Tears of Joy』では早速実力を発揮し、33/16の
変拍子を軽々と演奏している。Billy CobhamやAirto Moreiraのグ
ループにも参加し、ジャズ・ロックの名演も多く残した。リーダー
作では変拍子は少ないが、Levievのリラックスした演奏を楽しめる。
A-1・B-3がオススメ。

DR1015　12"

1978
Tommy Vig
1978　Dobre Records

パーカッション奏者のTommy Vigは若干7歳にして初めてコンクー
ルで優勝してから数々の賞を獲得し神童と呼ばれたが、56年のハン
ガリー動乱ののちにアメリカへと亡命した。そこでは数々のスターと
共演し、アメリカ作編曲家協会の副会長を務めるなど成功している。
本作ではブルガリア人ピアニストMilcho Levievらを加え、Vigはヴィ
ブラフォンを演奏。17分に及ぶ大曲のA-1「Gypsy」は疾走する高速
ジャズ・ロックで、タイトル通りジプシーの伝統的メロディが次々と
繰り出される。Levievによるバルカン節が炸裂するB-2もオススメ。

GBD 80526　12"

Sleepless Nights
Klaus Lenz, Jazz & Rock Machine
1980　GeeBeeDee

東ドイツでジャズ、ロック双方の最重要ミュージシャンとしてシーン
を牽引したトランペッター Klaus Lenzは、東ドイツで最後のレコー
ド『Aufbruch(出発)』をリリースしたあと、77年に西ドイツへと移っ
た。そこでもジャズ・ロックを追求して数枚のアルバムをリリースし
ている。西ドイツのミュージシャンに混ざってポーランドのサックス
奏者Zbigniew Namysłowskiも参加し、彼作曲のA-4はファンキー
な良曲に仕上がっている。しかしLenzは西側では成功することが
できず、本作を最後に音楽シーンから去ってしまう。

ST 5004　12"

Sunshine State
Lajos Dudás Featuring Toto Blanke
1985　Konnex Records

ハンガリー人クラリネット奏者Lajos Dudásは、64年の『Modern Jazz』シリーズ[P.118]にその名前を見つけることができる。70年代初頭に西ドイツへと移り、クラシックやフリー・ジャズ、伝統音楽を融合させたコンテンポラリーなジャズを演奏した。本作にはドイツ人ギタリストToto Blankeに加え、ハンガリーから名ドラマーKőszegi Imreと、ブルガリア人ベーシストTeodossi Stoykovが参加している。疾走する変拍子の上で、ハンガリーの伝統音楽に根ざしたエキゾチックなフレーズが飛び出すジャズ・ロックの良作だ。

SDPR-008　12" (Single)

Korea
Csepregi Éva, Mándoki László
1987　Seoul Records

Dschinghis Khanのメンバー、Mándoki Lászlóは70年代にハンガリーから西ドイツに亡命した。8kmに及ぶ鉄道のトンネルを抜けて不法に出国したため、Dschinghis Khanのハンガリー公演は当局に止められたこともあったという。そんな彼とNeoton Familiaのメンバー Csepregi Évaのコラボが実現したのは、体制転換が迫る自由な空気の後押しもあっただろう。ふたりは86年のソウル国際歌謡祭で出会い、88年のソウル・オリンピックに向けて本作を再作。ハンガリー、ドイツ、日本、韓国でリリースされた。

jp 1026　12"

Blues for the Last Punk
Things Featuring Tony Lakatos
1987　Jazzpoint Records

伝統あるロマの音楽一家に生まれたサックス奏者Tony Lakatosは、バルトーク音楽院を80年に卒業して間もなくハンガリーから西ドイツへと移った。80年代後半、Kaszakő [P.138]のギタリストLászló AttílaやLocomotiv GT [P.122]のドラマー Solti JánosらとThingsを結成。アルバムを2枚残し、タイトなフュージョンサウンドを聴かせている。本作は彼らの1stアルバムで、パッション溢れる表題曲B-5はオススメだ。Lakatosは西ドイツを拠点にしながらも度々ハンガリーで録音を残し、特にロマのミュージシャンと積極的に協力した。

JP 329　12"

Cellula/New York
Laco Deczi
1989　Hovado Records

Jazz cellula [P.101]のリーダーとしてジャズシーンを牽引したスロヴァキア出身のトランペッター Laco Decziは、ジャズ・セクションへの圧力に失望して85年に母国を去った。86年からアメリカを拠点とし、そこでCellula New Yorkを結成して2010年まで活動した。本作はその1stアルバムであり、かのJan Hammerがプロデュースした作品。メンバーには息子であるVaico Decziもドラムで参加し、グルーヴィなフュージョンを聴かせている。Decziは体制転換後もアメリカに残ったが、毎年母国でコンサートを開催している。

チェコスロヴァキア社会主義共和国

Československá socialistická republika

ジャズを奏でたシュルレアリスト

　ヤン・シュヴァンクマイエルのアニメを観たことはあるだろうか。シュルレアリストだった彼の作り出す摩訶不思議な芸術は、チェコスロヴァキア文化のアイコンとも呼べる存在だ。この国ではポピュラー音楽の誕生にもシュルレアリストが関わっていた。

　第1次世界大戦後、ピアニスト Ervín Schulhoff は急進的なダダイズム運動のメンバーとなり、前衛的な作曲家として現代音楽の分野で活躍した。彼はジャズからインスピレーションを受けて積極的に作曲へと取り入れた。ジャズは古い様式から脱却し、ダダ的音楽を目指すのにうってつけの題材だったようだ。65年に発売された黎明期のジャズを収録したコンピ『Český Jazz 1920-1960』では、1920年代末に録音された Schulhoff の演奏を聴くことができる。彼は前衛演劇の中心地である解放劇場でも演奏し、好評を博した。

　解放劇場の作曲家・指揮者を務めたピアニスト Jaroslav Ježek も、ジャズを取り入れた人物として知られている。演劇『Don Juan & Comp.』のために作られた「Bugatti step」は現在でも世界中で演奏されている彼の代表曲だ。Ježek はチェコスロヴァキアにおけるシュルレアリストのグループのメンバーでもあった。39年、ナチスによる支配が始まると、Schulhoff の音楽はナチス・ドイツから"退廃音楽"の烙印を押され、ユダヤ系だった彼は強制収容所へ送られてしまった。ナチスを批判する演劇に楽曲を提供していた Ježek は、支配を嫌ってアメリカへと移住した。

『Český Jazz 1920-1960』（1965年）

079

躍動するビッグ・バンド

ナチスによる支配の中、重要なビッグ・バンドが設立されている。39年にはチェコでKarel VlachによるOrchestr Karla Vlachが、翌年にはスロヴァキアでGustav BromによるOrchestr Gustava Bromaが結成された。第二次世界大戦後、ナチス時代を生き延びた彼らはジャズシーンの礎を築いた。Orchestr Karla Vlachaは47年に解放劇場に常駐し、その後も様々な劇場を拠点に活動した。Gustav Bromはチェコ産ジャズのゴッドファーザー的存在となり、そのビッグ・バンドは優秀なミュージシャンを多数輩出した。中でも42年にOrchestr Gustava Bromaに加わり、その後Orchestr Karla Vlachaに移籍したサックス奏者Karel Krautgartnerは重要だ。彼は60年にチェコを代表するビッグ・バンドとなるTOČR (＝Taneční orchestr Československého rozhlasu)、即ちチェコスロヴァキア・ラジオ・ダンス・オーケストラを設立。63年にはTOČRから分裂する形で、JOČR (＝Jazzový orchestr Československého rozhlasu) が誕生した。TOČRにはJosef Vobrubaが、JOČRにはKamil Hálaがそれぞれ指揮者として加わった。スロヴァキアでもTOČR Bratislavaが設立された。これらのビッグ・バンドは歌手のバックや映画音楽などあらゆるジャンルの仕事をこなし、ポピュラー音楽全体にジャズのグルーヴを伝導していった。

ジャズコンボの誕生

58年、Orchestr Gustava Bromaのコントラバス奏者だったLuděk Hulanを中心に結成されたStudio 5はジャズコンボの始祖的存在となった。そのメンバーには、モダン・ジャズシーンにおける第一人者となるヴィブラフォン奏者Karel Velebnýもいた。60年にTOČRが結成されると、Studio 5の面々もそのメンバーを兼任して中核を担った。

Studio 5 Ensemble
『Modern Jazz』
(1961年)

しかし間もなくKarel VelebnýとJan Konopásek (サックス) は音楽性の違いにより脱退し、新たなジャズコンボを結成する。彼らは演奏を手がけた人形劇『Spejbl & Hurvínek』とカルテットの頭文字をとってSHQという名前で活動を始めた。63年にSHQに加入したスロヴァキア出身のトランペッターLaco Decziは、67年に自身のジャズコンボJazz

cellulaを設立した。SHQとJazz cellulaはチェコスロヴァキアを代表するコンボとして、ジャズシーンの中心的存在となっていく。当時10代だったコントラバス奏者Miroslav VitoušとピアニストのJan Hammerが、Miroslavの兄Alanを加えて結成したJunior Trioも注目のジャズコンボだった。

劇場文化が生んだスター歌手

Jiří Suchýによって59年に設立されたSemafor劇場はジャズやダンス、人形劇やミュージカルなど様々なジャンルの公演を行い、娯楽の中心的存在となった。解放劇場の影響も受けていたという。作詞家、作曲家、そして歌手でもあったSuchýはミュージカルのために楽曲を制作してヒット曲を生み、これらは歌謡曲の原型となった。劇場に所属する歌手には、Eva PilarováやKarel Gottといったのちのスターもいた。Semaforだけでなく、Rokokoなど様々な劇場で歌手の公演が行われ、観客を惹きつけた。Rokoko劇場からはMarta Kubišová、Helena Vondráčková、Marta Kubišová、Václav Neckáという4人のスターが生まれ、彼らはGolden Kidsというユニットとしても活動した。Golden Kidsの演奏は、Josef Vobruba率いるビッグ・バンドが担当している。

59年から発行が始まった雑誌『Mladý svět (若い世界)』も歌謡曲の発展に大きく関わった。62年にスタートした読者投票によるコンテスト「黄金のナイチンゲール(Zlatý slavík)」は人気のアーティストを決める企画で、GottやKubišováらが受賞した。66年にはスロヴァキアで歌謡祭「ブラチスラヴァの竪琴(Bratislavská lýra)」が始まった。歌謡祭はコンテスト形式で、金銀銅の3つの賞が用意された。最初の金賞は、Gottが獲得している。

Big-beatシーンの勃興

60年代、チェコスロヴァキアにもロックンロールの波が押し寄せた。ポーランドの音楽ジャーナリストFranciszek Walickiが考案したBig-beatという代替語は、この国でも用いられた。59年に結成されたSputniciはその先駆者として知られている。SputniciのギタリストPetr Jandaらで63年に結成されたOlympicは最初に成功したBig-beatグループとなった。彼らはSemafor劇場で演奏を担当し、様々な歌手のバックで演奏してキャリアを積んだ。64年、最初のBig-beatのレコードとして5枚の7インチがリリースされた。『Big-beat』[P.84]と銘打たれたこれらのレコードは、雑誌『Mladý svět』とSupraphonレーベルから共同でリリースされている。OlympicがGottと録音したThe Beatles「From Me to You」のチェコ語カヴァーはその1枚目を飾った。

Olympicはチェコ語でのロックを模索し、67年には名曲「Želva」を完成させた。一方、65年結成

のThe Matadorsは英語で歌唱するロックを追究し、西側の本格的なロックサウンドを獲得して、最高のBig-beatグループと評された。

67年、第1回「チェコスロヴァキア・ビート・フェス（Československý beatový festival）」が開催され、モラヴィアのSynkopy 61、ブラチスラヴァのPrúdyなど各地からBig-beatグループが集結した。The Matadorsはスイスへのツアーで不参加だったものの、国内の主要なグループがほぼすべて参加している。優勝はスロヴァキアを代表するロッカーDežo Ursinyが率いるThe Soulmenが手にした。

68年、民主化運動であるプラハの春に呼応するかのように、Big-beatシーンの盛り上がりも最高潮に達した。初のBig-beatのアルバムとなったOlympic『Želva』[P.84] を皮切りに、The Matadorsの1stなど重要な作品が多くリリースされていった。その中でも特に個性的な作品となったのがThe Rebelsによる『Šípková růženka』[P.85] だった。若手ジャズミュージシャンVáclav Zahradníkが編曲と指揮を手がけ、ロックとジャズを鮮やかに融合させたサウンドは斬新だ。このアルバムは、チェコスロヴァキアにおけるジャズ・ロックの先駆的作品として評価されている。

The Matadorsの1stアルバムのリリース直後、チェコ最高のギタリストと評されていたRadim Hladíkは脱退し、The Matadorsの初代ヴォーカリストだったVladimír Mišíkを誘ってBlue Effectを結成した。Hladíkのテクニカルでハードなギターによって、彼らはBig-beatを脱却した本格的ロックサウンドを手に入れた。68年末の第2回「チェコスロヴァキア・ビート・フェス」でBlue Effectの演奏は観客に衝撃を与え、最優秀賞を獲得した。

正常化体制、忍び寄る検閲の影

プラハの春はソ連の介入によって頓挫し、正常化体制が敷かれた。人気の絶頂にあったMarta Kubišováは代表曲「マルタの祈り（Modlitba pro Martu）」に、軍事侵攻へ反対するメッセージを込め、この曲は抵抗の象徴として民衆の心の支えとなった。これによって彼女は当局から目をつけられ、活動禁止を命じられた。69年度の「黄金のナイチンゲール」ではKubišováが大差で読者投票1位を獲得したが、その受賞は揉み消されてしまった。

Marta Kubišová
「マルタの祈り」収録の
7インチ（1968年）

ジャズシーンでは人材流出が相次いだ。Jan HammerやベーシストJiří Mráz（George Mraz）といった有望な若手が米国へと逃れた。彼らがその後に世界的ミュージシャンとして活躍することを考えると、大きな損失になったといえる。TOČRを率いてチェコ産ジャズの発展に尽力したKarel Krautgartnerもウィーンへと亡命した。

70年にリリースされたBlue Effectの1stアルバム『瞑想（Meditace）』には大きな困難が伴った。A-1は当初、正常化体制に反対していた作詞家Jaroslav Hutkaが携わっていたために、歌詞を差し替えて録音をやり直した。歌詞への検閲が強まり、思うように活動できなくなったヴォーカリストのVladimír Mišíkはグループを脱退し、Flamengoへと移籍した。Flamengoは1stアルバムを英語の歌詞で制作しようとしたが、当局の圧力により叶わなかった。彼らは政府からも尊敬される大詩人Josef Kainarに作詞を依頼することで検閲を潜り抜け、72年にようやく1stアルバム『時計の中の鶏（Kuře v hodinkách）』[P.89] のリリースが実現した。ヘヴィなギターと複雑なリズム、斬新なアレンジが加わったこのアルバムは、チェコスロヴァキアが誇るロックの最高傑作として評価されている。しかしその先進的すぎるサウンドゆえに、グループは解散を余儀なくされてしまった。

Blue Effect『瞑想』
（1970年）

規制を乗り越えたジャズ・ロック

ジャズをロックに取り入れたThe Rebelsの先駆的作品『Šípková růženka』のあと、その編曲を手がけたVáclav Zahradníkは70年のアルバム『Jazz Goes to Beat』[P.86] でThe Beatlesのカヴァーなどロックを演奏し、ビッグ・バンドとロックの融合を推進した。この頃、ロックと引き換えにジャズへの規制は緩和され、一部のジャズミュージシャンはシーンの空白を補うべくロックへの接近を試みていた。ジャズグループとして出発したJazz Qもその中のひとつだった。彼らは折しもヴォーカリストを失いインストでのロックを模索していたBlue Effectに接近し、両者は共同でアルバム『コニウンクティオ（Coniunctio）』を制作することになる。70年に録音されたこの作品は、Jazz Qが志向していたフリー・ジャズに攻撃的なギター、ロックのグルーヴを加えることに成功し、新しいジャズ・ロックのスタイルを提示した。この作品のあと、Blue Effect

は英語のグループ名を禁じられてModrý efektと
名乗るようになった。
　Modrý efektの次作『ニュー・シンテシス(Nová
syntéza)』[P.88]はさらに意欲的な作品となった。
Kamil Hálaの指揮するJOČRと協力し、ビッグ・バ
ンドとロックを融合。唯一無二のダイナミックなジャ
ズ・ロックサウンドを生み出した。Zahradníkが確
立したビッグ・バンドとロックを組み合わせる手法
はここに完成を迎え、チェコスロヴァキアにおける
トレンドとなっていく。
　一方Jazz Qは「ジャズ」とグループ名に入っていた
おかげで規制を掻いくぐり、先進的なジャズ・ロッ
クを追究していった。元Flamengoのギタリスト
František Franclとその妻であるイギリス人ヴォー
カリストJoan Dugganを加えて制作した74年作
『Symbiosis』[P.90]は、エレクトリック・ジャズ
的手法を提示してジャズ・ロックの新たな潮流を生
み出した。この作品は当時唯一、英語で歌われた
作品にもなった。Energit, Impuls、スロヴァキア
のFermátaなど多くのジャズ・ロックグループが誕
生し、シーンを席巻した。彼らはグレーな存在とし
て目をつけられつつも、規制を乗り越えて活動を
続けた。

アンダーグラウンドの抵抗者

　Egon BondyやIvan Martin Jirousといった詩人
によって形成された、政府に迎合しないアンダーグ
ラウンドな文化は"チェコ・アンダーグラウンド
(Český underground)"や"第2文化(Druhá kultu-
ra)"と呼ばれた。68年に結成されたThe Plastic
People of the Universe(以下、PPU)はこれに共
鳴し、アンダーグラウンドを代表する存在となる。
彼らはFrank ZappaやThe Velvet Underground
に影響を受けた前衛的な音楽を特徴とし、反体制
的な立場をとっていた。Jirousはその精神的支柱
となり、あたかもThe Velvet Underground にお
けるAndy Warholのようにグループを支えた。
PPUは大きな人気を博したが、その活動には常に
危険が伴った。数千人が押しかけた74年のライブ
は当局によって中断されて逮捕者も出た。76年に
はメンバーが不当に逮捕されて、治安妨害の罪で
投獄された。
　彼らの投獄への抗議が発端となり、劇作家ヴァー
ツラフ・ハヴェルを中心として人権の尊重や言論の
自由を訴える「憲章77」が作成された。ハヴェルも
PPUと同じく、The Velvet Undergroundのファン
だった。彼はアメリカで自身の劇が上演された際、
そのレコードを持ち帰って愛聴していたという。「憲
章77」は多くの著名人に支持され、署名した中に
は正常化体制を批判した歌手Marta Kubišováや
作詞家Iaroslav Hutkaもいた。しかし「憲章77」は
すぐに弾圧され、抵抗を続けたハヴェルも79年に
逮捕されてしまった。

PPU『Egon Bondy's
Happy Hearts Club
Banned』(1978年)

ジャズ・セクションの反乱とビロード革命

　71年、音楽家組合の中にジャズ・セクション
(Jazzová sekce)が結成された。会報『ジャズ』の
発行や、ジャズフェス「Prague Jazz Days」の主催
でシーンの発展に尽力した。彼らは徐々に逸脱を
始め、75年の「Prague Jazz Days」では新鋭のジャ
ズ・ロックミュージシャンを紹介して、その模様を
『ジャズ・ロックワークショップ(Jazzrocková díl-
na)』でレコード化した。76年からは国内のミュー
ジシャンを紹介する7インチシリーズ『Mini jazz
klub』[P.96]の制作を始めて、ジャズ・ロックの
作品を多くリリースした。
　逸脱行為はエスカレートし、ロックや現代演劇
などジャズ以外のアンダーグラウンドな芸術に関す
る出版も始められた。これらは自費出版(Samizdat)
で印刷し、当局の目を欺いた。80年、圧力によっ
て会報『ジャズ』と「Prague Jazz Days」は中止を余
儀なくされた。84年にジャズ・セクションの活動禁
止が命じられ、86年には多くのメンバーが投獄さ
れた。このことは国内外で議論を巻き起こし、アメ
リカとイギリスでは不当な投獄への抗議文が作成さ
れた。Dave Brubeck、Wynton Marsalisなどジャ
ズミュージシャンや、Paul McCartney、Pete
Townshendらロッカーがこれに署名した。ジャズ・
セクションの会長Karel Srpが釈放されたのは、
88年のことだった。
　89年、東欧革命の波はチェコスロヴァキアにも
到達し、ビロード革命が起きた。正常化体制から
20年にわたって国を支配した大統領は退任し、「憲
章77」を起草したハヴェルが新たに就任した。革
命を祝う集会にはKubišováも登場し、「マルタの
祈り」が会場に響いた。翌年、The Velvet Under-
groundのLou Reedが大統領の招待でプラハを訪
れた。その夜のライブではPPUの元メンバーもス
テージに上がった。正常化の時代には考えられな
かった共演が実現した。

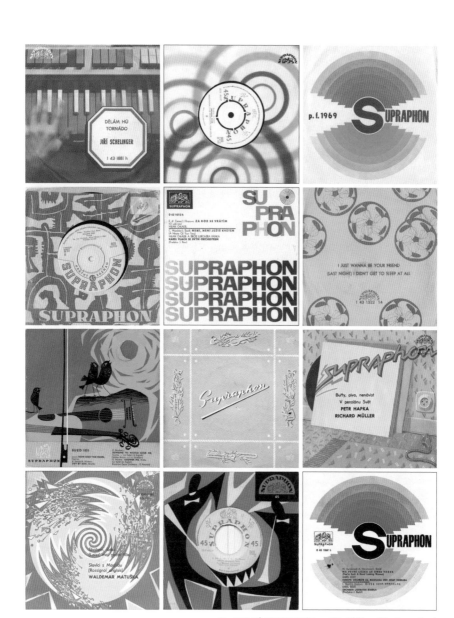

チェコスロヴァキアのカンパニー・スリーヴ（レーベル：Supraphon）

0 13 170　7"

Big-beat: Adresát neznámý / Roň slzy
Karel Gott / Yvonne Přenosilová

1964　Supraphon

チェコスロヴァキア青年同盟が発行する雑誌『Mladý svět（若い世界）』との共同企画でリリースされ、Big-beatと銘打たれた5枚の7インチは、チェコ初のロックンロールを記録したレコードとなった。A面ではThe Beatles「From Me to You」が本家のリリースから1年も経たないうちにカヴァーされており、歌うのはチェコ歌謡の大スター Karel Gott、演奏はチェコ初のロックグループとなるOlympicだ。『Mladý svět』は、以降Supraphonのサブレーベルとしてロック作品を多く制作した。

SV 9012　12"

Jazz kolem Karla Krautgartnera
Karel Krautgartner, Jazzový orchestr Československého rozhlasu

1965　Supraphon

Karel Krautgartnerは60年にTOČR（＝Tanečni orchestr Česko-slovenského rozhlasu）、即ちチェコスロヴァキア・ラジオ・ダンス・オーケストラを設立。63年にはTOČRとJOČR（＝Jazz orchestr Česk-oslovenského rozhlasu)に分裂し、彼はチェコ産ジャズの父としてこれらを母体に多くのミュージシャンを育成した。本作にものちにシーンを形成する一流のジャズメンが結集し、歴史的名演を披露している。全曲オリジナルで構成された、チェコを代表する名盤。

1 13 0412　12"

Želva
Olympic

1968　Supraphon

63年に結成され、チェコ産ロックのパイオニアとなったOlympicによる、チェコ初のロックンロールアルバム。The Beatlesの影響下にありつつも、全曲をチェコ語のオリジナル曲で固め、チェコ産ロックの歴史をスタートさせた金字塔的作品だ。ほぼすべての作曲を手がけたのはリーダーでヴォーカル兼ギタリストのPetr Jandaで、チェコらしいカラフルでポップなサウンドが魅力となっている。彼らは時代に合わせてプログレやハード・ロックなどに音楽性を変化させながら、現在まで活動を続けている。

1 13 0493　12"

The Matadors
The Matadors

1968　Supraphon

チェコ産ロックの黎明期を支えたグループThe Matadorsは、英語で歌唱する本格的なロックを追求。メンバーにはロック歌手としてソロでも活躍するViktor Sodomaや、のちにModrý efektを結成するギタリストRadim Hladíkなど、シーンを作り上げた重要人物が多く在籍した。唯一のアルバムである本作は、骨太なロックを中心に実験的なインスト曲まで収録した、意欲的な作品に仕上がっている。彼らは68年に解散したものの、メンバーの一部は西ドイツへと渡り、プログレッシヴ・ロックグループEmergencyを結成した。

1 13 0540　12"

Šípková růženka
The Rebels

1968　Supraphon

The Rebelsはのちにソロでも活躍する歌手Jiří Kornと、ベーシストのSvatopluk Čechによって67年結成。唯一のアルバムである本作はまだ若手だったジャズミュージシャンVáclav ZahradníkがA面の編曲と指揮を手がけ、サイケデリックなロックサウンドにジャズを融合。「眠れる森の美女」をテーマにしたコンセプチュアルな世界観も相まって、芸術的な作品に仕上がっている。チェコ産ジャズ・ロックの原点というべき、歴史的名盤だ。グループは70年に解散したが、そのあとにジャケ違いで英語版も制作されている。

SB 15 160 ST　12"

Nonet
Karel Velebný, SHQ

1968　SABA

ベーシストLuděk Hulanが58年に結成した伝説的ジャズコンボStudio 5は、Karel Krautgartner率いるTOČRに吸収されたのち、音楽性の違いによりヴィブラフォン奏者のKarel Velebnýとサックス奏者Jan Konopásekが脱退。ふたりは新たなグループを結成し、演奏を手がけた人形劇『Spejbl & Hurvínek』の頭文字をとってSHQという名前で活動することになる。本作は彼らの西ドイツ進出作で、チェコを代表するフルート奏者Jiri Stivínの演奏が光るボッサな名曲B-1を収録。

1 13 0587　12"

Songy a balady
Marta Kubišová

1969　Supraphon

チェコの伝説的歌姫Marta Kubišováによる1stアルバムで、当時国内で最も人気があったことも頷ける、珠玉の歌唱が堪能できる超名盤。The Beatlesの「Hey Jude」をカヴァーしたA-1、そしてオリジナル曲で名曲のA-5「マルタの祈り」はプラハの春がソ連による侵攻で頓挫した68年に発表され、自由を手にするための抵抗の象徴として歌われた。これらの楽曲は多くのチェコ人に勇気を与え、彼女の人気も絶頂に達したものの、70年には活動停止を余儀なくされてしまった。そんな背景ばかりが注目される本作だが、音楽的にも非常に優れた作品だ。

0 13 0665　12"

Micro-Magic-Circus
Golden Kids

1969　Supraphon

Helena Vondráčková、Marta Kubišová、Václav Neckářというスター3人によるヴォーカル・トリオGolden Kidsの1stアルバム。すでに3人それぞれのアルバムや7インチで発表された曲もあるが、全員でヴォーカルをとるA-1・A-7はここでしか聴けない楽曲だ。特にジャケットに劣らずサイケデリックな音世界に仕上がったA-1は名曲。演奏を手がけるのは、TOČRの指揮者として多くの歌謡曲のバックを担当する巨匠Josef Vobrubaで、彼によるダイナミックでジャジーな演奏が楽曲をより魅力的にしている。

1 15 0718　12"

Jazz Goes to Beat
Václav Zahradník Big Band

1970　Supraphon

The Rebelsのアルバムでロックにジャズの要素を取り入れてふたつ
を融合させた鬼才 Václav Zahradník が、今度はビッグ・バンドサウ
ンドにロックのビートを取り入れるアプローチでジャズとロックの融
合を図った作品。The Beatles のカヴァーもあるが、白眉はオリジナ
ル曲。特にギターのカッティングとベースによるスリリングなイントロ
で始まるB-3は超名曲。続くオルガン入りのドープなジャズ B-4、軽
快なビートのB-5も良い。このビッグ・バンドとロックの融合という
手法は、Modrý Efekt『Nová Syntéza』によって完成することとなる。

1 13 0729　12"

Flamingo
Flamingo

1970　Supraphon

Flamingo は 66 年、Richard Kovalčík が率いてきた、オストラヴァ
のラジオ局お抱えのビッグ・バンドから派生して誕生。ビッグ・バ
ンドをルーツに持つため、Big-beat 時代から強靭なブラスサウンド
を武器に活躍してきた。その後、Marie Rottrová と Petr Němec
をヴォーカルに獲得。"レディ・ソウル"と呼ばれる Rottrová の実力
は凄まじく、The Band「The Weight」や Bobby Hebb「Sunny」の
歌唱は本家以上にソウルフル。オリジナルも収録し、オルガンが冴
えわたる A-3 やファンキーな B-5 はオススメ。

1 13 0809　12"

Boublík
Hana Zagorová, Viktor Sodoma, Jiří Štědroň

1970　Supraphon

The Matadors のヴォーカルだった Viktor Sodoma、女性歌手
Hana Zagorová、そして歌手 Jiří Štědroň から成るグループ
Gomora によるアルバム。作曲と演奏指揮は鬼才 Václav
Zahradník によるもので、The Rebels の作品でジャズとロックを結
びつけた手腕を本作でも発揮。ビッグ・バンドサウンドとロックを
融合させたダイナミックなグルーヴを楽しむことができる。とりわ
け Sodoma が歌う A-5 は彼のソウルフルなダミ声に、ジャジーに踊
るピアノとビッグ・バンドの熱気が加わった良曲。

1 13 0888　12"

13 HP
Hana a Petr Ulrychovi

1971　Supraphon

Petr Ulrych は妹 Hana と共に Big-beat グループ Atlantis を率いて
活動、69 年に最初のアルバム『Odyssea』を録音するも、発禁処
分を受けてしまう。そのため兄妹の 1st アルバムとして新たに制作
された本作では、Atlantis の代わりに Josef Vobruba 率いる TOČR
を起用。さらに Petr のルーツであるモラヴィア民謡に根ざしたフォー
キーな音楽性も開花させたことで、Big-beat 時代から地続きにあ
るサイケデリック・ロックにフォークミュージック、さらにビッグ・バ
ンドのグルーヴまで融合した怪作となっている。

1 13 0918　12"

Zvon šílencův
Petr Spálený & Apollobeat

1971　Supraphon

Apollobeatはのちに作曲家、プロデューサーとしても活躍するJan Spálenýを中心に66年結成されたBig-beatグループ。彼の弟である Petr Spálený がヴォーカルを担当しているが、アクの強すぎるダミ声の歌唱により、聴く人を選ぶ。『狂人の鐘』と題された本作は代表作であり、シュールなジャケットはチェコ随一のインパクトだ。鬼才 Václav Zahradník が指揮するビッグ・バンドが参加したことでグルーヴが強化。さらに、幻想的な世界観とジャズの要素が盛り込まれて芸術的な仕上がりとなっている。

1 13 0985　12"

Barnodaj
The Progress Organization

1971　Supraphon

のちにBarnodajという名義を経て、チェコを代表するプログレグループ Progres 2 となる、その前身 The Progress Organization による 1st アルバム。すでにアート志向な仕上がりで、のちのプログレ路線の布石となっている。イントロダクションとして配置された A-1 や、ボッサな A-5 などグルーヴを感じる楽曲も存在。The Beatles や Cream のカヴァー曲も収録されているが、もはや原型が全くない異色のアレンジになっていて面白い。Progres 2 時代にはヘロインについて歌って問題となるなど、彼らは終始異端の存在としてチェコのロックシーンを盛り上げた。

1 15 0999　12"

Interjazz
Václav Zahradník a hosté jazzového festivalu Praha 1970

1971　Supraphon

プラハでは 64 年からジャズフェスが開催され、国内外のミュージシャンが参加した。本作は鬼才 Václav Zahradník が音頭をとり、70 年のフェスで訪れた東欧最高峰のジャズメンを集めて録音したアルバムである。泣きのメロディが熱いラテン・ジャズ A-1、チェコのギタリスト Rudolf Dašek がシタールを弾くフリー・ジャズからビッグ・バンドサウンドへ雪崩れ込み、Simeon Shterev [P.182]（ブルガリア）のフルート・ソロが炸裂する A-2、Andrzej Dabrowski（ポーランド）のドラムが圧巻のグルーヴ絵巻 B-3 と名演ばかり。

1 13 1069　12"

Město Er
Michal Prokop & Framus 5

1971　Supraphon

R&B やソウルにルーツを持つ歌手 Michal Prokop と Framus 5 による 2nd アルバム。A 面すべてを使った大曲は、ストリングスやリコーダー、オルガンを導入したチェコ初の本格的なプログレッシヴ・ロックとなっている。これほど進歩的な音楽性でリリースできたのは、政府からも尊敬される大詩人 Josef Kainar が歌詞を手がけているからで、古代都市ウルをテーマにした詩世界にも注目。B 面は彼らのルーツであるブラックミュージックに根ざした楽曲が並び、B-1 は凶悪なギターに分厚いブラス、ソウルフルな歌唱が加わったロックでグルーヴィな名曲。

Modlitba za lásku
Petr Novák, George & Beatovens
1971　Panton

George & Beatovensの原型はPetr Novákによって63年に結成。The Beatlesをこよなく愛するNovákにより、当初はそのままBeatlesというグループ名だった。メンバーの従軍によりNovákは一時Flamengoへ移籍するも、67年に顔ぶれを刷新して再結成、大成功を収めた。彼らのライブはその激しさで悪名高く、正常化体制以降は活動を規制されるも人気はピークとなり、アルバム発表にこぎつけている。Big-beat時代と直結するシンプルなロックを聴くことができる良作。Novák作曲のB-2は特にオススメ。

01 0257　12"

Pavol Hammel ›Prúdy‹
Pavol Hammel, Prúdy
1971　Panton

ヴォーカル兼ギターのPavol Hammelを中心とするPrúdyは、スロヴァキアのロック黎明期を支えたグループ。69年制作の2ndが歌詞の問題でお蔵入りとなったあと、ラジオ用に制作していた楽曲を集めてリリースしたのが本作である。Collegium musicum結成のため脱退した鍵盤奏者Marián Vargaらの代わりに、のちにジャズ・ロックグループFermátaを結成するギタリストFrantišek Griglákが加入。彼がハード・ロック的要素を取り入れ作曲も手がけたことで、ダイナミックで先鋭的なサウンドを持つ名盤となっている。

01 0240　12"

Nová syntéza
Modrý efekt
1971　Panton

Modrý efektはギタリストRadim HladíkとヴォーカルVladimír Mišík（ふたりとも元The Matadors）により結成。Mišíkのヴォーカルでアルバムを1枚制作したものの、歌詞へは厳しい検閲が入った。グループは検閲対策としてインストのロックを追求し、Mišíkは脱退してしまう。そんな中生まれたのが本作で、Kamil Hálaの指揮するJOČRと協力し、ビッグ・バンドサウンドとロックを融合。唯一無二のダイナミックなジャズ・ロックを演奏することに成功した。チェコのロック、ジャズ双方に影響を与えた歴史的名作だ。

11 0288　12"

Víno, zelí a zpěv
Šest strýců v Redutě
1972　Supraphon

Luděk ŠvábenskýがSHQにピアニストとして参加したあとに結成したグループStrýci（おじさん）は、今回6人体制ということでŠest strýců（6人のおじさん）となり、それがRedutaというジャズ・クラブで演奏したライブ盤であるからこのようなアーティスト名になっている。内容は洗練されたジャズ・ファンクで、Švábenskýによる曲とカヴァーを半々に収録。一糸乱れぬブラスと太いドラム・ソロが入ったA-2、ゴキゲンなA-4、疾走するダバダバコーラス入りジャズ・ファンクB-1など良曲多数。

1 15 1258　12"

1 13 1268　12"

Marie Rottrová
Marie Rottrová

1972　Supraphon

Marie Rottrová と Flamingo による 3rd アルバム。Rottrová が大ス
ターへのし上がる一方、前作まで参加していた Petr Němec は一時
グループを去り、Flamingo も彼女のバック的扱いに。しかしグルー
ヴ歌謡としては素晴らしい仕上がりで、期待感高まるクールなブラ
スによるイントロで幕を開ける Karel Gott カヴァーの A-1 から最高。
続くしっとりとした A-2 も良い。さらに B-2 ではヴィブラフォン奏者
Karel Velebný が参加し、熱気たっぷりのソロを聴かせてくれる。
Niemen のカヴァーもあったりと、聴きどころ満載だ。

1 13 1287　12"

Kuře v hodinkách
Flamengo

1972　Supraphon

チェコ産ロックの最高傑作と名高い名盤中の名盤で、伝説的グルー
プ Flamengo の唯一作。詩人 Josef Kainar による崇高な詩世界、超
ド級のグルーヴ、ヘヴィなギターとサックスの咆哮、変拍子やヴォー
カルのエフェクト処理を効果的に使用したアレンジ、そのすべてが一
体となって誕生した暗黒のプログレッシヴ・ロック絵巻。その先進
的すぎるサウンドゆえ、グループは解散を余儀なくされてしまったが、
メンバーは Etc... や Bohemia といったグループへと活動を移し、そ
れらはチェコのロックシーンを支える存在になっていった。

1 13 1303　12"

My Czech Favourites
Eva Pilarová

1973　Supraphon

チェコ歌謡の黎明期から活躍し、スターとして人気を博した Eva
Pilarová のヒット曲を集めた輸出用のベスト盤的作品。72 年に 7
インチでリリースされた B-1「Léto, léto」は、東欧グルーヴの顔とで
もいうべき超名曲だ。太いドラム・ブレイクと、"レトレト"と合唱し
たくなるキャッチーなサビを持つ超キラートラック。演奏は Josef
Vobruba 率いる TOČR によってグルーヴィに調理され、チェコを代
表するコーラス・グループ Lubomír Pánek Singers はヴォーカル以
上の存在感で迫ってくる。サイケデリックな A-3 も◎。

1 10 0338　12"

Jazzové nebajky
SHQ

1973　Panton

チェコを代表するジャズコンボ SHQ による本作は、89 年以前のジャズ
作品の中で最高傑作と評される名盤。動物に関する非寓話をテーマ
にし、ノンストップで展開される芸術性の高い作品だが、SHQ が持ち
味とするソウル・ジャズにスピリチュアルさも加わり、グルーヴも申し分
ない一枚。猫の鳴き声を太いベースが切り裂くジャズ・ファンク A-2、ド
ラム・ブレイクから始まり Karel Růžička によるソウルフルなオルガン
が素晴らしい B-1、スピリチュアルな B-5 など名曲尽くし。楽曲はメン
バーそれぞれが持ち寄っているため、バラエティに富んでいて面白い。

90 13 0221　12"

Jana Kocianová
Jana Kocianová

1973　Opus

スロヴァキアの歌手Jana Kocianováの記念すべき1stである本作
は、ソウルに取り組み本場に肉薄した傑作。歌唱だけでなく、スロヴァ
キア屈指のビッグ・バンドTOČR Bratislavaによるアツい演奏も素晴
らしい。A面にはソウルを中心に西側カヴァーを収録し、B面にオリ
ジナル曲を収録。良質グルーヴ歌謡なB-1・B-3、カルメンをイメー
ジしたエキゾチックなB-5などがオススメだ。次作以降はよりルー
ツを掘り下げて、ディキシーランドやカントリーに取り組んだり、か
と思えば王道のロック路線に行ったりと多彩なジャンルで活躍した。

90 13 0222　12"

Tanečný orchester Československého rozhlasu
TOČR Bratislava

1973　Opus

グループ名はJosef Vobruba指揮でご存じTOČRと同じだが、こち
らはそのスロヴァキア版であり混同に注意。区別のためTOČR
Bratislavaと呼ばれているため、本書でもこの表記を用いる。本作
は腕利きミュージシャンばかりで構成される彼らの実力を遺憾なく
発揮した、珠玉のビッグ・バンド作品だ。アツすぎるグルーヴが聴け
るA-1とオルガン・ファンクなA-3は鍵盤奏者Alojz Boudaの作品で、
彼の作曲家としての能力も発揮された良曲。ドラマチックに展開す
るA-4や、サックス奏者Dušan Húščava作曲のA-5も魅力的。

90 43 0250　7"

Kto žije sám / Dúhová púť
Eva Máziková

1973　Opus

Eva Mázikováは、スロヴァキアの娯楽音楽の神Braňo Hronecの
オーケストラでヴォーカリストとして活躍した歌手。アルバムは1枚
のみだが多くの7インチをリリースしており、本作はその中で最もオ
ススメの一枚。ファンキーに叩きつけるピアノに太いドラムと分厚
いブラスが合流するイントロが素晴らしいB面は、スロヴァキア最
高峰の名曲。演奏はもちろんBraňo Hronecが担当。彼女のソウ
ルフルな歌声と、咽び泣くサックス・ソロも◎。A面にはソウルの名
曲「Lean on Me」のスロヴァキア語カヴァーを収録している。

Symbiosis
Jazz Q

1974　Supraphon

Jazz Qは64年、鍵盤奏者Martin Kratochvílとフルート奏者Jiří
Stivínによりジャズのグループとして設立。70年代、正常化体制に
よりロックは規制の対象となり、一方規制の緩かったジャズはその
穴埋めをするかのようにロックに接近していたが、丁度ロックグルー
プFlamengoを脱退したギタリストFrantišek Franclと、その妻で
イギリス人の歌手Joan Dugganを得た彼らは、ジャズとロックの融
合に成功。チェコ産ジャズ・ロックの金字塔である本作を制作した。
16分超の大作B-1のグルーヴは圧巻。

1 15 1356　12"

1 13 1500　12"

Felix Slováček, Ladislav Štaidl a jeho orchestr
Felix Slováček, Ladislav Štaidl a jeho orchestr

1974　Supraphon

Karel Gottのバッキングで活躍したOrchestra Ladislav Štaidlと、そのソリストFelix Slováčekによる名義の1stアルバム。Slováčekはクラシックにも精通し、さらには巨匠Josef Vobrubaの後を継いでTOČRの指揮者となるなど、マルチな才能を持つ人物。本作はカヴァー中心のイージーリスニング作品ではあるがオリジナル曲も収録されており、彼作曲のボッサA-3は秀逸。カヴァー曲では、Carpentersの「A Song for You」がまさかのジャズ・ファンク化されたB-3がオススメ。

1 13 1547　12"

Bukanýři
Bukanýři

1974　Supraphon

69年結成のBukanýřiはいち早くチェコ民謡のロック化に挑戦し、70年の1stシングルではすでにビートサウンドと民謡の融合に成功している。そんな彼らの1stアルバムである本作では、さらに進化を遂げたジャズ・ロックサウンドが炸裂。ヴァイオリン入りファンク民謡A-1、ダバダバスキャット入り高速グルーヴ民謡A-3、こぶしの効いた女性ヴォーカルに男声ダバダバコーラスが絡むB-1、ヴィブラフォン奏者Karel Velebný参加のボサノヴァ民謡B-2、ファットなドラム・ブレイクが入ったB-6など良曲ばかりが詰まった傑作。

11 0479　12"

Pavel Novák, Orchestr Gustava Broma
Pavel Novák, Orchestr Gustava Broma

1974　Panton

チェコ歌謡のスター Pavel Novákによる74年作。専属のバックバンドであるVOXは今回一部のみの参加にとどまり、ジャズ界のゴッドファーザー Gustav Brom率いるビッグ・バンドが多くを演奏していることで、重厚なジャズ・ファンクサウンドが楽しめる良作。中でもドラム・ブレイクから始まり、ドラマチックな展開を見せるB-4は屈指の名曲。他にもロックンロールなA-2、オルガン・ロックなA-4、サイケデリックなB-2、優美なストリングスも加わるB-6など、グルーヴ歌謡の佳曲を多数収録している。

91 13 0210　12"

Eva Kostolányiová
Eva Kostolányiová

1974　Opus

スロヴァキアの歌謡スター、Eva Kostolányiováによるアルバム。Gustav Brom率いるビッグ・バンドがバックを固め、ファンキーな仕上がりとなっている。カヴァー中心ではあるがオリジナルも収録しており、シタール入りのサイケデリック歌謡からオルガン入りジャズ・ファンクに発展するB-1は必聴。作曲したジャズピアニストLadislav Gerhardtは、オルガンも担当している。カヴァー曲では、Otis Reddingが原曲のB-6がオススメ。彼女はリリースの翌年若くしてこの世を去り、本作が唯一のアルバムになってしまった。

91 13 0294 12"

Karol Duchoň
Karol Duchoň
1974 Opus

Karol Duchoňは Braňo Hronec のオーケストラのヴォーカリストと
してデビューし、70年代に入って間もなくスロヴァキアのスター歌
手として人気を博した。本作は彼の1stアルバムであるが、TOČR
Bratislava が演奏を手がけているためダイナミックなビッグ・バンド
サウンドを楽しむことができる。ファンキーなボッサ歌謡 A-3、ジャ
ズ・ロックグループ Modus のリーダーで鍵盤奏者の Ján Lehotský
が作曲したグルーヴ歌謡 B-5 などがオススメ。ソウルの名曲「Soul
Man」をスロヴァキア語カヴァーした A-1 も秀逸。

91 13 0300 12"

Orchester Juraja Velčovského
Orchester Juraja Velčovského
1974 Opus

サックス奏者 Juraj Velčovský が牽引し、様々な歌手のバックで演
奏してスロヴァキア歌謡界を支えてきたオーケストラの、単独では
唯一となるアルバム。ヴォーカル陣には盟友のスター Dušan Grúň
や、妻でもある Oľga Szabová を迎えた豪華な作品になっている。
さらに A-1・A-2・A-4・A-5 などではこれら豪華ヴォーカル陣の合
唱も聴くことができ、重厚なコーラスとスピリチュアルな演奏が合
わさって、さながらゴスペルのようになっている。スロヴァキアの
隠れた名盤として、ぜひ聴いてほしいアルバムだ。

1 13 1599 12"

Konstelace Josefa Vobruby, Václav Týfa
Konstelace Josefa Vobruby, Václav Týfa
1975 Supraphon

Modrý efekt『Nová syntéza』で確立されたビッグ・バンドとロック
の融合は、チェコのジャズシーンに大きな影響を与えた。そのアル
バムで演奏を担当した JOČR に負けじと、TOČR を率いる Josef
Vobruba が指揮を手がけた作品がこちら。ソリストには TOČR はも
ちろん数々のグループに参加してきた歴戦のトランペッター Václav
Týfa を据え、ロックとビッグ・バンドの融合を図っている。オリジ
ナル曲で固めた A 面は秀逸で、不協和音のファンファーレから始ま
り、凶悪なギターを混入させたプログレッシヴな A-5 は超名曲。

1 13 1787 12"

Energit
Energit
1975 Supraphon

Energit は、Framus 5 や Jazz Q に参加したギタリスト Luboš
Andršt、Jazz Q のベーシストだった Vladimír Padrůněk と、
Flamengo から Ivan Khunt(ヴォーカル・鍵盤)、Jaroslav Šedivý(ド
ラム) が合流して結成。ジャズ・ロック人脈が結集した形となった
が、本作では亡命や移籍などで Andršt 以外のメンバーが刷新され、当
時若手だったジャズピアニスト Emil Viklický も参加している。ダー
クでアヴァンギャルド、さらには変拍子まで飛び出すプログレッシ
ヴな名盤だ。

11 0486　12"

Kráska a zvíře
Petr Novák

1975　Panton

Petr Novák率いるGeorge & Beatovensは政府の圧力もあり、72年に解散。ソロに転向したNovákは、のちにチェコ産ニューウェーヴのパイオニア的グループAbraxasのリーダーとなるBohuslav Jandaを演奏指揮と編曲に迎えて本作を制作した。『美女と野獣』を意味するタイトルの世界観を反映した組曲形式のアルバムで、ムーグ・ファンクなB-1や、太いベースと呪術的なパーカッションが入ったB-4などグルーヴィな楽曲も収録した名盤だ。彼はこのあとアルコール中毒になり、音楽的にも失速したまま97年に亡くなってしまった。

22 0503　10"

Formule I.
Synkopy 61

1975　Panton

60年代から活躍する、ロックグループ Synkopy 61の3rdアルバム。Gustav Brom Orchestra がゲスト参加し、前作よりもジャズ・ロック志向を強めた、プログレッシヴな一枚だ。特にB面すべてを費やした1曲は、チェコ版 Uriah Heepとでもいうべき引きずるようなオルガンとハイトーンなヴォーカルに、ブラスサウンドが調和した良曲。Bromらは不在だが、A-2のグルーヴも中々。チェコらしいメロディと牧歌的なアコースティック・ギターも魅力的だが、ファンキーなドラムがしっかり支えていて◎。同じテイストのA-4も良曲。

11 0504　12"

Nemám hlas jako zvon
Jiří Schelinger, František Ringo Čech

1975　Panton

力強いダミ声が特徴のロック歌手、Jiří Schelingerの1stアルバム。演奏は、Olympicの創設メンバーだったドラマー František Ringo Čech率いるグループが担当している。ベースには元Modrý efektの Josef Kůstkaを起用。そんなKůstkaが作曲したB-6は太いベースリフで始まるグルーヴィなロックでオススメの一曲。ハード・ロックグループ Katapultの Oldřich Říhaによる激しいギターも良い。Schelingerは81年にドナウ川で水死体となって発見され、死因は未だ解明されていない。

91 13 0298　12"

Marcela Laiferová
Marcela Laiferová

1975　Opus

スロヴァキアの歌姫 Marcela Laiferová による2ndで、Gustav Bromを演奏指揮に迎えた人気盤。Deep Purpleカヴァーを披露した前作に続き、本作でも西側楽曲をロックにカヴァーしている。オリジナルも秀逸で、Pavol Hammel (Prúdy)によるダンサブルなA-2、Ján Lehotský (Modus) [P.107] 作曲のグルーヴ歌謡A-6、ゴスペル調のB-5は必聴。本作から参加している専属コーラス・グループ、Trendのリーダー Ladislav Briestenskýは彼女の義理の兄弟であり、B-5の作曲者でもある。

91 13 0392　12"

Silver Trumpet
Juraj Lehotský

1975　Opus

ジャズトランペッター Juraj Lehotský によるイージーリスニング作品。彼の所属するグループ、Nový Tradicionál、TOČR Bratislava 〜 V.V. Systém の同僚でもある鍵盤奏者 Alojz Bouda が作曲・アレンジで参加。オケは TOČR V Bratislava が担当している。Bouda によるヘンテコなアレンジがクセになる、オブスキュアな一枚だ。オススメはどこかひねくれているボッサ A-5、後半に向かうにつれて徐々にグルーヴを増していく A-6 など。Ján Lehotský（Modus）は彼の弟。

91 13 0398　12"

Bezinky
Bezinky

1975　Opus

Bezinky は、名コーラス・グループとして数々の歌謡曲に参加してきた Jezinky の派生ユニットとして 74 年に結成。彼女らの 1st アルバムである本作は、Gustav Brom が指揮するビッグ・バンドが演奏に参加したことでグルーヴィな仕上がりとなっている。作曲陣も豪華で、スロヴァキアを代表するロッカー Pavol Hammel（Prúdy）が手がけた A-1・B-2 はシンセサイザーも導入されたムーグ・ファンクな名曲だ。Modus のリーダーで鍵盤奏者の Ján Lehotský が作曲した A-6 も素晴らしい。他にも良曲尽くしの超推薦盤。

1 13 1695　12"

Plameňáci/Flamingo/Marie Rottrová 75
Flamingo, Marie Rottrová

1976　Supraphon

Flamingo は、Marie Rottrová のソウルフルな歌唱で脚光を浴びる一方、前作では彼女のバック的扱いに（ジャケットも彼女の顔と名前のみ）。しかし本作では方針を転換し、グループ名を前面に、ジャケットも全員均等に写っている。内容的にも、インスト曲も収録するなど、グループとしての実力を示したものに仕上がっている。太すぎるベースが炸裂し静と動を行き来する A-1、フルートのソロ・バトルが繰り広げられる B-3、ファンキーすぎる B-4 など良曲ばかり。リーダー Richard Kovalčík は A-4 のみ参加し、これが遺作となってしまった。

1 13 1717　12"

Životopis
Věra Špinarová

1976　Supraphon

Věra Špinarová はチェコの Janis Joplin と呼ばれたソウルフルな歌声を持つ歌手で、Marie Rottrová と双璧を成す存在。Flamingo のヴォーカルを担当したのち、伝説的ソウルグループ The Majestic に Rottrová と入れ替わる形で参加。The Majestic は Orchestr Ivo Pavlika に名前を変えて彼女の専属バックを務めたが、本作ではさらに鬼才 Václav Zahradník も演奏に加わっている。ビッグ・バンドサウンドとソウルフルな歌声が合わさった、グルーヴ歌謡の良盤である。

1 13 1718　12"

Doteky
Miluše Voborníková
1976　Supraphon

チェコ随一の美人歌手Miluše Voborníkováによる1stアルバム。彼女はPetr Spálenýの妻であり、その縁で彼がヴォーカルを務めたロックグループApollobeatのメンバーが演奏で参加している。Spálenýのダミ声により好き嫌いの分かれるApollobeatだが、それが彼女の美声に置き換わっているため非常に聴きやすい。グループのリーダー Jan Spálenýによるツバ吹きフルートと、Eduard Parma Jr.による太すぎるベース、浮遊するエレピが合わさって生み出される幻想的なグルーヴは必聴。

1 15 1739　12"

Interjazz 3
V.A.
1976　Supraphon

チェコを中心に、東欧のジャズメンが一堂に会するInterjazzシリーズ3作目。今回はお馴染みJOČRをポーリッシュ・ジャズのゴッドファーザー Jan Ptaszyn Wróblewskiが指揮するA面、東欧はもちろんヨーロッパ各地のミュージシャンをまとめあげた大御所Gustav Bromのビッグ・バンドによるB面で構成。特にA面は秀逸で、Wróblewskiの作曲による良質なジャズ・ファンクが並んでいる。中でもA-2は彼の2ndアルバムに収録済みの曲ながら全く違うアレンジが施されており、原曲を遥かに超えた暗黒のグルーヴが楽しめる。

1 1 0596　12"

Dospělým dětem
Josef Laufer
1976　Panton

Josef Lauferは俳優として活躍したあと歌手としても成功し、多くのアルバムを残したスター。ダンディズム溢れる歌唱も素晴らしいが、それ以上に魅力的なのが彼の専属バックとして演奏しているグループ。彼らはのちにGolemと名前を変えて単体でも活躍、80年代のチェコを代表する存在となっていった。そのグループ初代リーダーである鍵盤奏者Bohuslav Myslíkが作曲した、シンセ入りグルーヴ歌謡A-2はオススメ。ベテラン作曲家Bohuslav OndráčekによるダークでシアトリカルなファンクA-5も良い。西側の良カヴァーも多く収録。

1 1 0644　12"

Jazz ze studia "A"
Jazzový orchestr Československého rozhlasu
1976　Panton

『Nová syntéza』でお馴染みJOČRは、TOČRから分離後Karel Krautgartnerが68年まで指揮を務め、以降は主にKamil Hálaによって率いられてきた。そんな彼らの代表作である本作は、チェコのビッグ・バンド作品の中でも特にグルーヴィな一枚。先述の『Nová syntéza』と本作のプロデュースを担当したOskar Jelínekが作曲したファンキーなA-4、Hála作曲によるスピリチュアルなB-4は白眉だ。B-3ではソ連ファンクを代表する存在、Melodiya Ensembleの名曲がカヴァーされている。

91 15 0447　12"

Plays for You Pop Jazz and Swing
Gustav Brom

1976　Opus

Gustav Bromは指揮者として40年から自身のビッグ・バンドを率い、チェコ産ジャズの父Karel Krautgartnerなど多くの著名ミュージシャンを育てた、ゴッドファーザー的存在。そのビッグ・バンドはチェコスロヴァキア屈指の実力派集団であり、Bromは95年に亡くなるまで指揮者として君臨した。本作は数多くある彼の作品の中でも、ロック色の強い一枚。ラテン・パーカッションが炸裂しギターが刻みまくるA-1から熱気十分だ。続く6/8のA-2も、オルガンが縦横無尽に駆け回るソウル・ジャズの良曲。

91 13 0475　12"

Helena Blehárová
Helena Blehárová

1976　Opus

62年にジャズ歌手としてデビューし、68年までGustav Brom Orchestraを専属バックとして歌ってきた、Helena Blehárová唯一のアルバム。ここでも盟友Gustav Brom Orchestraを従え、力強い歌唱を聴かせてくれている。さらにコーラスには名グループJezinkyも加わり、彼女らが重厚すぎるハーモニーを披露するB-3はかなりの名曲。だがそれ以上に素晴らしいのがB-6で、Bromによるアツすぎるビッグ・バンドサウンドはもちろん、浮遊感のあるシンセ・ソロが聴きどころだ。

1 43 2041　12"

Ve světle petrolejky / Motýlí křídla
Mahagon

1976　Supraphon

MahagonはベーシストPetr Klapkaを中心に結成されたジャズ・ロックグループ。1stアルバム以前にリリースされた2枚の7インチでは、プログレッシヴでテクニカルな持ち味はまだ身につけていないものの、東欧グルーヴ的良曲が収録されており必聴。中でも初の7インチである本作は、A面にてPetr Klapkaの妻Zdena Adamováの歌唱が入ったムーグ・ファンクを堪能でき、B面にはMahagonらしさを感じる変拍子ファンクを収録した、非常にオイシイ一枚。2枚目の7インチもA面にグルーヴィなジャズ・ロックを収録したオススメ盤。

33 0388　12"

Mini jazz klub 3: In Memoriam
Josef Blaha

1976　Panton

『Mini jazz klub』は76年からスタートした、Pantonレーベルの7インチジャズシリーズ。第3弾の本作はGustav Bromのビッグ・バンドと、そこでピアニストを務めてきたJosef Blahaによる名義となっている。収録曲の録音は70年代初頭であるが、Blahaが73年に事故で亡くなったため、3周忌に合わせてリリースされたようだ。A-1・A-2はBlahaのオルガンが冴えわたるグルーヴィなジャズ・ロック。B面には後半に向けて盛り上がっていくドラマチックな楽曲を収録し、シリーズの中でも屈指の人気盤となっている。

1 13 1980 12"

Konstelace Josefa Vobruby, Jiří Válek
Konstelace Josefa Vobruby, Jiří Válek

1977   Supraphon

Václav Týfaの作品と対を成す、巨匠 Josef Vobrubaが指揮を手がける作品で、クラシックとジャズ両方の分野で活躍したフルート奏者 Jiří Válekをメインに据えたアルバム。強めのリヴァーブと浮遊するシンセによって、全編を通して幻想的な雰囲気が漂っている。さらに JOČRを指揮する Kamil Hálaが作曲で参加するという夢の共演も実現されており、彼による B-3は優美なヴィブラフォンとフルートがファンキーなギターの上で舞い踊る名曲だ。他にもボッサあり、ディスコありの多彩な楽曲を収録し、サンプリング・ソースとしても超有用。

1 13 2019 12"

The Titanic
Bohuslav Ondráček

1977   Supraphon

Golden Kidsの3人の才能を見出し、そのプロデュースでも活躍した作曲家 Bohuslav Ondráčekの代表作で、ロック・オペラ化したタイタニックのサントラ盤。彼の人脈ゆえ、ヴォーカルにはスター歌手の面々が参加し、演奏は巨匠 Josef Vobrubaが指揮している。讃美歌×ファンクのA-2、C&K Vocalの暗鬱なコーラスから始まるA-5、ロックとビッグ・バンドによるミュージカルA-7など個性的な名曲揃い。極めつきは強靭なカッティング・ギターのグルーヴにブラスとエレピが絡み合い、シアトリカルなヴォーカルも入ったB-2。傑作。

1 13 2023 12"

Generace
C&K Vocal

1977   Supraphon

チェコが誇るコーラス・グループC&K Vocalによる作品で、不気味な音響効果を導入したサイケデリックな傑作。彼らの歌声は、コーラスと聞いて想像する美しいハーモニーとは対極にある、プリミティヴで禍々しい声の固まりのようなもので、それが暗黒のジャズ・ロックと融合し、唯一無二のサウンドを生んでいる。演奏はロックギタリスト Pavel Fořt [P.108] が率いる Labyrintが手がけているが、彼が参加していたロックグループ Flamengoの名曲を2曲カヴァーしている。悪魔崇拝的グルーヴの渦に巻き込まれる、異形の名盤だ。

1 15 2143 12"

Polymelomodus
Gustav Brom

1977   Supraphon

ジャズ界のゴッドファーザー Gustav Bromの数ある作品の中でも最高傑作で、ビッグバンド×ロックのアプローチで制作された名盤。冒頭からグルーヴが炸裂し編曲も練られたA-1、静と動を行き来する大曲A-2、オルガン入りジャズ・ファンクB-1、怒涛の変拍子ブラス・ロックB-3、Steely DanカヴァーB-4など、名曲ばかりを収録。本作に大きく貢献したギタリスト Igor Vavrdaは、アグレッシヴなプレイからは想像できないがクラシック畑でも活躍しており、さらにサックス、ピアノ、ヴァイオリンまでこなすマルチ・プレイヤーである。

11 0598　12"

Jazzrocková dílna 2
V.A.

1977　Panton

『ジャズ・ロックワークショップ（Jazzrocková dílna）』は76年・77年に計2枚リリースされたコンピで、Jazz Q、Energit、Impulseというチェコのジャズ・ロックシーンのパイオニアが参加した歴史的作品。1枚目は75年に開催されたジャズフェス「Prague Jazz Days」のライブ録音となっており、このフェスではラグタイムやモダン・ジャズに交ざってジャズ・ロックを紹介するコーナーが設けられていたようだ。その続編としてスタジオ録音された本作は、ImpulseによるファンキーなB-2がオススメ。

11 0683　12"

Pepřenka
Aleš Sigmund

1977　Panton

Big-beatグループVulkánのリーダーだったギタリストAleš Sigmundは、そのあとも様々なグループを率いてきたベテランだが、ソロ名義としてリリースした1stアルバムにあたるのが本作。Pantonレーベルゆかりのスタジオ・ミュージシャンで結成され、80年代に大活躍することになるGolemのメンバーを従えており、彼らが初めてGolem名義で参加したアルバムにもなっている。そんな本作はSigmundのテケテケ・ギターにドギツいシンセ、ブラスが加わったアクの強いイージーリスニングに仕上がっている。聴く人を選ぶ、上級者向け東欧グルーヴ。

91 16 0521　12"

Pieseň z hôľ
Fermáta

1977　Opus

スロヴァキアを代表するジャズ・ロックグループFermátaは、ギタリストFrantišek Griglákにより73年結成。彼はPrúdyやCollegium musicumなど主要グループを渡り歩いた凄腕ギタリスト。さらにロックグループElánやジャズ歌手Peter Lipaのグループでも活躍したベーシストAnton Jaroや、ModusやTOČR Bratislavaに参加したドラマー Cyril Zeleňákなどジャズとロック両分野で活躍するミュージシャンが参加し、テクニカルでグルーヴィなジャズ・ロックを聴かせてくれる。

91 13 0543　12"

Natrhaj mi dážď
Braňo Hronec

1977　Opus

スロヴァキアの娯楽音楽の神、Braňo Hronecの2nd。ディスコを基調としたノンストップのアルバムとなっているが、爆発音などの飛び道具を散りばめ、オシャレとは無縁のイナたい娯楽ダンスミュージックに仕上がっている。中でも鶏の鳴き声入りのキテレツなファンクA-1は、笑いなしでは聴けないユーモラスな一曲。しかしながら太いベースによるグルーヴは凄まじい。他にもA-2・B-1・B-3・B-4とグルーヴィな楽曲多数。コーラスはお馴染みJezinkyで、むさ苦しい演奏に華を添えている。ちなみに、タイトルなどが英語表記の盤も存在。

1 45 2075　7"

Zrcadlení / Země plná lásky
Eva Svobodová

1977　Supraphon

ジャズ歌手 Eva Svobodová は名盤と名高い 1st アルバムのリリース前に、7インチも数枚リリースしており、アルバム未収録の良曲を多数収めている。SHQ との共演作も多く、中でも本作は特にオススメしたい一枚。B面にはチェコ・ジャズ最高峰のピアニスト Emil Viklický 作曲によるボッサを収録し、ソウルフルに響くピアノとヴィブラフォン、高揚感のあるコンガ、そして縦横無尽に駆け回るベースが渾然一体となって迫りくるスピリチュアルな名曲に仕上がっている。Chick Corea の名曲をチェコ語カヴァーした A面も魅力的。

1 13 2234　12"

Kolotoč(r)
Tanečný orchester Československého rozhlasu

1978　Supraphon

巨匠 Josef Vobruba が指揮する TOČR のイージー・リスニング作品で、ヒット曲のカヴァーを中心にシンセ入りのビッグ・バンドサウンドで演奏したアルバム。フォーク歌手 Waldemar Matuška の楽曲をスペース・ディスコに魔改造した B-2 や、76年に Jiří Schelinger が歌った楽曲を高速ムーグ・ファンク化した B-4 など、アレンジの光る楽曲を収録。編曲を手がけた Vladimír Popelka は、TOČR の楽曲の多くを作曲した重要人物で、Vobruba の死後 TOČR の指揮も担当している。

1 13 2348　12"

Discobolos
Discobolos

1978　Supraphon

Karel Svoboda と Jiří Svoboda の作曲家兄弟によるグループ、Discobolos の 1st。ヴォーカルに Bohemia の Lešek Semelka と女性歌手 Jana Kratochvílová を加えたディスコ歌謡な内容となっている。全曲ダンサブルな捨て曲ナシの作品だが、中でもディレイのかけられたヴォーカルと分厚すぎるコーラスが盛り上げる A-4 と、ハンドクラップによるグルーヴとタイトル通りの "ヘイッ" のかけ声、そしてツバ吹きフルートが堪らない B-3 は超キラートラック。翌年リリースされたインスト中心の 2nd もオススメ。

1 13 2350　12"

Paprsky
Helena Vondráčková

1978　Supraphon

スター歌手 Helena Vondráčková が Jazz Q の中心人物、Martin Kratochvil プロデュースでリリースした作品。演奏も後期 Jazz Q の布陣で固められ、本格的なジャズ・ロックとソウルフルな歌謡とが融合した異色の一枚となっている。A-1 から怪しげなメロディとグルーヴが同居した魔訶不思議な音世界が展開され、引き込まれること間違いなし。A-3・B-1 では強靭なグルーヴも楽しめる。ゴスペル調の A-4、ブルージィなソフト・ロック A-5 や、抒情的バラード B-2 など多彩な楽曲を収録しているが、どれもヘンテコで最高。

1 13 2390　12"

Marsyas
Marsyas
1978　Supraphon

Supraphonに計5枚のアルバムを残したフォーク・ロックグループ、Marsyas。フォーキーな楽曲が多い彼らだが、本作はC&K Vocalの名盤『Generace』も手がけたグループLabyrintが演奏をサポートしているため、グルーヴィな楽曲も多い。特にジャズピアニストEmil Viklickýがゲスト参加したB-1・B-5は極上のムーグ・ファンクに仕上がっている。楽曲の大半を作曲したのはMarsyasとJazz Qを兼任していたメンバーOskar Petrで、幻想的なジャケットのイラストも彼の筆によるもの。

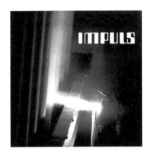

11 0684　12"

Impuls
Impuls
1978　Panton

Impulsは鍵盤奏者Pavel Kostiukを中心に結成されたジャズ・ロックグループ。メンバーにはのちにPražský výběrの一員となるギタリストZdeněk Fišerや、超絶的テクニックを持つベーシストFrantišek Uhlířなどが参加している。フリー・ジャズやプログレの影響を受けた先進的な音楽性と、骨太のリズムが生み出すファンクネスを持ち合わせ、唯一作である本作と、参加したコンピ『Jazzrocková dílna』、7インチシリーズ『Mini jazz klub』7枚目しか音源がないが、いずれも推薦盤である。

11 0692　12"

Podobizna
Pražský Big Band
1978　Panton

Pražský Big Bandは新世代のビッグ・バンドとして、若手指揮者Milan Svobodaにより74年に結成。メンバーにはJiří Stivín（Svobodaのいとこでもある）のようなベテランから、のちにニューウェーヴグループPražský výběrを結成するMichael Kocábのような若手まで、幅広く参加している。1stアルバムである本作はジャズ・ファンクの名演揃いで全編を通してオススメだが、中でも強烈なドラム・ブレイクから始まり、エレピも冴えわたるA-3は白眉。彼らの3枚のアルバムはどれも名盤なので要チェック。

11 0717　12"

Disco klub
V.A.
1978　Panton

東欧にありがちなディスコ・コンピだが、本作は収録曲のほとんどがここでしか聴けない良曲揃いのためスルーは禁物。中でも貴重なのはFramus 5によるA-4。彼らが本格的にディスコに取り組んだ珍しい楽曲だが、ロックグループならではのダイナミックなグルーヴが楽しめる名曲だ。さらに電子音楽のパイオニアORM [P.102]によるドラム・ブレイク入りのA-6、富士山をテーマにした異色のディスコB-6も良い。音源の少ないグループFaraonのムーグ・ファンクA-7や、スター歌手Josef Lauferの激渋ディスコB-7も必聴。

91 15 0636　12"

Príma tip
Za-ja-ce

1978　Opus

Pavol（トロンボーン）、Marián（ドラム）、および Peter（ギター）
の Zajaček 兄弟を中心とする、スロヴァキアのジャズ・ロックグルー
プ Za-ja-ce 唯一のアルバム。国内最高峰のグルーヴはいうまでも
なく素晴らしいが、加えてプログレッシヴな曲の展開も魅力。6/8
のリズムで疾走する A-1、計算されつくしたプログレッシヴ・ジャズ・
ロック A-4、混沌のグルーヴィ・ジャズ・ロック B-5 は特にオススメ。
スロヴァキア最強のセッション・ミュージシャン集団でもある彼ら
は、歌謡曲のバックでも多数参加しているので要チェック。

91 15 0649　12"

Prečo sme sa oženili?
Ladislav Gerhardt

1978　Opus

本作は、スロヴァキアを代表するジャズピアニスト Ladislav
Gerhardt による初リーダー作。当時 Fermáta のメンバーでもあった、
ベーシスト Anton Jaro とドラマー Cyril Zeleňák が参加したことに
より、ジャケットのメルヘンさとは対照的な、強固なジャズ・ロック
サウンドに仕上がっている。イントロで太いドラムが炸裂する A-1、
テクニカルなドラム・ブレイクと凄まじいベース・ソロを持つ A-3、
スピリチュアルな B-2 は必聴。全曲 Gerhardt 作編曲のオリジナル
となっており、コンポーザーとしての才能も発揮されている。

91 15 0713　12"

Jazz cellula
Laco Deczi, Jazz cellula

1978　Opus

Jazz cellula はチェコを代表するビッグ・バンド JOČR の精鋭メンバー
から成るジャズコンボで、SHQ と並ぶ国内最高峰のコンボ。率い
るのはスロヴァキア出身のトランペッター Laco Deczi である。本
作は 3 枚目のアルバムにあたり、ジャズ・ロック色の強い前作もオ
ススメだが、ジャズ・ファンクな内容でそれ以上の人気盤となって
いる。ハッピーなファンク A-1、ダークなピアノが入ったプログレッ
シヴな A-2、高速ブラジリアン・フュージョン A-3 が聴きどころ。
Opus 屈指の名盤なのでスルーは禁物だ。

44 0593　7"

Horizont / Horký vítr
Martha Elefteriadu, Jazz Q

1978　Panton

セルビア生まれでギリシャ系の歌手 Martha Elefteriadu は、妹
Tena と共に Martha a Tena として活動を開始。バックには Aleš
Sigmund 率いる Big-beat グループ Vulkán を従え、フォーク・ロッ
クな楽曲を持ち味としたデュオである。一方 Martha はソロでも並
行して活躍し、70 年代後半からはジャズ・ロックに接近。本作で
は Jazz Q を演奏に迎えた、貴重な楽曲を聴くことができる。シン
セとパーカッションが縦横無尽に駆け回るファンキーな A 面、複雑
怪奇なリズムの上に美しい歌声が乗る B 面どちらも素晴らしい。

Československá socialistická republika

44 0625　7"

Disco serie: Co mi bráni / Vina křídel
Bohemia

1978　Panton

Bohemiaはヴォーカリスト・鍵盤奏者Lešek SemelkaがModrý
efektを脱退したのち、75年に結成したジャズ・ロックグループ。メ
ンバーには元Flamengoのサックス奏者Jan Kubíkとベーシスト
Vladimir Kulhánekなど、シーンを代表する面々が集結した。彼ら
唯一のアルバムでは持ち味であるプログレッシヴなジャズ・ロックサ
ウンドが展開されるが、ディスコ楽曲を紹介する7インチシリーズ
『Disco serie』の1枚である本作では、サックスとパーカッションが
炸裂する、熱いディスコサウンドを聴くことができる。

11 13 2516　12"

Hvězdolet 06
Hana Zagorová / Václav Neckář / Helena Vondráčková /
Jiří Korn / Marie Rottrová / Jiří Schelinger

1979　Supraphon

Golden Kidsのプロデューサーだったベテラン作曲家Bohuslav Ondráček
が選んだ6人によるアルバムというコンセプトの作品。その顔ぶれの豪華さ
ゆえ、チェコ歌謡史に残る一枚となっている。さらにバックにはTOČRが参加
しているから良くないわけがない。ブラスとストリングスによる贅沢なイント
ロを持つフィリー・ソウルなA-1、良質ディスコ歌謡A-4、ダウナー・ファンク
なA-5、シンセの浮遊感が気持ちいいA-7、そして6人が交互にソロをとるB-7
とどれも◎。同じくOndráčekとTOČRによる『The Titanik』にも通じる良作。

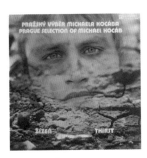

81 15 0053　12"

Žízeň
Pražský výběr

1979　Panton

Pražský výběrはPražský Big Bandから派生したジャズコンボとし
て、鍵盤奏者Michael Kocábにより75年結成。その後ジャズ・ロッ
クへと音楽性を進化させ、本作は組曲形式の大曲を収録した、アー
ト志向の高い作品になっている。ビッグ・バンド〜ブルース〜フリー・
ジャズと様々なジャンルをめまぐるしく横断し、ハーモニカやシタール、
分厚いコーラスまで飛び出すプログレッシヴな楽曲は世界的に評価
が高い。80年代にはさらにニューウェーヴへとサウンドを進化させ
て先駆者となったが、83〜86年は活動の規制を余儀なくされた。

81 13 0080　12"

Discofil
Petr & Pavel ORM

1979　Panton

ORMはPetr ORMとPavel ORMから成るユニットで(兄弟のように
見えるが芸名)、ふたりとも映画やテレビ番組のBGMを手がけてい
た音楽プロデューサーであった。彼らは電子音楽のパイオニアでもあ
り、Petrが操るシンセとPavelによる打ち込みのドラムが生み出すエ
レクトロなディスコサウンドが持ち味である。彼らはのちにKamelie
[P.109]という女性ヴォーカルデュオを迎え入れることになるが、本
作ではORMのふたりによるほのぼのとした歌唱を聴くことができる。
浮遊するシンセのサウンドが素晴らしい、スペース・ディスコの推薦盤。

91 43 0495　7"

Hrdá láska / Kvapka medu
Marcela Laiferová

1979　Opus

スロヴァキアの歌姫 Marcela Laiferová による7インチで、アルバム未収録の2曲が聴ける作品。スロヴァキアが誇る超精鋭ミュージシャン集団 V.V. Systém が演奏を手がけた B 面が秀逸で、絶妙な浮遊感がグッドなシンセサイザーに導かれて、ゆったりとしたグルーヴと Laiferová の甘い歌唱が楽しめる超名曲となっている。作曲した Ivan Horváth はかつて TOČR Bratislava の指揮も務めており、彼女に多くの楽曲を提供した人物。A 面にはイタリア人歌手 Donatella Rettore のカヴァーを収録している。

91 15 0679　12"

Quasar
V.V. Systém

1979　Opus

Gustav Brom Orchestra と TOČR Bratislava の主要メンバーから成る、スロヴァキアの精鋭ミュージシャン集団 V.V. Systém の1stアルバム。分厚いブラスにスペーシーなシンセが加わった、プログレッシヴなビッグ・バンドサウンドを楽しめる名盤だ。宇宙的な電子音ののちに一瞬のブレイクを挟み、高速ジャズ・ファンクに雪崩れ込む A-1 から引き込まれる。その後も Dušan Húščava のツバ吹きフルート・ソロが最高な A-3 や、サンバ調の B-3 など多彩な楽曲を収録。Emil Viklický も参加した次作もオススメ。

91 16 0743　12"

Smoliari
V.A.

1979　Opus

『Smoliari』は78年公開のテレビ映画で、車とキリンが登場する学園コメディ風ミュージカル。本作はそのサントラ盤になっており、ヴォーカルは出演俳優だが、演奏はなんとスロヴァキアきっての精鋭ミュージシャン集団である V.V. Systém。ありがちなミュージカルの曲にくぐもったシンセサウンドが混入し、オブスキュアな一枚に仕上がっている。テーマ曲 A-1、ゴキゲンなロックンロール A-3(ただしテクニカル)、カリビアン歌謡 A-8、「Jamping Jack Flash」風の B-2、途中から哀愁ディスコに雪崩れ込む B-4 などヘンテコな佳曲揃い。

11 13 2646　12"

Signál času
Jan Spálený

1980　Supraphon

Apollobeat のリーダーだった Jan Spálený は作曲家、プロデューサーとしても活躍した人物。78年には最初のソロ・アルバムをリリースし、ジャズ・ロック路線を追求した。続く本作はジャズ・ロックグループ Mahagon を演奏に起用。詩人でありシュールレアリスムの先駆的存在でもある、Vitězslav Nezval の詩に音楽をつけるというコンセプトで制作された。Spálený の歌声は弟同様にアクが強く好き嫌いが分かれるが、Mahagon のグルーヴィな演奏は必聴。中でもヴァイオリンとギターがソロ・バトルを繰り広げる A-3 は名曲だ。

11 15 2655　12"

Múzy
Helena Vondráčková

1980　Supraphon

チェコを代表する歌姫Helena Vondráčkováによるディスコ路線の
アルバム。演奏はディスコ界のパイオニア的グループDiscobolos
が担当しており、そのメンバーであり、コンポーザーとしても超一
流のSvoboda兄弟が作編曲にも携わっているから必聴。Karel
Svoboda作曲の、打ちつけるような鋭いビートと洗練されたメロ
ディを持ち、さらにエレピやストリングスが美しく絡み合うB-3は
超名曲だ。同じく彼による軽快なディスコB-5も良い。似たジャケ
でリリースされた英語版もあるので、購入の際は要注意。

11 13 2684　12"

Slunečnice pro Vincenta Van Gogha
Mahagon

1980　Supraphon

Mahagonは2枚のアルバムを残し、どちらもテクニカルでプログレッ
シヴな内容で人気を博すジャズ・ロックグループ。メンバーには
Pražský výběrのリーダーとなるMichael Kocábや、のちにチェコ産
ヒップホップの開祖となるJindřich Parma [P.114]など重要人物が多
く参加し、シーンを語るうえで外せない存在だ。前作はインスト中心
で実験的なアプローチも見られる意欲的な内容だったが、本作では
ファンキーなブラスサウンドとZdena Adamováのソウルフルなヴォー
カルが前面に出されたことにより、東欧グルーヴ的名盤になっている。

11 13 2737　12"

Karel Gott dnes
Karel Gott

1980　Supraphon

Karel Gottは、チェコはもちろん東欧全域で最も成功した歌手で
あり、西側でも人気を博した大スター。伸びやかな美声の持ち主で、
歌唱力も超一流。彼の作品は、全世界で推定1億枚売れていると
いうから凄まじい。日本でも"東欧のプレスリー"と呼ばれ、来日の
際は多くの取材陣が押しかけたようだ。本作は彼のディスコ路線の
作品で、膨大なアルバムの中でも最もグルーヴィな一枚。演奏は専
属バックのOrchestra Ladislav Štaidlで、そのリーダー Ladislav
Štaidlが作曲したA-5がオススメ。

Kresby tuší
Martha Elefteriadu

1980　Panton

姉妹デュオMartha a Tenaとして活躍した歌手Martha Elefteriadu
唯一のソロ・アルバム。78年の7インチでJazz Qと共演してジャズ・
ロック歌謡を披露した彼女だが、本作もMichael Kocábを中心と
するPražský výběrの面々が演奏を担当したことで、ジャズ・ロッ
クな内容に仕上がっている。スペーシーなシンセサイザーの上を、
伸びやかな歌唱が幻想的に浮遊するA-4、不穏なブラスと甲高い
コーラスが複雑に交錯するB-1がオススメ。B-3にはスロヴァキア
のロッカー Dežo Ursiny [P.110]がゲスト参加している。

81 13 0039　12"

91 16 0940　12"

Synthesizer Sound
Alojz Bouda

1980　Opus

TOČR Bratislava, V.V. Systémに参加したスロヴァキアの最重要鍵盤奏者、Alojz Boudaによるソロ作品の2作目。前作はオルガンによるイージーリスニング作品（こちらもオススメ）だったが、本作はシンセサイザーの演奏や打ち込みのドラムをすべてひとりで手がけた意欲的な作品となっている。コンポーザーとしても良質なポップを多く生産してきただけあり、短いながら様々な展開を見せるオリジナル曲のつくりも素晴らしい。中でも無機質なビートが鋭く切り込むダンサブルなA-6は必聴。続編として制作された次作も推薦盤。

91 13 0819　12"

Opus Club 03
Orchestr Josefa Vobruby

1980　Opus

『Opus Club』はインストによるディスコアレンジでヒット曲を収録したイージーリスニング作品のシリーズで、77〜82年にかけて計5枚がリリースされた。お馴染みJosef Vobrubaが演奏指揮を手がけたことで、いずれもグルーヴィな内容になっており、中でも3作目である本作はマスト。西側のカヴァーも多いが、東側のヒット曲もしっかり入っているのが嬉しい。スロヴァキアのハード・ロックグループTakticiの楽曲をヴォコーダー入りディスコに改造したA-7や、ハンガリーのジャズ・ロックグループMini [P.124, 135]の楽曲をカヴァーしたB-3がオススメ。

91 13 1047　12"

Dvanásť do tucta - Diskotéka Opusu 6
V.A.

1980　Opus

78年にスタートして83年まで計10枚リリースされた、スロヴァキアのディスコを紹介するコンピ・シリーズの6枚目。ここでしか聴けない曲を収録したオススメのシリーズだが、本作は中でも必聴盤。名歌手Eva Mázikováの歌唱も光る、洗練されたディスコA-3は超名曲。AORなA-5は、Collegium musicumやPrognózaといったスロヴァキアの主要ジャズ・ロックグループでギタリストとして活躍したĽudovít Noskoが歌う貴重な一曲。名コーラス・グループBezinkyが歌う爽やかなグルーヴ歌謡B-2も良い。

81 35 0018　7"

Mini jazz klub 27
Formace JQ

1980　Panton

計45枚存在する『Mini jazz klub』シリーズの中でも、特に優れた一枚がこちら。だが演奏しているFormace JQはこれが唯一の音源であり、メンバーも他で活動している様子がない、謎に包まれたグループである。しかしその内容は素晴らしく、Jazz Qを彷彿とさせるダークなジャズ・ロックに幻想的な女声スキャットが乗ったA-1、疾走するブラジリアン・フュージョンA-2、くぐもったシンセが怪しく歌うジャズ・ファンクB-1、フリー・ジャズなB-2と、幅広い音楽性を披露。そのどれも完成度が高い人気盤。

11 13 2943　12"

Sovětská píseň 1981-Ostrava: Nádherná přátelství
V.A.

1981　Supraphon

『ソ連の歌(Sovětská píseň)』は79年からオストラヴァで開催され
ている歌謡祭で、ソ連の歌謡曲をチェコの歌手が歌うという趣旨
の大会である。毎年2月に開催されて88年まで続き、発表曲がコ
ンピとしてまとめられた。ここでしか聴けない楽曲も多いため、要
チェックのシリーズである。81年の本作は中でもオススメで、
Hana Zagorováの歌うムーグ・ファンク歌謡B-5は超キラー。原
曲はウクライナの歌手Tatyana Kocherginaの楽曲だ。Marie
Rottrováの歌うA-3もコンピでしか聴けない良曲。

81 15 0172　12"

Zahraj i pro mne
Eva Olmerová

1981　Panton

Eva Olmerováはチェコで最も高い評価を受けるジャズ歌手のひとりだ
が、その生涯は順調ではなかった。反政府的な家庭に生まれたために
17歳で投獄され、デビューして間もなく活動禁止処分を受け、彼女自
身もアルコールと薬物によって身体を蝕まれた。久々のアルバムとなっ
た本作は、苦難を乗り越えていぶし銀のハスキー・ヴォイスを獲得した
彼女の哀愁あふれる歌唱と、ジャズ・ロックグループPražský výběrの
リーダーでもあるMichael Kocábの指揮によってフレッシュな躍動を
手にしたJOČRのグルーヴが合わさった結果、名盤となっている。

81 13 0184　12"

Věci (Things)
Combo FH

1981　Panton

Combo FHは鍵盤奏者Daniel Fikejzによって74年に結成された
ジャズ・ロックグループ。テクニックとユーモアを併せ持つそのサウ
ンドは、Frank ZappaやSamla Mammas Mannaを彷彿とさせる。
手数の多すぎるリズムの上でバスーンやマリンバといった飛び道具
が次々繰り出される、知的なバカバカしさを持ったその音楽性は、
実にチェコらしい。イスラミックな旋律と目まぐるしく変化する展開
を持つ高速ジャズ・ロックA-6は必聴だ。86年の2ndでは音楽性
を変化させ、ニューウェーヴな内容になっている。

81 15 0232　12"

Na sonnyho straně ulice
Sonny Costanzo, Jazzový orchestr Československého rozhlasu

1981　Panton

アメリカのトロンボーン奏者Sonny CostanzoはClark Terry Big
Bandの一員として70年代後半にポーランドで録音をしたあと、東
欧で手応えを感じたのか、JOČRと組んで本作を発表。翌年はJazz
cellulaのアルバムにも参加している。ほとんどは西側楽曲の演奏
になっているが、中でも洗練されたジャズ・ファンクA-2は必聴。
表題曲となったB-3のみチェコ人コンポーザーによるもので、作曲
はピアノのKarel Růžička。中盤からジャズ・ファンクへと変貌し、
Costanzoのソロも魅力的な名曲だ。

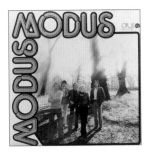

91 16 0856　12"

Modus
Modus
1981　Opus

Modusは67年にブラチスラヴァで結成。作曲家としても活躍した鍵盤奏者Ján Lehotskýが72年にメンバーとして加わったあと、彼を中心とするグループに再編。さらにヴォーカルにMarika Gombitováを迎え入れると、人気を獲得。80年代のスロヴァキアを代表するロックグループとなった。本作は、作曲のほぼすべてを担当するLehotskýの鍵盤と、Gombitováの力強い歌唱を要したAOR風味な内容でグループの最高作。ダンサブルなベースラインを持つA-5、ソウルフルすぎる歌唱が聴けるファンク・ロックB-5がオススメ。

91 13 1013　12"

Prognóza
Prognóza
1981　Opus

74年に結成しKarol DuchoňやJana Kocianováといった歌手のバックで演奏していたPrognózaは、79年に単体での活動も始めて唯一のアルバムである本作を残した。キーボードを中心に据えたプログレ風味もあるファンク・ロックサウンドと、美しいコーラスが特徴なグループだ。爽やかなAORになっているA-2、ド直球なファンクA-5はオススメ。このあとも数枚の7インチをリリースし、ロック歌手Dežo Ursinyのアルバムの演奏も担当したが、81年に解散して同じ方向性のグループPlusや、後期Modusへと散っていった。

91 13 1095　12"

New Istropolitana
New Istropolitana
1981　Opus

鍵盤奏者Teodor Launerによって60年代末に結成されたIstropolitanaは、Koža兄弟（ギターのKarol、ドラムのMiroslav）を加えたトリオとして活動していたが、78年に新メンバーを加えてNew Istropolitanaとして生まれ変わった。ブラスとベースが加わったことでグループはジャズ・ロック～ディスコ・ロックのサウンドを手に入れ、本作もダンサブルな名盤に仕上がっている。初期メンバーの3人は全員が作曲とヴォーカルをこなせる逸材で、彼らの手によって緻密なアレンジが施された楽曲と、美しいコーラスが魅力的。

91 13 1100　12"

You and Me
Vlado Hronec
1981　Opus

娯楽音楽の神、Braňo Hronecの兄弟Vlado Hronecによる本作は、スロヴァキアで最も高値で取引されるレア盤。しかしその内容も、東欧の数ある名盤の中でトップに位置する素晴らしいものなので、手に入れる価値は十分ある。脳が溶けるかと錯覚する、メロウな珠玉のAORサウンドの連続。中でも美しいピアノの旋律から極上のAORへと誘われるA-6、踊らずにはいられないキレ味バツグンのディスコB-2は必聴。彼らの作品は少ないが、スター歌手Karol Duchoňのバックで演奏しているものが数曲存在するのでこちらもオススメ。

Československá socialistická republika

11 15 3100　12"

Horký dech Jany Koubkové
Jana Koubková, Horký dech

1982　Supraphon

チェコ音楽の80年代の主役はジャズシンガー Jana Koubková だ。
彼女は声を楽器のように操って先進的な音楽を作り続けた。ベー
シスト Luděk Hulan のグループや、コンテンポラリー・ジャズグルー
プ Jazz Half Sextet に参加して様々なスタイルを身につけた彼女は、
縦横無尽に変化する唯一無二のスキャットを体得。初のアルバムで
ある本作は、Pražský výběr のギタリスト Michal Pavlíček らが参
加したグループ Horký dech（熱い息）を率いて、得意とするボッサ
からジャズ・ファンクまで披露。推薦盤。

81 43 0104　7"

Krásná kde spíš (Angel of Mine) / Jen tak jít
Václav Týfa, Labyrint Pavla Fořta

1982　Panton

チェコを代表するトランペッター Václav Týfa は、80年代に7イン
チを2枚リリースしており、そのどちらもここでしか聴けないグルー
ヴィな楽曲を収録したオススメ盤。巨匠 Josef Vobruba のオーケス
トラと制作したアルバムの印象が強い彼だが、この2枚では元
Flamengo のギタリスト Pavel Fořt が率いるグループ、Labyrint を
従えている。それにより AOR 的要素も加わった、洗練されたフュー
ジョンサウンドを聴くことができる。Fořt のギターが冴えわたる本
作 B 面は中でも必聴の一曲。

81 15 0267　12"

Sax Syndrom
Miroslav Krýsl's Saxtet

1983　Panton

多くの映画音楽を演奏した Filmový symfonický orchestr に20年
以上在籍し、SHQ や JOČR など様々なグループにも参加してきた
重鎮 Miroslav Krýsl が、JOČR の同僚サックス奏者たちと結成した
Miroslav Krýsl's Saxtet の唯一作。サックス以外のメンバーも豪華
な顔ぶれで、Emil Viklický 作曲の高速サンバ A-2 や、プログレッシ
ヴに展開する B-3 を、重厚なサックスのアンサンブルに強固な演
奏と緻密なアレンジが合わさった名曲に仕上がっている。サックス
のみで演奏された表題曲 A-3 も必聴。

11 13 3064　12"

Premiéra / First Night Show
Pavel Fořt

1984　Supraphon

Flamengo のギタリストだった Pavel Fořt はグループ解散後、その
ヴォーカルだった Vladimír Mišík 率いる Etc... で活動。セッション
ミュージシャンとしても活躍し、本作の演奏もしている Orchestra
Ladislav Štaidl に参加。77年には自身のグループ Labyrint を結成
して、チェコのポピュラー音楽を支えた。唯一ソロ名義でリリース
された本作は Fořt のギタープレイが冴えわたる良作。海外向けに
制作したため西側カヴァーも多いが自作曲も収録し、ロックなブ
ラジリアン・フュージョン A-1、AOR な A-6 が◎。

11 15 3280　12"

Můj ráj
Eva Svobodová

1984　Supraphon

ジャズ歌手Eva Svobodováによる1stアルバム。本作ではEmil
ViklickýとKarel Růžičkaという二大ピアニストが参加し、編曲や
演奏指揮を担当している。Růžičkaが作曲した高速ボッサA-1は、
鋭いリズムにエレピが気持ちよく絡む今作のハイライト。Viklický
編曲によるJobimのカヴァーA-3も素晴らしく、軽快なピアノは演
奏はもちろん、František Uhlířによる歌うベースが聴きどころ。そ
してもうひとりのベーシストPetr Kořínekが作曲した美しいボッサ
B-2もオススメだ。

11 13 3466　12"

24 Stop
Jiří Korn

1984　Supraphon

伝説的ロックグループThe RebelsのヴォーカルだったJiří Kornは、
70年のグループ解散後、ベーシストとしてOlympicに2年ほど在籍。
その後ソロに転向し、ロック歌手として活躍した。そんな彼も80年代
に入ると時代に合わせてスタイルを変え、本作ではレゲエ、テクノ、ヒッ
プホップなど多様なジャンルを貪欲に吸収している。ベテラン作曲家
Bohuslav Ondráčekが作編曲を手がけたA-6は、ラップ風の歌唱も
存在するグルーヴィなヒップホップに仕上がっており必聴。最先端
の音楽を追求し続けたふたりのベテランに、心からリスペクト！

11 13 3476　12"

Talisman
Kamelie, ORM

1984　Supraphon

電子音楽のパイオニアであり、良質ディスコを量産してきたORM
は80年代に入ると女性デュオKamelieをヴォーカルとして獲得。
Hana BuštíkováとDana Vlkováから成るKamelieは国内外で大き
な人気を獲得した。3rdアルバムにあたる本作は、代表曲である
A-4を収録。スラップ・ベースとハンド・クラップによる、踊らずに
はいられないイントロがキラーなイタロ・ディスコの名曲となってい
る。ORMのPetr ORMがヴォーカルをとるA-3・B-3もテクノ・ポッ
プなオススメ曲。ジャケ違いで英語版もリリースされている。

81 13 0417　12"

Zadáno pro film
Filmový Symfonický Orchestr

1984　Panton

43年に設立し、体制転換後も存続した、映画音楽専門の歴史あ
るオーケストラFilmový symfonický orchestrによる映画のテーマ
を集めたコンピレーション。ほとんどがクラシック調の楽曲の中、
82年公開の映画『Příště budeme chytřejší, Staroušku』のテーマ
B-6はストリングスとコーラスが入ったディスコ。東ドイツの
Günther Fischerにも通じる優美なアレンジが最高。作曲した
Milan Dvořák自身が演奏するシンセサイザーも◎。この1曲のた
めにぜひ手に取ってほしい一枚。

81 13 0485　12"

Kde se pára vaří
Golem

1984　Panton

Golem は Václav Zahradník Big Band などで活躍してきたサックス奏者、Jan Václavík によって結成されたグループ。元々は歌手 Josef Laufer のバック・バンド、Their Majesties として活動していたがのちに改名した。単独名義初となる今作では Felix Slováček 指揮する TOČR とコラボ。ビッグ・バンドサウンドが加わった、ダイナミックな AOR を楽しむことができる。B-1 をはじめ、A-2・A-4 など名曲多数。ヴォコーダーが過剰に使用された B-5 では、クセのあるグルーヴを楽しむことができる。

91 13 1475　12"

Pieseň o tebe a o mne
Peter Hečko

1984　Opus

スロヴァキアの歌手 Peter Hečko は 70 年代から活躍し、作曲家、そしてギター＆鍵盤の演奏とマルチな才能を発揮した。80 年代からは妹である Júlia Hečková とデュオでも活動し、彼女のソロ作品には楽曲提供と演奏で参加している。本作はそんな彼の 1st アルバムであり、大味な歌謡曲が多いが、グルーヴィなディスコ歌謡 A-3 が収録されているためスルーは禁物だ。演奏している Profily なるグループは、彼の専属バックである。すべて彼の作曲になっており、妹も数曲で歌っている。

91 13 1528　12"

Bez počasia
Dežo Ursiny, Ivan Štrpka

1984　Opus

Dežo Ursiny はスロヴァキアを代表するロッカーのひとり。The Beatles の影響を受けた The Beatmen、Cream の影響を受けた The Soulmen を率い、英語での歌唱による本格的ロックを追求して高い評価を獲得した。Flamengo のメンバーと制作したソロ名義の 1st アルバムはアート・ロックの傑作として名高い。80 年代にはファンク路線に転向して本作をリリースした。前作で演奏を担当したジャズ・ロックグループ Prognóza のメンバーが多く参加。アート志向も健在で、後期 CAN のようなオブスキュアなグルーヴを聴くことができる。

81 45 0096　7"

Mluví k vám robot
Alexander Goldscheider, Odysseus

1984　Panton

Alexander Goldscheider は大学で The Beatles の楽曲を分析する研究をしたあと、音楽評論家やラジオ DJ として活動。作曲家としてもデビューし、歌謡曲の分野で活躍した。しかし突如、電子音楽の先駆者として覚醒しスター歌手 Valérie Čižmárová の歌謡曲のオケをシンセサイザーで作成して、オブスキュアなテクノ歌謡を作曲。その楽曲「Kdekdo Tě Pomlouvá」はオススメだ。満を持して制作したソロ楽曲である本作は、ロボットをテーマにしたヴォコーダー入りテクノ。「ロボット」という単語を生んだチェコに相応しい怪作。

11 15 3700　12"

Bosa
Jana Koubková

1985　Supraphon

唯一無二のジャズシンガー Jana Koubková が、声を楽器のように操って実験の限りを尽くしたアヴァンギャルドな一枚。声のみの楽曲も多く、楽器を使う場合もピアノとパーカッションのみとシンプルだ。街の喧騒と声を多重録音した異端すぎるボッサA-1で幕を開け、その後も前衛的な楽曲が並ぶ。ベースとドラムがミニマル・ミュージック的に繰り返される異端のグルーヴA-4は中でもオススメだ。聞き取れる単語はタイトルになった"Nijána"の一語のみというオブスキュアな一曲。クールすぎるジャケットと併せて時代の最先端を進んでいた作品。

81 13 0488　12"

Aerobic
V.A.

1985　Panton

東欧全域に存在するエアロビクス用レコードの中でも特にオススメの一枚で、ORM,TOČR,Golemなど様々なジャンルのダンサブルなグループが結集。ここでしか聴けない貴重な音源が多数収録されている（ただし、すべてに女性のかけ声入り）。ORMの楽曲のインスト・ヴァージョンにかけ声を乗せたA-1や、スポーツ音楽の神Siriusによるスポーツ・テクノA-5・A-6などがオススメ。封入された見開きのエアロビクス指南書もチェコらしいグラフィック・アートとなっており、聴いて踊って見て楽しいお得盤。同年リリースのエアロビクス用カセットもオススメ。

81 33 0156　EP

Break Dance
Sirius

1985　Panton

エアロビクス用レコードに多く楽曲を提供したスポーツ音楽の神Siriusは、Big-beatグループ The Electronics のギタリストだった Otakar Olšaník を中心に結成。シンセサイザーを操り、ダンサブルなビートを生み出すテクノ・ポップグループとして84年に初の7インチを発表した。続いてリリースされた本作は、ダンスの解説もついたブレイクダンス用の音楽を収録したレコード。打ち込みドラムが生み出す強靭なグルーヴに、ラップやスクラッチも導入されており、チェコ産ヒップホップの先駆的楽曲という評価もできる。

81 33 0271　EP

Cvičíme s hudbou 13: Kondiční gymnastika pro muže
Sirius

1986　Panton

『Cvičíme s hudbou（音楽で練習します）』は71年から続くEPシリーズで、音楽に合わせて身体を動かすことを目的としたもの。かつてはバレエ音楽やフォークダンス的な楽曲中心だったが、80年頃からディスコ風味の音楽が収録されるようになり、13枚目の本作では満を持してスポーツ音楽の神Sirius登場。18曲たっぷりスポーツ・テクノを聴かせてくれる。太いドラム・ブレイクが入ったD-1は超オススメ。こんなコンピが71年から存在するとは、さすが64年の東京五輪で金を獲得した"体操の名花"Věra Čáslavská を輩出しただけある。

チェコスロヴァキア社会主義共和国 ― Československá socialistická republika

11 15 3967　12"

Status Quo Vadis
Jiří Stivín

1987　Supraphon

フルート奏者Jiří Stivínはロックの先駆者であるSputnici（Olympicの前身）に参加し、その後ジャズミュージシャンとしても様々なグループで活動。さらにはジャズ・ロックグループJazz Qを創設するなど、常にシーンの最先端で活躍してきた。フリー・ジャズやコンテンポラリー・ジャズを志向していた彼はJazz Q脱退後、ギタリストRudolf DašekとのユニットSystem tandemなどでそれを追求。ソロで制作された本作でもさらにアヴァンギャルドなジャズを披露している。ファンキーでニューウェーヴなA-4はオススメ！

11 13 4215　12"

Už Nejsem Volná
Petra Janů, Golem

1987　Supraphon

女性歌手Petra Janůは70年代初頭にデビュー。当初はギタリストOta Petřina率いるPro-Rockが演奏を担当し、ロック路線で人気を博した。2ndアルバムはロック路線の良盤であり、ハード・ロックな演奏に彼女のパワフルな歌唱がハマっている。しかし80年代になるとポップ～ディスコ路線に転向し、この路線でも成功を収めた。本作は演奏をGolemが担当しており、グルーヴィなディスコサウンドが聴ける推薦盤。哀愁のディスコ歌謡A-3、力強い歌唱と爽やかなコーラスが聴けるA-5、ファンク・ロックなB-3がオススメ。

11 15 4246　12"

Anaconda
Jazz Fragment

1987　Supraphon

Jazz FragmentはピアニストAleš Faixによって結成されたフュージョングループ。80年リリースの『Mini jazz klub』29枚目ではヴァイオリン入りのグルーヴィなフュージョンを披露している。本作はコンテンポラリー・ジャズやファンクなど様々なジャンルを融合させた芸術性も高い一品で、フルート奏者も参加してヴァイオリンとのソロ・バトルを繰り広げる。ゲストJana Koubkováの超絶スキャットも加わった高速ボッサA-4、伝統音楽のメロディも取り入れたB-2、プリミティヴなグルーヴを持つB-5など多彩な楽曲を収録。

81 0657-1　12"

Velbloud, ten se má...
Yo Yo Band

1987　Panton

Yo Yo Bandは75年に結成され、当時はゴスペルを演奏していたようだ。しかし80年の大幅なメンバーチェンジを経たのち、レゲエの影響を受けてこの分野のパイオニアとなる。82年にリリースした初の7インチでは、古典的なスタイルのレゲエを演奏している。そこから5年後に1stアルバムとしてリリースされた本作は、ブラジリアン・フュージョンなど幅広いラテン音楽も吸収したごった煮的内容。ニューウェーヴ風味なA-2、サルサとフュージョンを融合させたA-5、ダブを自己流に解釈したB-4、ソカ風のB-5など、ハッピーなグルーヴが並ぶ。

93 15 1940　12"

Je to stále tak
Peter Lipa
1987　Opus

スロヴァキアのジャズ歌手Peter Lipaは、IstropolitanaやBlues Fiveといったグループにも参加し、ロックやブルースまで幅広く歌いこなす人物。ジャズフェス「Bratislava Jazz Days」の企画に携わるなど、ジャズシーンの発展にも貢献した。ピアノにEmil Viklickýが参加したボッサな1stも名盤だが、ファンク〜フュージョン色が強い本作はそれ以上にオススメ。ダンディズム溢れるLipaの歌唱と、初期FermátaのベーシストAnton Jaroが生み出すグルーヴがサウンドの要となっている。

11 13 4227　12"

Čo o mne vieš
Darinka Rolincová
1988　Supraphon

スロヴァキア出身のDarina Rolincováは4歳で初のテレビ出演、8歳で映画出演、9歳で1stアルバムをリリースして25万のヒットを記録するなど天才少女ぶりを発揮。16歳でリリースした本作では、歌唱力が各段にアップした彼女の歌声を堪能できる。演奏はOrchestra Ladislav Štaidl、作曲陣にもJán Lehotskýなど有名ミュージシャンが多く参加して彼女を支えている。彼女の力強くセクシーな歌唱が映えるイタロ・ディスコA-5・B-3の2曲はオススメだ。翌年にはジャケ違いの英語版もリリースされている。

11 0068-1311　12"

Bláznivá noc
Michal David
1988　Supraphon

Michal Davidは、75年に結成されたポップグループKrokyのパフォーマーのひとりだったが、特に人気を博したためグループの顔として活動。87年にはソロに転向して本作を制作したが、演奏には変わらずKrokyを迎え入れている。イタロ・ディスコを持ち味とする彼らの作品の中でも特にオススメな一枚に仕上がっており、David自身が作曲したA-1はファットな打ち込みドラムに踊らされる良曲。KrokyのリーダーFrantišek JanečekによるコテコテのディスコA-3も良い。

11 0307-1 311　12"

Já už vím
Laďka Kozderková
1988　Supraphon

本作はミュージカル女優として高い評価を得ていた歌手、Laďka Kozderkováの楽曲を集めたコンピレーション。収録曲は86年に亡くなった彼女が生前テレビやラジオで録音した曲で、ここでしか聴けないものとなっている。ほとんどの曲は古き良きミュージカル曲といった感じだが、1曲だけジャズ・ファンクが混入。その曲B-5は、大御所Karel Vlachが指揮するビッグ・バンドが演奏し、太いドラムとベースに交じって優美なストリングスを聴くことができる。ふくよかなKozderkováのヴォーカルも素晴らしい、贅沢なグルーヴ歌謡だ。

11 1175-1 311　12"

Pražský haus
Hipodrom

1990　Supraphon

チェコ初のハウスを演奏するグループとして結成されたHipodrom
の1stアルバム。リーダーJindřich Parmaは、トランペッターとし
てMahagonやPražský Big Bandに参加、作曲家としても大御所
に楽曲提供を続けた多彩な人物だ。タイトルにもなったA-6は、
体制転換が迫った89年に7インチでダブミックスと共にリリースさ
れた曲で、"プラスキー・ハウス！"のフレーズがキャッチーな、ク
ラブ映え確実な一曲。彼らは別名義J. P. Orchestraとしてヒップ
ホップの誕生にも貢献するなど、90年代の音楽シーンを牽引した。

81 0944-1311　12"

Panta Rhei
Jana Koubková & Yandim Band

1990　Supraphon

型破りなジャズ・ヴォーカリストJana KoubkováとYandim Bandに
よる1stアルバム。『Panta Rhei』は改名前のグループ名でもある。
ピンクと水色によるアートワーク、そしてデジタルなサウンドによるグ
ルーヴは、まさに早すぎたヴェイパーウェイヴ。チープなシンセにス
キャットが乗るA-4やB-4はその真骨頂。さらにはKoubkováの音
楽性が発揮されたアヴァンギャルドなジャズ・ロックA-5や、エキゾ
チックでアフロなデジタル・サンバB-3など、一風変わった曲も収録。
時代を先取りしたチェコ音楽の最終進化形をぜひ確認してほしい。

11 0439-7 311　7"

Galaxie: Všechno je jinak /
Jakýpak vokolky, jdeme balit holky
Michael Viktořík

1990　Supraphon

チェコ最初期のラッパーMichael Viktoříkは、Yandim Bandのキーボディ
ストだったRoman Holýと、もうひとりのラッパー Oto Klempířと共にヒッ
プホップグループJ.A.R.を結成してシーンの開祖となる人物。B面には
J.A.R.の演奏が収められ、太いドラムにサックスが咆哮するトラックが◎。
A面はもうひとつの先駆的グループJ. P. Orchestraが参加。彼らはハウス
の開祖であるHipodromの別名義であり、サンプリングやスクラッチも使
いこなしたトラックメイクはさすが。チェコ語でのラップが嬉しい一枚。

N1 0003-1311　12"

Rap-Hip-Hop-House Music
V.A.

1990　Carera

80年代後半にすでに芽生えていた新しい音楽シーンは、ビロード
革命直後にコンピレーションという形で結実した。本作はチェコ黎
明期のヒップホップとハウスをまとめた作品であり、当時のシーンを
克明に記録した金字塔。参加アーティストにはHipodrom, J.A.R.に
Yandim Bandとシーンを作り上げたビッグネームが名を連ねてい
る。Cutmaster + M. C. GrooveはJindřich Parmaの兄によるユニッ
トであり、兄弟揃っての参加。名曲ばかりだが、中でもJ.A.R.に
よるB-2は東欧諸国の国名がリリックに登場するオススメ曲。

ハンガリー人民共和国

Magyar Népköztársaság

動乱を経てジャズとロックが流行

　ハンガリーの東欧グルーヴ史は、ジャズアコーディオン奏者Tabányi Mihályに始まる。40年の『第1回全国アコーディオン・コンクール』で優勝した彼は、タンゴなどのラテン音楽やハワイアンを演奏して人気を博した。40年代後半には、まだジャズの演奏が規制されていたにもかかわらずジャズグループPinocchioを結成。そこには48年に体制を嫌って出国し、西側で活躍したギタリストZoller Attilaもいた。56年のハンガリー動乱による民衆蜂起とソ連軍の介入は大きな混乱を招いたものの、これを経て誕生したカーダール政権は比較的穏健で、自由化によってジャズシーンは大きく成長を遂げた。63年になるとQualitonレーベルのジャズ部門音楽監督に就任したピアニストGonda Jánosによって『Modern Jazz』シリーズ [P.118] が企画され、国内のジャズミュージシャンを紹介。このシリーズには徐々にオリジナル曲が収録されるようになり、ハンガリー民謡のジャズ化なども試みられた。こうして独自のジャズシーンが花開き、60年代末

にはベーシストPege Aladárなど特に人気のミュージシャンたちによって、LPでのリーダー作もリリースされるようになる。

Tabányi Mihály
『Hallo, Mary Lou』
（1965年）

　60年代後半になるとロックンロールの流行がハンガリーにも訪れ、"三位一体"と呼ばれたIllés、Metró、Omegaは絶大な人気を誇った。流行を受けて、BergendyやExpressのように元々ジャズを演奏していたグループがロックに転向する例も多く、ジャズ・ロックやファンクの始祖となった。流行は歌謡曲にも反映され、多くの歌手がロックグ

ループを演奏に起用。その中で、Koncz Zsuzsa、Zalatnay Sarolta、Kovács Kati、Harangozó Teri の４人の女性歌手はロックな歌唱と楽曲で一世を風靡し、人気を独占した。67年に公開されたミュージカル映画『Ezek a fiatalok（若者たち）』は“三位一体”による音楽やKoncz Zsuzsa、Zalatnay Saroltaの歌唱を導入し、シーンを象徴する作品となった。映画のサントラも同年にリリースされ、ハンガリー初のロックアルバムとして知られている[P.118]。71年に様々なグループから人気メンバーを集めたスーパーグループLocomotiv GTが誕生すると、シーンの盛り上がりはピークに達した。70年に国営レーベルMagyar Hanglemezgyártó Vállalat（以下、M.H.V.）のサブレーベルとして設立されたPEPITAは、Qualitonに代わってポピュラー音楽のレコードを制作し、ロックの名盤を多く輩出した。

世界進出を果たしたNeoton Família、
“ポップ・カエサル”Erdős Péterの剛腕

　“三位一体”や人気歌手が躍進した背景には、数々のコンテストの存在があった。とりわけ重要なのは61年からラジオで放送されたコンテスト『Tessék választani!（レッツ・チョイス!）』である。このコンテストでは未発表の新曲が披露され、コンサート会場から生放送で届けられた。上位３つの楽曲に贈られる賞と、それを歌ったアーティストに贈られる賞があり、ここから多くのヒット曲が生まれた。テレビ版の『Táncdalfesztivál（ダンスフェスティバル）』など姉妹企画も誕生して、91年に終了するまで毎年お茶の間を賑わせた。コンテスト参加曲の演奏は、一流ジャズミュージシャンで構成されるStúdió 11が担うことが多く、彼らによって歌謡曲にジャズのグルーヴが吹き込まれていった。62年にスタートした新人発掘オーディション番組『Ki mit tud?（誰が何を知っている?）』も重要で、これは歌手だけでなく、コメディアンやダンサーなど様々なジャンルのパフォーマーが競い合うタレント発掘番組だった。70年代までに絶大な人気を誇り、決勝戦の視聴率が88％にのぼったという。Koncz Zsuzsaなどのちのスターの多くがここから知名度を拡大させた。

「Ki Mit Tud?」入賞曲の
EP（1962年）

もうひとつ、ロックやジャズなどの部門ごとに賞

があった「シャルゴータルヤーン全国アマチュア軽音楽祭（Országos amatőr könnyűzenei fesztivál Salgótarján）」も、流行に乗ってひしめいていたアマチュアのロックグループから才能を発掘した重要なコンテストだ。このように、ハンガリーでは数々のコンテストが登竜門となって多くのスターを生んでいった。

　比較的自由な空気があったハンガリーでは、多くの音楽ジャンルで東欧におけるパイオニアとなった。ディスコの分野では絶大な人気を誇るNeoton Famíliaがいち早く世界進出を成功させ、シーンをリードした。ヒップホップの分野では、ロックグループHungáriaのMikiが開祖となり、84年に東欧で初となるヒップホップのアルバムをリリースした[P.139]。80年代になるとM.H.Vは多くのサブレーベルを設立し、ジャズ専門のKrém、ハード・ロックやニューウェーヴを扱うStart（共に81年設立）などが生まれ、多様なジャンルの人気を支えた。

　このようにハンガリーの音楽シーンに他の東欧諸国よりも自由な空気が流れていたのは事実だが、社会主義国ならではの制約もあった。その制約を司っていた人物こそ、M.H.V.の敏腕ディレクターで“ポップ・カエサル”と呼ばれたErdős Péterだ。彼はNeoton Famíliaを世界進出に導くなど天才的な手腕を発揮した一方、政府の文化政策に従ってリリースをコントロールした。政府に反抗的な態度をとったギタリストRadics Bélaなど彼に干されたアーティストは多く、それは人気のスーパーグループLocomotiv GTも例外ではなかった（メンバーの亡命が理由）。さらに政治的理由にとどまらず、個人的な感情で活動を制限された例も多かった。例えば歌手Cserháti Zsuzsaは、Neoton Famíliaへの加入を断ったために彼の怒りを買い、アルバムのリリースを制限されている。しかし80年代末になると、Hungaropopをはじめとする独立系レーベルが誕生し、M.H.V.の独占状態にも終止符が打たれた。独立系レーベルによって今までリリースの難しかったアンダーグラウンドな作品が多く制作され、音楽シーンはさらなる多様化を進めた。体制転換後の95年にはM.H.V.もようやく民営化し、現在に至っている。

Neoton Famíliaの日本進出盤『ドン・キホーテ』（1980年／左）、『サウンド・オブ・サマー』（1981年／右）

ハンガリーのカンパニー・スリーヴ（レーベル：Qualiton、PEPITA）

EP 7352　EP

Látod, ez a szerelem
Stúdió 11

1966　Qualiton

Stúdió 11は、46年に結成されたMagyar Rádió Tánczenekara(ハンガリー・ラジオ・ダンス・オーケストラ)から派生して誕生。ジャズトランペッターTomsits Rudolf [P.134]ら、11人の腕利きスタジオ・ミュージシャンで構成され、歌手のバックをはじめとしたあらゆる演奏を担当した。そのため彼らによるジャズ・ファンクサウンドは60～70年代の多くのヒット曲で聴くことができる。単独でもレコードを残し、本作にはふたつのオリジナル曲や、The Beatles「Can't Buy Me Love」のカヴァーを収録している。

LPX 17370　12"

Ezek a fiatalok
Illés / Metró / Omega

1967　Qualiton

ロックシーン黎明期を支えた3つのグループIllés、Metró、Omegaは"三位一体"と呼ばれて絶大な人気を博した。67年、彼らの楽曲を使用したミュージカル映画『Ezek a fiatalok (若者たち)』が公開され、ハンガリーにロックシーンが誕生したことを告げる象徴的作品となった。本作はそのサントラとしてリリースされ、国内初のロックのアルバムにもなった金字塔。IllésによるB-6は彼らの73年作でセルフ・カヴァーされており、過剰なエフェクトをかけたサイケデリックなムーグ・ファンクに魔改造されているのでこちらも必聴だ。

SLPX 17392　12"

Modern Jazz VII.: Anthology 68
V.A.

1968　Qualiton

Qualitonレーベルのジャズ部門音楽監督に就任したピアニストGonda Jánosは、『Modern Jazz』シリーズを企画して自国のミュージシャンを紹介。63年の1枚目は自ら結成したQualiton Jazz Ensembleのアルバムとなった。7枚目となる本作では参加ミュージシャンもオリジナル曲も増えて、独自のジャズシーンが開花しているのがわかる。中でもピアニストGaray Attilaがハンガリー民謡をジャズ化したA-2は、美しいメロディとリリカルな演奏がすばらしい名曲だ。Ahmad Jamalに捧げたA-1も必聴。

SLPX 17391　12"

Nehéz az út
Illés

1969　Qualiton

57年結成のIllésは国内で最初にロックンロールを演奏したグループのひとつで、美しいコーラスワークとカラフルでサイケデリックなサウンドを特徴とする"ハンガリーのBeatles"。この1stアルバムは、すでに発表された楽曲に4つだけ新曲を足した寄せ集めではあるが、ハンガリーの伝統的なメロディや楽器、クラシックの要素、過剰なエフェクト処理などを盛り込んだ意欲的な楽曲群が集まったことで、ハンガリー版『Rubber Soul』の作品に仕上がっている。表題曲となったA-2を聴けば、あなたもすぐにトリップできるだろう。

SLPX 17393　12"

...Volt egyszer egy lány
Koncz Zsuzsa

1969　Qualiton

62年、初放送となった新人発掘オーディション番組『Ki mit tud? (誰が何を知っている?)』で注目を集めたKoncz Zsuzsaは、人気の高まっていたロックグループとの共演で勢いをつけ、シーンを象徴する歌手となった。同じくロック歌手として活動したZalatnay Sarolta [P.120]、Kovács Kati [P.120]、Harangozó Teri [P.129]と共に人気を博し、76年までアルバムを発表できた女性歌手はこの4人しかいなかった。その中でも先陣を切ってリリースされた本作は、MetróやIllésが演奏するグルーヴィなロック歌謡が聴ける名盤。

SLPX 17397　12"

Metró
Metró

1969　Qualiton

Metróは60年、ヴォーカルとリード・ギターを担当するSztevanovity Zoránにより結成。Illés、Omegaと共にロックの先駆者として人気を集めた。68年に英国のマーシャル社からアンプを譲り受けることに成功すると、いち早く本格的なロックサウンドを獲得。その唯一のスタジオ・アルバムは、ロックンロールから脱却し、ロックシーンが到来したことを告げる歴史的作品となっている。長尺ギター・ソロを持つA-6はその象徴だ。71年にベースのFrenreisz Károlyが Locomotiv GT [P.122]に引き抜かれ、グループは崩壊した。

SP 568　7"

A gárdista / Kívánj te is nekem szép jóéjszakát
Meteor

1969　Qualiton

MeteorはのちにBergendyへと加入するベーシストDemjén Ferencと、その兄でギタリストのIstvánによって68年に結成された。本作は彼らが残した唯一のレコードであり、ワウ・ギターがサイケデリックに彩るグルーヴィなオルガン・ロックをB面に収録した必聴盤。このあと多くの名曲を世に送り出すことになるDemjén Ferencの、コンポーザーとしての才能が早くも開花した名曲だ。彼がBergendy脱退後に結成したグループV'Moto-Rockには、Meteorの元ドラマー Herpai Sándorも参加した。

SP 652　7"

Megadom magam / Randevúm lesz délután
Bergendy

1969　Qualiton

Bergendyは58年、IstvánとPéterのBergendy兄弟によって結成。当初はジャズを演奏していた。64年、ギタリスト Oroszlán Györgyを獲得するとロックンロールの演奏が可能に。さらに67年頃、ピアノとトランペットを操り作曲までこなすHajdu Sándorが加入すると、彼らの持ち味であるジャズ・ファンクのスタイルを確立した。この7インチはその最初の成果であり、ダウナー・ファンクなA面、オルガン入りのB面どちらも名曲だ。彼らは様々な歌手のバックでも演奏し、東欧グルーヴの伝道師として活躍した。

SLPX 17404　12"

...Ha fiú lehetnék
Zalatnay Sarolta

1970　Qualiton

Zalatnay Saroltaはロックを歌う画期的シンガーとして一世を風靡。オペラ歌手を目指していたが、扁桃腺摘出のために叶わなくなったという事情もある。ミニスカートを着用したファッションも、多くの若者に影響を与えた。本作は彼女の1stアルバムで、ロックグループMetróが演奏を担当。ラウドなギターによる本格的ロックサウンドを持ち味とする彼らだが、ここではルーツであるブラックミュージック寄りの演奏をしている。激しいツイスト歌謡A-2、ジャジーなボッサA-3、ロックンロールなB-4、ドラム・ブレイク入りグルーヴ歌謡B-3と良曲多数。

SLPX 17411　12"

Suttogva és kiabálva
Kovács Kati

1970　Qualiton

Kovács Katiは国内で絶大な人気を誇り、海外でも最も成功したハンガリーの歌手となった。Ella FitzgeraldやJanis Joplinに影響されたというソウルフルな歌唱が特徴で、その音域は4.5オクターブあるという。彼女は国内で100枚以上、海外でも25枚のアルバムをリリースしているが、本作が記念すべき1stアルバムである。ブラス・ロックを得意とするグループExpress [P.129]と共演したグルーヴ歌謡A-2・A-7、腕利きスタジオ・ミュージシャン集団Stúdió 11によるジャズ・ファンクな演奏が聴けるA-6はオススメ。

SLPX 17418　12"

Montreux Inventions
Pege Trio

1970　Hungaroton

Pege Aladárはロマの有名なベーシスト一族に生まれ、その卓越した技術により"ベースのパガニーニ"の異名をとった人物。ジャズだけでなく、クラシックの分野でも活躍した。60年代から海外のジャズフェスに出演し、70年のモントルー・ジャズフェスでは超絶的ソロを披露して国際的評価を確立。本作は同フェス出演メンバーで制作されたアルバムで、クラシックやフリー・ジャズ、ファンクと様々な要素を取り入れた作品となっている。注目はオルガン入りジャズ・ファンクB-4と、Ráduly Mihályのフルートが炸裂するB-5。

SLPX 17422　12"

Bolond város
Neoton

1970　PEPITA

のちにディスコグループNeoton Família [P.134]として世界的知名度を獲得するNeotonは、ギターと作曲を手がけるPásztor Lászlóによって65年に結成。本作はロックを演奏していた頃の唯一のアルバムだ。激しく鳴らされるオルガンとギターのサウンドにはハード・ロックの萌芽が感じられ、長尺ギター・ソロの入ったB-1はその完成形といえる。本作収録後に脱退した参加メンバーの多くが、KorálやPiramis [P.130]といったハード・ロック、プログレの開祖となるのにも頷ける。A-1にはブラス入りのファンク路線な楽曲も収録している。

SP 714　7"

Félek, hogy egyszer Meghalok / Töröld le a könnyeidet!
Atlas

1970　Qualiton

ロックシーン黎明期に活躍したAtlasはソウルの影響も受けており、Flamm Ferencによるソウルフルな歌唱と激しいシャウト、そして熱いブラスサウンドにより他のグループと一線を画してきた。67年の「pol-beatフェスティヴァル」、69年の「シャルゴータルヤーン全国アマチュア軽音楽祭」で成功して人気を博すと、多くの7インチがリリースされた。本作B面は最もヒットした楽曲で、ファットなドラム・ブレイクの最中に響くFlammのシャウトが堪らなくカッコいい。Flammは76年にスウェーデンへ移住し、デザイナーとして第二の人生を歩んだ。

SP 762　7"

Tessék választani! 1970: János bácsi pipája / Nekem sem kell kétszer mondani
Zalatnay Sarolta / Ambrus Kyri

1970　Qualiton

『Tessék választani! (レッツ・チョイス！)』は61年から91年まで続いたラジオのコンテスト番組で、歌手やロックグループの登竜門となった。生放送で新曲が披露され、参加曲はスタジオ録音によりレコード化される。演奏は多くをラジオ局お抱えのStúdió 11が手がけており、彼らによるジャズ・ファンクなサウンドを聴ける曲が多い。こちらは70年のコンテストからの一枚で、すでに人気歌手となっていたZalatnay Saroltaと、初めてティーンでスターになったAmbrus Kyriの楽曲を収録。どちらもグルーヴィな良曲だ。

SP 787　7"

Elszállt egy hajó a szélben / Család
Kex Együttes

1970　PEPITA

Baksa-Soós Jánosは68年にWastaps [P.134]を設立したがすぐに脱退し、同年末に新しいロックグループKexを結成した。彼の破壊的なパフォーマンスはカルト的人気を呼んだが、熱狂したファンがライブで暴動を起こして警察の介入を招いた。また警察を"犬"と呼び、保護観察処分となった。活動の規制によってシングル1枚のリリースしか叶わなかったが、A面のフルートとオルガンを導入したソウルフルなジャズ・ロックサウンドを聴けば、Kexが音楽面でも傑出した存在だったことがわかるだろう。Baksa-Soósは71年に国を脱出し、グループは解散した。

SLPX 17415　12"

Gulliver és a hat törpe
Koós János, Express

1971　Qualiton

Koós Jánosは歌手、俳優、コメディアンとして活躍した芸能界のスター。東側の各国をツアーで回り、特にソ連では大きな成功を収めた。本作はソ連で発表された1stに続いて国内で初めてリリースされたアルバムであり、良質なグルーヴ歌謡を聴くことができる推薦盤。彼の演奏を多く手がけた盟友Expressをここでも起用しており、彼らのファンキーなブラス・ロックサウンドを楽しむことができる。特に表題曲にもなったA-1、太いドラム・ブレイクで始まるA-5のグルーヴは凄まじい。自身をガリヴァーに見立てたジャケットにも注目だ。

SLPX 17424　12"

Hungária
Hungária
1971　PEPITA

Hungáriaは67年、ヴォーカリストFenyő Miklós [P.139]によって結成。彼は幼少期をアメリカで過ごしており、現地で吸収した本格的なロックンロールをハンガリーにもたらした。さらにギタリストBarta Tamásが加入すると、その卓越した技術により、彼らのサウンドはよりハードなロックへと進化。この2ndアルバムはハード・ロックにブルース、バブルガム・ポップなど様々なスタイルを詰め込んだ傑作となったが、彼らを快く思わない国営レーベルに活動を制限され、80年代にロカビリーグループとして復活するまで不遇の時期を過ごした。

SLPX 17435　12"

Locomotiv GT
Locomotiv GT
1971　PEPITA

若者向け雑誌『Ifjúsági Magazin』は70年に人気ロッカーの読者投票を行なった。その結果に基づいてメンバーを集めたスーパーグループとして結成されたのがLocomotiv GT（以下LGT）である。Omegaの鍵盤奏者Presser Gáborがリーダーとなり、同じくOmegaのLaux József（ドラム）、MetróのFrenreisz Károly（ベース）、HungáriaのBarta Tamás（ギター）が参加。その1stは国内では早すぎたハード・ロック～プログレな内容ゆえ、西側での成功の方が大きかったという。

SLPX 17441　12"

Modern Jazz Anthology X.
V.A.
1971　PEPITA

国内のジャズシーンを記録した『Modern Jazz』シリーズは、素朴な鉛筆画によるジャケットデザインをこの10作目で変更。そのことが象徴するように、本作を聴いてみるとハンガリーのジャズがアップデートしているのがわかる。シリーズ4枚目にも登場したBergendyは、ファンクサウンドを獲得して太いグルーヴを聴かせる。初登場のGallusz Trioは熱いソウル・ジャズを演奏。Apostol [P.132]によるブラス・ロック、Kovács Andorのエレキギターによるジャズ。ジャズとロックが接近して独自の発展を遂げたことを告げる、歴史的アルバムだ。

SEL-934377　12"

Syrius
Syrius
1971　Spin

Syriusはサックス奏者Baronits Zsoltにより、ポップス全般を演奏するグループとして62年に結成。68年に一旦解散し、元メンバーの多くはJuventusを結成して活動を続けた。一方Baronitsは新メンバーを集めてSyriusを復活。Pege Aladárのカルテットなどで活躍したサックス奏者Ráduly Mihályの獲得によってジャズ・ロックの演奏を可能にし、その分野の先駆者となった。本作はオーストラリア・ツアー中にリリースされた1stで、プログレッシヴなジャズ・ロックの傑作として世界的知名度を誇っている。

SLPX 17434　12"

Bergendy
Bergendy
1972　PEPITA

ジャズ・ファンクサウンドを持ち味とするBergendyは、70年にベーシストDemjén Ferenc [P.130] を獲得すると最盛期を迎え、アルバム制作が実現した。西側ロックのカヴァーで固めた1stと、オリジナル曲を収録した2ndが同時に制作され、1年の間隔を空けてリリースされた。1stにはChicagoやDeep Purpleのカヴァーが収録され、彼らが影響を受けた音楽を知ることができる。一方こちらの2ndには、美しいコーラスとオルガンの入ったA-3や、ヘヴィなドラミングで幕を開けるB-4などオリジナルのジャズ・ファンクを収録。必携の作品だ。

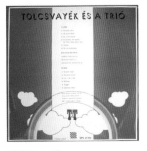

SLPX 17442　12"

T&T
Tolcsvayék és a Trió
1972　PEPITA

ハンガリー初のフォーク・ロックグループTolcsvayék és a Trióは67年、BélaとLászlóのTolcsvay兄弟により結成。もうひとりのメンバーはベーシストのBalázs Gáborで、彼はのちにGonda Jánosのセクステットにも加わっている。唯一のスタジオ・アルバムとなった本作はフォーク・ロック中心だが、A-4・A-7・B-4はヘヴィなグルーヴを持つ良曲。Tolcsvay兄弟は生涯を通してロックと伝統音楽の融合を追求し、87年には芸術的大作『Magyar mise（マジャール・ミサ）』を完成させている。

LPX 17450　12"

Álmodj velem...
Zalatnay Sarolta, Locomotiv GT
1972　PEPITA

ロックな歌唱で一世を風靡したスター歌手Zalatnay Saroltaによる3rdアルバム。彼女はScampolo、Omega、Bergendy、Metróなど様々なグループを従えて歌ったが、本作には結成直後のスーパーグループLGTが演奏で参加している。LGTはこのあとKovács Kati、Katona Klári [P.132] ともアルバムを制作するが、歌手とのコラボによる作品はこれが先駆けとなった。オルガンが激しくグリッサンドするロック歌謡A-6、Zalatnayのソウルフルなソロ歌唱からファンク・ロックに雪崩れ込むB-5は必聴だ。

SP 939　7"

Tudom, hogy más kell / Levegőben
Scampolo
1972　PEPITA

61年結成のScampoloはロックシーン黎明期を支えた重要なグループにもかかわらず、そのレコードは7インチ数枚と非常に少ない。本作は彼らの2枚目のシングルで、テケテケギター入りグルーヴ歌謡のA面、ダークでサイケデリックなフォーク・ロックのB面どちらもオススメの一枚だ。ヴォーカルはのちに歌手として成功するBontovics Kati [P.135] が担当しており、この時まだ10代だったとは思えない力強い歌声にも注目。09年に秘蔵音源がMoiras Recordsよりレコード化され、ようやく彼らの全貌を知ることができるようになった。

SP 942　7"

Zöld csillag / Szólíts meg vándor
Taurus Ex-T: 25-75-82
1972　*PEPITA*

初期 Neoton のベーシスト Som Lajos とオルガン奏者 Balázs Fecó
は、国内初の本格的ハード・ロックグループとして72年に Taurus
Ex-T: 25-75-82（以下 Taurus）を 結 成。 元 Metró の ド ラ マ ー
Brunner Győző、"ハンガリーのジミヘン"と呼ばれたギタリスト
Radics Béla が加わると、LGTに次ぐスーパーグループと評された。
しかし Radics の政府への反抗的態度により、グループは活動を制
限されて73年に解散。彼らの影響は大きく、本作A面はロック・
アンセムとして数々のカヴァーを生んだ。

SP 954　7"

Sirályok / Kereszteslovagok
Mini
1972　*PEPITA*

68年結成の Mini は元々 R&B を演奏していたが、すぐにロック色を強
めて The Who やジミヘンをカヴァーするようになった。そのライブは
ヒッピーの溜まり場となり、カルト的人気を集めた。さらに71年にはメ
ンバーチェンジを経てジャズ・ロックグループへと変貌。Török Ádám
が操るフルートを武器に全国的知名度を獲得し、レコードデビューが
実現した。リリースされた3枚の7インチはどれもオススメだが、サンプ
リング・ソースにも有用な美しいイントロを持つ本作A面は中でも必聴。
のちに Skorpió [P.129] に移籍する Papp Gyula のオルガンにも注目。

SP 960　7"

Hősök sírja / Vár az út
Beton
1972　*PEPITA*

71年結成のロックグループ Beton 唯一のレコード。72年の新人発
掘オーディション番組『Ki mit tud?（誰が何を知っている？）』で2位
に選ばれたことをきっかけに制作されたようだ。そのメンバーは流
動的で、情報も少ない謎の存在ではあるが、ヴァイオリンとオルガン
を導入したグルーヴィなハード・ロックを特徴とし、本作に収録され
た2曲ともクオリティが高い。彼らは Led Zeppelin「Moby Dick」
をライブのオープニングで必ず演奏していたようで、確かにそのヘ
ヴィなドラミングには John Bonham の影響が感じられる。オススメ。

SP 70011　7"

Táncdalfesztivál 1972: Minden jót, mónika / Ó, ha jönne
Payer András
1972　*PEPITA*

『Táncdalfesztivál（ダンスフェスティバル）』はラジオ局のコンテス
ト番組『Tessék választani!』のテレビ版姉妹企画として放送され
た。66年から72年まで毎年開催され、休止を挟んで77年に復活
した。ラジオ版よりも大規模なコンテストとなり、多くのスターを
輩出している。その中でも特にグルーヴィなのは Payer András が
歌う本作B面で、太いドラムに乗ってオルガンとブラス、女性コー
ラスが盛り上げる超キラートラックだ。Payer は歌手と作曲家両方
で活躍した人物で、多くの名曲を残している。

SLPX 17444　12"

Egy szál harangvirág...
Szécsi Pál

1973　PEPITA

Szécsi Pál は幼い頃に両親を失い孤児として生活していたが、その才能を見出されて歌手としてトレーニングを開始。67年の「シャルゴータルヤーン全国アマチュア軽音楽祭」で優勝すると、瞬く間に人気歌手となった。本作は彼の 2nd アルバムで、元 Metró の鍵盤奏者 Schöck Ottó 率いる Schöck együttes が演奏を手がけている。彼らによるサイケデリックなブラス・ロックサウンドがダンディズム溢れる歌唱を盛り上げる、グルーヴ歌謡の推薦盤だ。人気の絶頂にあった彼だが、精神疾患を抱えており、74年に自ら命を絶ってしまった。

SLPX 17453　12"

Hétfő
Bergendy

1973　PEPITA

Bergendy の黄金期に制作された、国内3枚目のアルバム。ハンガリーで初めて2枚組でリリースされ、国内初のコンセプト・アルバムにもなっている重要な作品だ。月曜日（Hétfő）の朝から夜までがコンセプトで、高揚感に溢れたテーマ曲 A-1 から、Bergendy 節の泥臭いジャズ・ファンクに乗って、労働者がひしめく世界観が展開される。彼らの代表曲となった B-2 は、のちにヒップホップグループ Grooveland に「Iskolatáska'99」としてサンプリングもされた。オルガン入りジャズ・ファンク D-2 もオススメ。

SLPX 17456　12"

Staféta
Generál

1973　PEPITA

Generál はふたつのグループ Zé-Gé と Ferm が合併し、71年に結成されたロックグループ。その後、何度か共演していた女性ヴォーカル・トリオ Mikrolied vokál も吸収し、大所帯で 1st アルバム（本作）をリリースした。収録内容は透明感のあるコーラスとアコースティック・ギターのサウンドを生かしたウェストコースト・ロック的サウンドが中心だが、リーダーで鍵盤奏者の Várkonyi Mátyás が作曲した B-1 は本格的なハード・ロックとなっており、ハンガリーでは珍しいハイトーンのヴォーカルに挑戦した意欲的な楽曲に仕上がっている。

SLPX 17457　12"

Omega 5
Omega

1973　PEPITA

62年結成の Omega は 60 年代後半には絶大な人気を誇り、ロックシーンの頂点に君臨した。68年には英国でアルバムをリリースするなど、いち早く海外進出も果たしている。Presser Gábor と Laux József が LGT へ移籍したことは大きな打撃となったが、それを乗り越えると音楽性をハード・ロックに進化させ、傑作の呼び声高い5枚目のアルバムを発表した。6楽章からなる組曲を収録し、ハンガリー国立管弦楽団と共演、さらに国内で初めてシンセを使用するなど、先進的な作品として評価されている。ジャケットも美しい、ハンガリー産ロックの金字塔。

SLPX 17466   12"

Hadd mondjam el
Zalatnay Sarolta

1973   PEPITA

歌手Zalatnay Saroltaの最高傑作として多くのDJから支持され、東欧グルーヴの中でも最も有名な一枚といえるアルバム。演奏は元LGTのベーシストFrenreisz Károlyが結成したばかりのロックグルー プSkorpióに、Tolcsvayék és a TrióのTolcsvay Lászlóや、FonográfのMóricz Mihályが加わっていて非常に豪華。Frenreiszはすべての作曲も手がけている。Zalatnayのソウルフルな歌唱に力強いロックサウンドが加わった太すぎるグルーヴは超必聴だ。

SP 973   7"

Made in Hungary 1981: Ne nézz a napba / Puha sóhajok
Cserháti Zsuzsa

1973   PEPITA

コンテスト形式のラジオ番組『Made in Hungary』は、『Tessék választani!』の姉妹企画として65〜76年は冬に、78〜83年は夏に毎年放送された。参加曲はレコード化されているが、本作は中でもオススメの一枚。70年代後半に絶大な人気を獲得するCserháti Zsuzsaによる2曲を収録し、美しいピアノと重厚なブラスが入ったジャズ・ファンク歌謡のA面、ダウナー・ファンクなB面どちらも名曲だ。ちなみにこのようなコンテストで同じ曲を複数の歌手が歌うことも多く、A面の楽曲も別ヴァージョンが存在している。

SLPX 17458   12"

Corvina
Corvina

1974   PEPITA

Corvinaは66年、ヴォーカルとベースを担当するSoltész Rezsőとフルート奏者Soltész Gáborによって結成されたロックグループ。フルートを前面に押し出し、オルガンやアコースティック・ギターも効果的に使用するスタイルはさながら"東欧のJethro Tull"。のちにハード・ロックグループKarthagoを結成するギタリストSzigeti Ferencが作曲を担当しており、時折顔を出すハードなギターも魅力のひとつ。ギターがアグレッシヴに疾走し、オルガンとソロ・バトルを繰り広げるB-1は必聴だ。

Mondd, hogy szép volt az este
Korda György

1974   PEPITA

Korda Györgyはハンガリーで最も成功した歌手のひとりで、数多くのアルバムを制作した。本作はその3枚目にあたり、前作に引き続き元Metróの鍵盤奏者Schöck Ottó率いるSchöck Együttesが演奏を手がけている。ストリングスや重厚なコーラスも入った贅沢なオルガン・ロック歌謡A-6、ヴィブラフォン入りのB-4、クラヴィネットがハネるファンキーなB-5など聴きどころ多数。70年代後半にはディスコ歌謡も多く制作しているため、他作品も要チェックだ。大のポーカー好きとしても有名で、ポーカー番組の司会者も務めた。

SLPX 17465   12"

SLPX 16469　12"

Szikrázó lányok
V.A.

1974　PEPITA

74年のミュージカル映画『Szikrázó lányok（輝く少女たち）』は、副題に"ポップ・シネマ、ポップ・ミュージック"と付けられていることからもわかる通り、若者をターゲットとしたポップでカラフルな内容だった。缶詰工場で働く少女たちが主人公で、演じた歌手の中にはのちに人気を博すBódy Magdiもいた。その音楽はジャズ・ピアニストで映画音楽も多く手がけたVukán Györgyが担当し、さらにロックグループSkorpióが演奏に参加しているから見逃せない。Skorpióによるオブスキュアなブラス・ロックA-1・A-7は必聴だ。

8 55 359　12"

Kati Kovács
Kovács Kati

1974　AMIGA

人気、実力ともにトップのスターKovács Katiは、72年の『Táncdalfesztivál』優勝曲となった「Add már uram az esőt!」で同年の「ドレスデン国際歌謡祭」も優勝し、東ドイツでの人気も獲得。それにより東ドイツ進出作として本作がリリースされた。彼女のベスト的選曲となっており、ドイツ語の歌唱だけでなく演奏も新たに録音されている。実はこの歌と演奏がすばらしく、海外進出作にもかかわらず最もグルーヴィな作品に仕上がっているからマストだ。特に「Add már uram az esőt!」はこのヴァージョンが最高。

SLPX 17490　12"

Mindig magasabbra
Locomotiv GT

1975　PEPITA

LGTは、代表曲にして超名曲「Ringasd el magad」を収録した73年の3rdで大成功を収め、人気を不動のものとした。74年のアメリカ・ツアーも盛況に終わったが、そのままギタリストBarta Tamásが亡命したことで怒りを買い、3rdは発禁となった。それでも人気の衰えない彼らはGenerálのギタリストKarácsony Jánosを後任にして本作を制作。ファンク・ロック路線になり、東欧グルーヴ目線では彼らの代表といえる作品になった。ヒットしたA-2をはじめ、エレピやカッティング・ギターがグルーヴする名曲を多数収録。

SLPX 17460　12"

A kenguru
V.A.

1976　PEPITA

『A kenguru』はハンガリー版『イージー・ライダー』といえる作品で、トラックに乗って国を横断するロードムービー。自由な雰囲気を求める若者にヒットし、180万人を動員したという。実際、当時トラック運転手は長距離を自由に移動できる数少ない職業だった。そのサントラである本作は人気のロックグループが音楽を担当しており、ここでしか聴けない楽曲を収録した超推薦盤。Fonográfによる映画の主題歌A-1や、Bódy MagdiとM-7によるラテン歌謡A-4、そしてBergendyによる珠玉のジャズ・ファンクB-2など名曲尽くし。

SLPX 17484　12"

Sámánének
Gonda Sextet
1976　PEPITA

『Modern Jazz』シリーズを企画してジャズの普及に努め、バルトーク
音楽院の教授としてジャズ科を設立するなど教育にも貢献した"ハン
ガリー産ジャズの父" Gonda Jánosによる傑作アルバム。シャーマニ
ズムをテーマにジャズ、ロック、伝統音楽などあらゆる要素を融合させ
た、ダークで呪術的なスピリチュアル・ジャズを聴くことができる唯一
無二の作品だ。ギロと親指ピアノの怪しげなイントロで幕を開ける激
渋デスカルガB-1はもはや"聴くドラッグ"。演奏には教え子でもある
Berki Tamásが参加し、シアトルカルなヴォーカルも披露している。

SLPX 17496　12"

Közel a naphoz
Kovács Kati, Locomotiv GT
1976　PEPITA

スター歌手Kovács KatiがLGTと共にリリースした74年のアルバム
は、ハンガリー産ロックの歴史的傑作として評価されている。本作
は2回目のコラボ作品となっており、ロック色は後退したものの、グ
ルーヴはこちらの方が上だ。パーカッションが渦巻きヴァイオリン
が舞うラテン・ファンクA-1、Kovácsのシャウトが響くA-3、熱気あ
ふれるブラス・ロックB-2、クラヴィネットが叩きつけられるファンク・
ロックB-4など良曲多数。3回目のコラボは映画『Kojak Budap-
esten』の曲「Ennyi kell」で実現し、80年にリリースされた。

SLPX 17510　12"

Menedékház
Neoton & Kócbabák
1976　PEPITA

ロックグループNeotonは70年に1stアルバムをリリースしたものの、
先駆的な内容ゆえにセールスは振るわず、多くのメンバーが脱退して
しまった。その後、新メンバーの獲得と女性ヴォーカル・トリオ
Kócbabákの協力を得ることでグループは再生。2ndアルバムとして
本作をリリースした。基本的には創立メンバーで唯一残ったGalácz
Lajosがメインヴォーカルとなり、バンジョーなども導入したサザン・
ロックなサウンドを聴かせるが、KócbabákがメインのA-3・A-7など
ではディスコの萌芽を感じることができる。表題曲B-6もオススメ。

SLPX 17491　12"

Széttört álmok
Syrius
1976　PEPITA

ジャズ・ロックの先駆者Syriusによる2ndアルバムで、東欧グルー
ヴ最高峰の名盤として世界中のDJにプレイされてきた必聴盤。前
作からメンバーを補填し、元Metróの鍵盤奏者Schöck Ottóや、
ギタリストTátrai Tiborを獲得したことで骨太のジャズ・ファンクを
演奏するグループへと変貌。太すぎるベースに始まる究極の名曲
A-5を筆頭に、ド級のグルーヴが襲い来る特濃の楽曲群に眩暈が
する。トランペッターTomsits Rudolfやサックス奏者Dés Lászlóら、
ジャズ界の重鎮が参加した熱いブラスの咆哮にも圧倒させられる。

SLPX 17500　12"

Lánynak születtem
Harangozó Teri
1976　PEPITA

Harangozó Teriは60年代から人気を博し、伝説的な3人Zala-tnay Sarolta、Kovács Kati、Koncz Zsuzsaを除けば77年までにアルバムをリリースできた唯一の女性歌手だった(記録を破ったのはKatona Klári)。彼女は66年に国内最初のゴールドディスクを獲得し、早くも69年に1stアルバムを発表している。その後の人気は3人に奪われてしまったが、76年にようやく2ndがリリースされた。超豪華な演奏メンバーと作曲陣によるジャズ・ファンクサウンドはもちろん、彼女のキュートな歌声も最高。

C60-06823　12"

Экспресс
Express
1976　Мелодия

Expressは62年、ディキシーランド・ジャズグループとして結成。63年の新人発掘オーディション番組『Ki mit tud? (誰が何を知っている?)』で1位を獲得すると国内外をツアーで演奏した。その後、流行に合わせてロックグループへと転身すると、持ち前のブラスセクションを生かしたファンク・ロックサウンドを獲得。しばらくはKoósJánosら歌手のバックでの演奏が多かったが、徐々に単体でも活躍するようになった。先にソ連での人気に火がつき、この1stアルバムもソ連でリリースされている。2ndと併せて850万枚売れたという。

SLPX 17506　12"

Csík Gusztáv és együttese
Gusztáv Csík Quartet
1977　PEPITA

ジャズ・ピアニストCsík Gusztávは国立ポピュラー音楽センターに勤務し、ジャズの教育にも貢献した人物。Pege Aladárのグループに参加してドイツやスイスで定期的に演奏し、スイスではジャズ・ロックグループRound Houseを結成するなど、西側でも活躍していた。本作は国内トップのミュージシャンを集めた自身のカルテットによる唯一のアルバムで、Herbie Hancockの影響を受けたエレクトリックなジャズ・ロックを披露。Csík作曲のA-3は、歪んだエレピが暴れ狂う必聴曲だ。Hancock「Cameleon」カヴァーも収録。

SLPX 17512　12"

Kelj fel!
Skorpió
1977　PEPITA

LGTの黄金期を支えたベーシストFrenreisz Károlyはステージに縛られ続けるのに嫌気がさして脱退、自身のグループSkorpióを73年に結成した。メンバーには元HungáriaやMiniの面々が参加し、新たなスーパーグループとして注目を集めた。Papp Gyulaの操るオルガンを中核に据えた、骨太のオルガン・ロックを特徴としている。本作はその3rdであり、新たに加わったNémeth Gábor(元Apostol)によるファットなドラムに注目だ。Pappのオルガン・ソロが炸裂するグルーヴィなハード・ロックA-5は必聴。

SLPX 17528　12"

Piramis
Piramis
1977　PEPITA

Piramisは元Neoton〜TaurusのベーシストSom Lajosらによって74年結成。75年に鍵盤奏者Gallai Péterが加わると、シンセサイザーを前面に押し出したプログレッシヴ・ロックグループとして活躍した。その1st〜3rdはハンガリー産プログレの名盤として知られ、中でも2ndと3rdは10万枚以上売れてセールス的にも成功している。しかし東欧グルーヴ的にオススメなのはこの1stで、なぜならA-4に太いベースのリフで始まるファンキーな楽曲を収録しているから。エフェクトがかけられたヴォーカルや浮遊するシンセも良い。

SLPX 17535　12"

Fújom a dalt
Demjén Ferenc
1977　PEPITA

Bergendyでヴォーカルとベースを務め作曲面でも大きく貢献したDemjén Ferencだったが、そこでは新しい音楽の追及はできないと感じていた。彼らのディレクターだったErdős Péterはそれを察し、ソロアルバムのリリースを持ちかけた。そうして制作された本作は、Bergendyのメンバーを中心にPresser GáborらLGT人脈、SkorpióのPapp Gyulaらが参加した超豪華ファンクサウンドを聴くことができる大傑作。しかし結局Demjénは脱退し、彼の新グループV'Moto-Rock [P.133] が結成された。

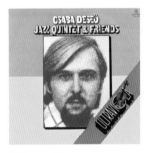

SLPX 17504　12"

Ultraviola
Csaba Deseő Jazz Quintet & Friends
1977　PEPITA

ジャズシーン黎明期から活躍してきたヴァイオリニストDeseő Csabaは、国外のジャズフェスでも名声を得て、初のリーダー作を西ドイツMPSからリリースしている。本作はそれに続いてリリースされた国内では最初のアルバムで、彼のファンキーなヴァイオリンが炸裂する痛快フュージョン作品。ヴァイオリンが暴れ狂うダンサブルなフュージョンA-1、エレクトリックなジャズ・ファンクA-3の2曲はDJ御用達のキラートラックだ。B-2は15分に及ぶスリリングな一大ジャズ・ロック組曲となっており、プログレファンにもオススメの内容。

SLPX 17533　12"

Tessék választani! 1977
V.A.
1977　PEPITA

ラジオのコンテスト番組『Tessék választani!』は参加曲を7インチでリリースするのが恒例だが、77年と79年、82年はコンピレーションとして1枚にまとめている。どれも東欧グルーヴ的良曲を収録した推薦盤なので、ぜひ聴いてみてほしい。今回紹介する77年版は、Beatriceの激しいディスコナンバー A-7をはじめ、良曲を多数収録しているので特にオススメだ。Beatriceはガールズ・グループとしてスタートし、グラム・ロック、ディスコ、パンクと音楽性を変化させながらメンバーもいつの間にか男性ばかりになっていたというグループ。

SLPX 17534　12"

Zenegép
Generál
1977　PEPITA

ロックグループGenerálは東欧はもちろん西側でも人気を博し、オランダのチャートでトップに躍り出るなど、2ndアルバムリリースの頃には国際的知名度を獲得した。その後メンバーの多くが交代して、元OlympiaのヴォーカリストHorváth KárolyとベーシストTátrai Tibor（元Syriusでもある）らを獲得するとファンク路線に転向。この路線で制作された本作は、太いベースに叩きつけるクラヴィネット、ヴォコーダー、ソウルフルなヴォーカルと、ファンキーな要素が特盛となっており、コテコテのグルーヴに胃もたれ必至。

SLPX 17539　12"

Zene - Mindenki másképp csinálja
Locomotiv GT
1977　PEPITA

LGTのアルバム『V.』はドラマー Laux Józsefの亡命により、発禁となった。後任のSolti Jánosはバルトーク音楽院ジャズ科を卒業したジャズもロックもこなすドラマーで、LGTのグルーヴをより強固なものにした。そんな彼を迎えて制作されたこの6枚目のアルバムは、ディスコやレゲエの要素も取り入れた多彩な楽曲を収録した推薦盤。ムーグ・ファンクなAOR、A-5は超名曲なのでぜひ聴いてほしい。セールス面でも成功し、Presser Gáborはロックミュージシャンで初めて、優れた音楽家に贈られるエルケル・フェレンツ賞を獲得した。

SLPX 17530　12"

CCC
Corvina
1977　PEPITA

フルート奏者Soltész Gáborを擁する"東欧のJethro Tull"Corvinaの77年作。前作、前々作ではハード・ロック～プログレ路線をとっていたが、本作ではアレンジが大きく洗練されてAORな内容に仕上がっている。ピアノが煌めきシンセが浮遊するA-1、フィリー・ソウルなA-2、ハーモニカとオブスキュアなシンセにフルートが絡むファンクA-4、王道ディスコA-6、イカれたミュンヘン・ディスコB-1、ジャジーでメロウなB-4、サンプリングに有用なB-5と良曲尽くしの傑作だ。残念ながら78年に彼らは解散してしまった。

SPS 70255　7"

Metronóm '77: Úgy kérj, hogy adjak még / Miért lesznek a szép percekből órák
M-7 / Periszkóp Együttes
1977　PEPITA

毎年恒例のコンテスト番組『Tessék választani!』は、77年夏だけ『Metronóm '77』という名前で放送された。本作はその参加曲からの一枚で、アルバムを残さなかったロックグループM-7の貴重な楽曲を聴くことができる。コンテスト準決勝まで進んだこの曲は、オブスキュアでファンキーなブラス・ロックとなっており非常にオススメ。B面には元Tolcsvayék és a TrióのベーシストGábor Balázsとその妻が歌うグループPeriszkóp唯一の録音を収録し、美しいボッサな良曲となっている。

SPS 70273　7"

Metronóm '77: Minden dal a dalom / Szép az élet
Interbrass / Syrius
1977　PEPITA

コンテスト番組『Metronóm '77』からの一枚。A面にはジャズ・ロックグループInterbrassによる唯一の音源を収録しており大変貴重だ。Interbrassはバルトーク音楽院ジャズ科に在籍していたBerki Tamasが、学友のピアニストMásik János [P.143]、のちにMiniに参加するベーシストNémeth Alajosらを誘って結成したグループで、ここではジャジーなブラス・ロックを聴かせてくれる。B面ではハンガリーの至宝Syriusによるジャズ・ロックを聴くことができ、こちらもここにしか収録されていない貴重な一曲だ。

SLPX 17529　12"

Apostol a létrán
Apostol
1978　PEPITA

Apostolは70年にピアニストNémeth Zoltánによって結成。当初はインストのジャズを演奏していたが、徐々にChicagoやBS&Tの影響を受けたジャズ・ロック〜ブラス・ロックへと音楽性を変化させていった。71年に開催された「シャルゴータルヤーン全国アマチュア軽音楽祭」での優勝をきっかけにレコードデビュー。初期の7インチ群ではジャズ・ロック期の演奏を聴くことができ、どれもオススメだ。本作は満を持してリリースされた1stアルバムであり、ファンク色を強めたブラス・ロックの良曲を収録している。A-1・A-6・B-1は必聴。

SLPX 17554　12"

Táncolj még!
Szűcs Judit
1978　PEPITA

キュートで力強い歌唱が特徴のSzűcs Juditは60年代から活動し、女性のみのロックグループBeatriceにも参加していた。77年、本作の表題曲にもなった「Táncolj még!（ダンス・モア！）」のヒットにより、突如"ディスコ・クイーン"として覚醒、一世を風靡した。この1stアルバムはプラチナディスクに輝く大ヒット作となり、ハンガリー産ディスコの金字塔として評価されている。プログレッシヴ・ロックグループColorが演奏を手がけており、彼らによる卓越した演奏テクニックと華麗なシンセサイザーのサウンドも魅力のひとつだ。

SLPX 17558　12"

Láthatod: boldog vagyok
Katona Klári
1978　PEPITA

可憐な見た目と歌声で人気を博した歌手Katona Kláriは、Bergendyが演奏を担当し、そのベーシスト（当時）Demjén Ferencが作曲を手がけた1stアルバムで大成功を収めた。2ndとなった本作では前作ほどの成功を得られなかったものの、Demjénの作曲と彼の新グループV'Moto-Rockによる演奏で、そのグルーヴはさらに強化されている。ギターがファンキーにカッティングするA-1は中でも必聴の名曲だ。彼女のキュートな声と高い歌唱力が堪能できるソフト・ロックB-1や、スイングするブラス・ロック歌謡B-2もオススメ。

SLPX 17560 12"

SLPX 17560
Bódy Magdi
1978 PEPITA

歌手Bódy Magdiは児童合唱団の一員として幼少期から才能を発揮し、学生時代にロックグループKorongに参加。そのあとヴォーカル・トリオMikrolied vokálのメンバーとしてGenerálと共演した。75年には自身のグループを結成して独立、本作は国内でリリースされた唯一のソロ・アルバムである。彼女の艶のあるキュートな歌声と、グルーヴィな演奏を楽しめる良盤。レゲエ風グルーヴ歌謡A-1、メロウなディスコ歌謡A-5、ムーグ・ファンクなB-1など多彩な楽曲を収録している。彼女は81年にカナダに移住し、オタワで音楽教師を務めた。

SLPX 17562 12"

V'Moto-Rock
V'Moto-Rock
1978 PEPITA

V'Moto-Rockは77年、Bergendyを脱退したDemjén Ferenc（ヴォーカル、ベース）により結成。元V'73のLerch István（鍵盤）とHerpai Sándor（ドラム）、元KorálのMenyhárt János（ギター）という、豪華メンバーが参加した。Herpaiはかつて Meteorで、Demjénと同僚でもあった。DemjénのうねるベースにMenyhártのハードなギターが合わさった、骨太のファンク・ロックを持ち味としている。プログレッシヴな高速ムーグ・ファンクA-1を収録した本作は特にオススメ。

SLPX 17546 12"

Magány...és együttlét
Máté Péter
1978 PEPITA

Máté Péterは60年代から活動するシンガー・ソングライター。73年のコンテスト『Made in Hungary』での優勝など、数々の賞を獲得して人気を拡大させた。本作は彼の2ndアルバムで、Stúdió 11が演奏したディスコ歌謡な良曲が並ぶ推薦盤。叩きつけるクラヴィネットとオブスキュアなコーラスが特徴のA-2、煌びやかなストリングスで彩られた王道ディスコ歌謡A-4、メロウなAORのA-6がオススメだ。彼のソウルフルすぎる歌唱も魅力的。惜しくも持病が原因で84年にこの世を去ったが、彼の死後Máté Péter賞が設立された。

SLPX 17544 12"

Minden szó egy Dal
Zalatnay Sarolta
1978 PEPITA

Zalatnay Saroltaキャリア後期の作品はどれもオススメだ。Generálと制作したファンク路線の前作、ハード・ロックグループKarthagoを従えてディスコ歌謡を歌った次作もすばらしいが、LGTのPresser GáborやV'Moto-RockのDemjén Ferenc、トランペッターTomsits Rudolf、ドラマーKőszegi Imreなどロックとジャズ双方の名プレイヤーが参加した本作を特に推薦したい。Herbie Hancockを想起させるジャズ・ロックな演奏と可憐な歌声が合わさった、筆者の愛聴盤。

SPS 70336　7"

VIT pályázat nyertes dalai
Bojtorján & Vincze Viktória / Wastaps
1978　PEPITA

VITは Világifjúsági és diáktalálkozó（世界青年学生会議）の略で、78年にハバナで開催されたVITに合わせたブダペストの関連イベントで受賞したグループのレコード。A面のBojtorjánはカントリー・ロックのグループで、80年代に人気を獲得した。一方B面のWastapsはわずかな楽曲しか残していないが、すべてがメロウなファンクの名曲となっているためスルーは禁物。68年に結成されてからWastapsのメンバーは様々に変化してきたが、本作では初期MiniのベーシストだったNagy Istvánが参加している。

SLPX 17549　12"

Álom és valóság
Tomsits Jazz
1978　PEPITA

ジャズトランペッター Tomsits Rudolfはわずか16歳でプロデビューし、Stúdió 11の一員として活躍した。スタジオ・ミュージシャンとして数々のロック作品にも参加している。本作はTomsits Jazzの名義で、名ジャズドラマー Kőszegi ImreやLGTのPresser Gáborらジャズとロック双方の名だたるミュージシャンを率いて制作。ジャズ・ロックをベースに、ボッサや電子音楽など様々な要素を盛り込んだ意欲的な作品となっている。ドラム・ブレイクで幕を開けるジャズ・ファンクB-2はDJユースなオススメ曲。

SLPX 17588　12"

Ezüst Express
Express
1979　PEPITA

Expressは『Tessék választani!（レッツ・チョイス！）』といったコンテストで何度も優勝するなど実力と人気を兼ね備えたグループだったが、国内でのアルバムリリースは中々叶わなかった。先に人気が出たソ連で1stと2ndを発表したのが、PEPITAから快く思われていなかったのが原因である。ようやく国内でのリリースに至った77年作はディスコ・ロックの萌芽を感じる良盤だったが、その次に発表された本作はさらにグルーヴを強化した超名盤となっているためマスト。Stevie Wonderに捧げた珠玉のムーグ・ファンクA-5は必聴だ。

Napraforgó
Neoton Família
1979　PEPITA

ロックグループとしてスタートしたNeotonは、女性ヴォーカル・トリオ Kócbabákの協力により新境地へと到達。そのサウンドに目をつけた敏腕ディレクター Erdős Péterの主導によって両者は一体化し、ディスコグループ Neoton Famíliaへと生まれ変わった。その人気は世界へと波及し、ニュートン・ファミリー名義で日本盤もリリースされている。本作は彼らの最も成功したアルバムで収録曲はほぼすべてがヒット。強靭なグルーヴを持つそのサウンドは、西側のディスコと遜色ない高クオリティだ。ハンガリー民謡をディスコ化したB-4に注目。

SLPX 17594　12"

SLPX 17604　12"

Delhusa Gjon
Delhusa Gjon
1979　PEPITA

シンガー・ソングライター Delhusa Gjon は74年の「ドレスデン国際歌謡祭」で大賞を獲得し、レコードが50万枚を売り上げるなど、東ドイツで大きな成功を収めた。そのため1stアルバムも東ドイツでリリースされている。彼の2ndで国内初のアルバムとなった本作は、演奏をNeoton Família が担当。フォーク・ロックを得意とする彼の楽曲は、見事にディスコな調理を施された。太いベースによるイントロで始まり、クラヴィネットと女性コーラスがディスコに彩るキラートラック A-1は必聴。このあと彼のレコードは西ドイツでもリリースされた。

SLPX 17605　12"

Kati és a Kerek Perec
Kati és a Kerek Perec
1979　PEPITA

Kati és a Kerek Perec は75年にロックグループ Volán の同僚だった Nagy Katalin（ヴォーカル、鍵盤）と Kiss Ernő（ベース）により結成。元々ハード・ロックを演奏していたが、70年代末にディスコ・ロックへとスタイルを変えて人気を博した。本作は太いベースラインを持つヒット曲 A-3を収録した1stアルバムで、ゴールドディスクにも輝いている。しかし Neoton Família のマネージャーで、"ポップ・カエサル" と呼ばれた Erdős Péter の策略によりメンバーが引き抜かれ、グループは短命に終わった。

SLPX 17616　12"

Úton a föld felé
Mini
1979　PEPITA

フルートを操るフロントマン Török Ádám を擁するジャズ・ロックグループ Mini は人気もセールスも好調だったにもかかわらず、中々アルバムのリリースを許可されない不遇の時代が続いた。その結果 Török 以外のメンバーが次々入れ替わったが、76年頃にようやくラインナップが固まるとアルバムの制作が実現した。その1st・2ndはグルーヴの宝庫であり、特にこの2ndはスペース・ディスコやフュージョンの要素も取り入れた大傑作。Pege Aladár のトリオでも活躍したジャズドラマー Balogh Jenő の凄まじいテクニックにも注目。

SLPX 17613　12"

Ártatlan bűn
Bontovics Kati
1979　PEPITA

可憐なウィスパーヴォイスを持つ歌手、Bontovics Kati による1stアルバム。彼女は学生時代にロックグループ Scampolo のヴォーカルとしてデビューし、バルトーク音楽院ジャズ科を卒業する頃には、東欧全土をツアーするほどの人気を獲得した。本作は Neoton Família のメンバーとしてその多くの楽曲を作った Jakab György や、ジャズピアニスト Másik János を作曲に起用。Másik はピアノとクラヴィネットの演奏も手がけている。ディスコ〜 AOR の間を行き来するほどよいグルーヴとメロウさが心地よい名盤だ。

SLPX 17550　12"

Debreceni Jazz Együttes
Debreceni Jazz Együttes
1979　PEPITA

Debreceni Jazz Együttesは66年に結成され、67年の「シャルゴータルヤーン全国アマチュア軽音楽祭」ジャズ部門で1位を獲得したのを皮切りに、国内外のコンテストで優秀な成績を修めた。転機となったのは77年にオランダで開催された欧州放送連合主催のジャズフェスに招待されたことで、これにより本作の録音が実現。洗練されたエレピ入りジャズ・ファンクがスピリチュアルに飛翔する超名盤に仕上がっている。ゲスト参加した、世界的ヴァイオリン奏者Deseő Csaba、ブルガリアのフルート奏者Simeon Shterevの演奏にも注目。

SPS 70272　7"

Itt van a délután / Mandarin
Panta Rhei
1979　PEPITA

74年に結成されたPanta RheiはMatolcsy Kálmánの操るシンセと超絶的テクニックを武器に、プログレからジャズ・ロック、フュージョンまで幅広く演奏した。本作は特にオススメの一枚で、A面には変拍子とコーラスをテクニカルに操るジャズ・ロックを、B面には極上のムーグ・ファンクを収録している。彼らはELPの影響下にあり、ハンガリー版『展覧会の絵』としてバルトークのカヴァー・アルバムを制作したが、遺族の反対でお蔵入りになったという。80年にリリースが叶った唯一のアルバムは、メンバー4人がシンセを演奏する意欲的な内容となった。

SLPX 17646　12"

Volt-e más bolond?
Universal
1980　PEPITA

ロックグループUniversalは、Syconorから分裂する形で72年に結成。76年からスター歌手Kovács Katiのバックを担当し、彼女のディスコ路線のアルバム3枚を支えた。その内の1枚『Tiz』は良質なディスコ歌謡を多数収録した推薦盤となっているのでぜひ聴いてみてほしい。80年には中心人物だったVégvári Ádám（ヴォーカル、ギター）がNeoton Famíliaに移籍してしまったが、残ったメンバーで初のアルバムをリリースした。彼らの持ち味である美しいハーモニーを生かしたディスコ・ロックA-2はオススメだ。

EP 25069　7"

Magyar a Világűrben
Farkas Bertalan / Asztronauta Együttes
1980　Hungaroton

Farkas Bertalanは80年、同盟国から宇宙飛行士を選抜するソ連の"インターコスモス"政策によってハンガリーで初めて宇宙に飛び立った。本作はそれを記念して作られたもので、A面には彼の肉声を、B面にはイメージソングを収録。その楽曲はLGTとNeoton Famíliaが合体したAsztronauta Együttes名義で作成されていて、ここでしか聴けない夢のコラボとなっている。ヴォコーダーから始まるスペーシーな電子音楽は徐々に熱を帯び、後半ではディスコ的展開を見せる。東欧各国の"宇宙レコード"の中でも特にオススメの一枚だ。

SLPX 17651　12"

Dimenzió
Dimenzió

1981　PEPITA

フュージョングループ Dimenzió はサックス奏者 Dés László [P.139] によって 78 年に結成。そのメンバーには 80 年代を代表するジャズピアニストで、作曲家としても稀有な才能を持つ Másik János もいた。本作は彼らの記念すべき 1st アルバムで、各メンバーのテクニックとパッションが炸裂した骨太のフュージョンサウンドに引き込まれること間違いなしの名盤。プログレッシヴに展開する A-1、シタールとタブラが飛び出す A-4、ヴォコーダー入りの疾走するブラジリアン・フュージョン B-2、叙情的なジャズ・ファンク B-4 など多彩な楽曲を収録。

SLPX 17659　12"

Többé nincs megállás
Cserháti Zsuzsa

1981　PEPITA

Cserháti Zsuzsa は Kovács Kati と肩を並べる、ハンガリー最高の女性歌手として評価されている超実力派。70 年代後半には人気も国内随一となり、2 枚のアルバムをリリースした。本作は 2nd に該当し、彼女のソウルフルな歌唱による力強いディスコ歌謡が楽しめる推薦盤。疾走感のあるディスコ A-1、ロックグループ Generál の楽曲をムーグ・ファンクにカヴァーした B-1、スパニッシュ・ギター入りのボッサ B-6 は必聴だ。The Beatles や The Rolling Stones の楽曲を独自解釈でハンガリー語カヴァーしているのも面白い。

SLPX 17692　12"

Kis Rákfogó / Füsti Balogh együttes
Kis Rákfogó / Füsti Balogh Együttes

1982　Krém

ロマの音楽一家出身の若手ピアニスト、Füsti Balogh Gábor が率いたふたつのフュージョングループによるスプリット作。A 面の Kis Rákfogó は 76 年、18 歳だった Füsti によって結成され、彼のひとつ年下でのちに世界的サックス奏者として活躍する Tony Lakatos など、ロマ出身の若手ミュージシャンたちが参加した。ジャズ・ファンクと高速ブラジリアン・フュージョンを行き来する A-2 は必聴だ。B 面のグループは Kis Rákfogó が 81 年に解散したあと結成されたと思われる。こちらは良質ソウル・ジャズな B-5 がオススメ。

SLPX 17693　12"

Csigaházak
Saturnus

1982　Krém

卓越したテクニックによるタイトなフュージョンサウンドを特徴とするグループ Saturnus は、伝説的ジャズ・ロックグループ Rákfogó の発展形として、ギタリスト Babos Gyula によって 79 年に結成された。Rákfogó のメンバーだった Syrius の初代ベーシスト Országzcky Miklós は Dandó Péter に交代し、名ドラマー Kőszegi Imre、Pege Aladár のトリオで活躍したピアニスト Lakatos Béla はそのまま参加している。本作に収録された、浮遊するシンセと太いドラムを持つ A-2 は必聴だ。

SLPX 17701　12"

Éjszakai Repülés
Fábián Éva

1982　PEPITA

Kócbabák、そしてNeoton Famíliaのメンバーだった歌手Fábián
Évaは80年に脱退してソロでの活動を開始した。本作はその1stア
ルバムであり、V'Moto-RockのギタリストMenyhárt Jánosや
Piramisの鍵盤奏者Gallai Péterなど豪華なミュージシャンが演奏
に参加している推薦盤。Menyhártはほとんどの楽曲で作曲も手が
けている。彼女の優しく語りかけるようなウィスパーヴォイスを生
かしたフォーキーなバラードが多いが、珠玉のムーグ・ファンク歌
謡A-4は必聴だ。

SLPX 17708　12"

Supergroup Live
Supergroup

1982　PEPITA

フュージョングループDimenzióのリーダーとして成功したサックス
奏者Dés Lászlóの発案で、ジャズとロック双方のスターが集まった。
その名もズバリSupergroupは一度のツアー限定のグループだった
が、そのライブの様子が本作に収められている。メンバーはMásik
János（鍵盤）らDimenzió組に加え、LGTの面々や、元Syrius〜
GenerálのTátrai Tibor（ギター）が参加しとにかく豪華。超絶テク
ニックと太いグルーヴの応酬に眩暈がする、怒涛のジャズ・ロック
アルバム。奇跡の名演を聴かずにはいられない！

SLPX 17763　12"

Édenkert
Kaszakő

1983　Krém`

フュージョングループKaszakőは、バルトーク音楽院を卒業したギ
タリストLászló Attilaによって75年に結成。本作はその唯一のア
ルバムで、シンセがプログレッシヴに疾走するブラジリアン・フュー
ジョンA-2、スペーシーにスイングするA-4、重厚なブラスが入った
ジャズ・ファンクB-4などを収録した推薦盤となっている。85年に
グループは解散し、ドイツを拠点としていたサックス奏者Tony
Lakatosを加えてThingsを結成、国際的に活躍することとなる。
Lászlóは99年、ハンガリー・ジャズ協会三代目会長にも任命された。

SLPX 17797　12"

P.R. Computer
P.R. Computer

1983　Start

83年、シンセサイザーを中核に据えたジャズ・ロックグループ
Panta Rheiは電子音楽に特化したグループP.R. Computerに姿を
変えた。さらにメンバーで世界的物理学者でもあるSzalay Sándor
は、シンセサイザー「Muzix 81」を独自に開発。それを用いて制作
された本作は10万枚を売り上げるヒットとなり、彼らは電子音楽
シーンを牽引する存在となった。「Muzix 81」も300台が制作され、
Presser Gábor『Electromantic』やGM49『Digitális majális』
[P.140]など多くの作品に使われた。

SLPM 17815　12"

Rések a falon
EAST

1983　Start

75年結成のEASTは叙情的で繊細なシンフォニック・ロックを演奏するグループとして有名。特にその1st・2ndはハンガリー産プログレ屈指の名盤として愛されている。しかしこの3rdは一転してポップな作風となり、さらにフュージョン的演奏も楽しめるため、東欧グルーヴとして聴くことができる一枚だ。冷たいシンセサイザーの音色と無機質なビートが魅力的なA-1・A-5、ヴォコーダー入りのエクスペリメンタルなファンクB-2、スペーシーな高速フュージョンB-5など、プログレ色の強い尖ったグルーヴが堪能できる良作。

SLPX 17771　12"

A fal mögött
Dés László

1984　Krém

サックス奏者Dés Lászlóは自身のフュージョングループDimenzióを結成して成功し、セッション・ミュージシャンとしても多くの作品に参加した。このリーダー作は、Dimenzióの同僚Tóth Tamás（ベース）やKaszakőのLászló Attila（ギター）、SaturnusのSzakcsi Lakatos Béla（鍵盤）らフュージョンシーンを代表する面々が加わった豪華な作品となっている。テクニカルに疾走するA-1や、浮遊感のあるシンセが入ったメロウなフュージョンA-2がオススメ。全曲Désが作編曲を手がけている。

SLPX 17792　12"

Igazi paradicsom
Berki Team

1984　Krém

Berki Tamás（Teamとも）はバルトーク音楽院で学び、"ハンガリー産ジャズの父"Gonda Jánosに師事したジャズ歌手。GerillaやInterbrassといったロックグループでも活動し、作詞・作曲も多く手がけた。本作はそんな彼のソロ1stアルバム。参加ミュージシャンはジャズシーンの人脈ながら、ロックンロールやレゲエなどあらゆる音楽を取り入れて、ニューウェーヴなジャズという個性的なサウンドを展開しているのが面白い。ヒップホップを取り入れてラップする先駆的楽曲A-2には驚かされる。メロウなAOR、B-4にも注目。

SLPM 17870　12"

Jól nézünk Miki
Miki

1984　PEPITA

ロックグループHungáriaの中心人物MikiことFenyő Miklósは、幼少期を過ごしたアメリカの音楽に誰よりも敏感だった。グループの解散後、Mikiはヒップホップをいち早く輸入しパイオニアとなった。本作は東欧で最初にリリースされたヒップホップのアルバムとして重要な一枚である。ラップやスクラッチといった基本を押さえ、そこにラテン音楽や得意とするロックンロールの要素も盛り込むなど、実験の跡も垣間見える。ヒップホップ・カルチャーを完全に理解したジャケット、工作するとブレイクダンスを再現できる仕掛けのインサートもすばらしい。

ハンガリー人民共和国 ──　Magyar Népköztársaság

SLPM 17871　12"

Bál az operában
KFT

1984　PEPITA

KFT（ハンガリーで有限会社の意味）は後期 Panta Rhei のメンバー
だったギタリスト Laár András によって81年に結成。同年の
『Táncdalfesztivál』に出場し、白いマスクを被ってマリオネットの
パントマイムをする演出で話題となった。シニカルな歌詞と奇抜な
パフォーマンス、ニューウェーヴ～オルタナティヴ・ロックなサウン
ドを武器に人気者となった彼らは、82年の1st アルバムを皮切りに
立て続けに作品をリリース。脱力系ラップが乗るヒップホップ～テク
ノな A-3 を収録した本作は、中でもオススメの一枚だ。

SLPM 17859　12"

Amulett
R-GO

1984　PEPITA

ロックグループ Hungária を脱退したドラマー Szikora Róbert は、か
つてアマチュア・グループ Ferm で同僚だったベーシスト Környei
Attila を誘って R-GO を結成した。当初はパンクを演奏する予定だっ
たが紆余曲折の末、ラテン音楽にファンクやハード・ロックを融合さ
せるというアイデアに辿り着いたという。それが大当たりして、4枚の
アルバムはチャートのトップに。さらに専属のダンサーが曲に合わせ
た振付けを踊るという演出も当時は革新的で、ステージも大成功を
収めた。2nd アルバムは良質なミュンヘン・ディスコを収録した推薦盤。

SLPM 17915　12"

Digitális majális
GM49

1985　PEPITA

GM49 は81年、有名なコメディアンでもある Galla Miklós によっ
て結成。国内で初めてツートーンを演奏したグループとなった。82
年にリリースされた1枚目の7インチには、グルーヴィなツートーン
が収録されていてオススメだ。しかしそのあと Galla 以外のメンバー
を入れ替え、GM49 はシンセ・ポップを演奏するグループへと変貌
した。こうしてリリースされた唯一のアルバムは、ハンガリー産テク
ノを代表する一枚として認知されている。シンセサイザーは Panta
Rhei ～ P.R. Computer が開発した「Muzix 81」が使用された。

SLPM 17938　12"

Szerelmeslemez
Sebestyén Márta, Szörényi Levente

1985　Favorit

コダーイのもとで学んだ民謡歌手 Sebestyén Márta による、東欧
が誇る傑作。演奏している Vízöntő は伝統音楽に現代的要素を取
り入れる革新的なグループで、本作でもそのメンバー Cserepes
Károly による電子音楽を民謡と融合させている。さらに Illés と
Fonográf のメンバーとしてロックと伝統音楽の融合を模索し続けて
きた Szörényi Levente、彼の兄で長らく音楽活動を共にしてきた
Szörényi Szabolcs が参加したことで、民謡と電子音楽、ロックが
融合した奇跡の名盤となった。前作もオススメ。

KR 1227　7"

Videoton dal / Hajrá VIDI!!!
Magay Klementina / Túri Lajos
1985　Not on Label

ハンガリー最大の電子機器メーカー Videoton お抱えのサッカー
チーム Videoton FC は、85年の UEFA チャンピオンズリーグでマン
チェスター・ユナイテッドら強豪を下し、決勝に進出した。惜しくもレ
アル・マドリードに敗れたものの、準優勝の快挙にハンガリー中が
沸き立ち、記念のレコードが制作された。A 面の企業のテーマソング
は、ヴォコーダーによるコーラスが入ったオブスキュアな AOR に仕上
がっておりオススメ。演奏する Videoton Big Band は、ジャズ・ロッ
クグループ Faxni のギタリスト Mohai Tamás らで構成されている。

SLPM 37017　12"

Ringlispíl
Kováts Kriszta
1986　PEPITA

歌手・女優の Kováts Kriszta は、80年にロック・オペラ『Evita』の
主演を務めると一躍有名になった。本作は彼女による記念すべき
1st アルバムである。民謡を得意とする Kováts の伝統的歌唱法に、
ロックグループ Bikini によるニューウェーヴな演奏、さらに世界的
サックス奏者 Tony Lakatos らのブラスサウンドが加わり、ジャンル
を横断した個性的な作品に仕上がった。彼女のラップが聴けるヒッ
プホップの先駆的楽曲 A-4 や、カリプソ風の B-1、民謡やレゲエを
織り交ぜたファンク・ロック B-4 など、唯一無二の楽曲群は必聴。

SLPM 37016　12"

Faképnél történő hagyás
Z'Zi Labor
1986　PEPITA

Z'Zi Labor はニューウェーヴを演奏するグループとして86年に結
成。その年の「InterPop fesztivál」で優勝して一気に注目を集めた。
シンセを大胆に使用したスペーシーなサウンドが特徴で、子ども向
けの SF 音楽劇への楽曲提供でも活躍。太いベースによる強靭なビー
トも併せ持ち、踊れる楽曲も多く制作している。この1st アルバム
でも A-3・B-1・B-4・B-6 のグルーヴは強力だ。さらに A-5 には
The Rolling Stones「Honky Tonk Women」の前衛的カヴァーを
収録し、こちらはヒット曲にもなった。

SPS 70719　7"

Esti hírlap / Édes a méz
Faxni
1987　Bravo

ジャズ・ロックグループ Faxni はギタリスト Mohai Tamás と彼の弟
でドラマーの Győző により、83年に結成された。Mohai 兄弟と共
に Videoton Big Band のメンバーも兼任していたトロンボーンの
Plecskó László、ベーシストの Kremnitzky Géza の4人で構成され
ている。本作は彼らのデビュー作であり、アルバム未収録の2曲を
収録。ニューウェーヴやヒップホップの要素を取り入れたファンク・
ロックを聴くことができ、B 面にはラップパートも存在。チャートの
トップ10に入るなど、セールス面でも成功した。

SLPX 37123　12"

Oui
Richard Kruza, Zbigniew Namysłowski
1988　Krém

ポーランド出身のヴィブラフォン奏者Kruza Richárdは67年にハンガリーへ移住。リスト音楽院とバルトーク音楽院のジャズ科で教鞭をとった。本作は彼の出身地を代表するサックス奏者Zbigniew Namysłowskiとの共演盤。 さらには世界的ヴァイオリニストDeseő Csabaも参加しているため、非常に豪華だ。内容は打ち込みのドラムとシンセサイザーを用いた電化ジャズとなっており、興味深い。無機質なビートが力強く刻む上で、超一流ミュージシャンたちの演奏が冴えわたる。オススメはA-1・B-3・B-5。

RTV 88003　12"

Alligátor
Török Ádám és barátai
1988　RTV

Mini解散後、そのフロントマンだったTörök Ádámが制作した作品。打ち込みのドラムとシンセによるニューエイジ的サウンドに、Törökのパーカッシヴなフルートが組み合わさったオブスキュアな一枚だ。さらにA-5には元Sirius～ GenerálのギタリストTátrai Tibor (一時期Miniにも在籍していた)や世界的ジャズサックス奏者Tony Lakatosが参加し、パワフルなフュージョンを聴かせる。美しいピアノとフルートが心地よいA-3、前衛的な電化サンバB-1、伝統音楽の要素を取り入れた実験的なB-4など、聴きどころ多数。

SLPM 37208　12"

Svédasztal
Rózsaszín Bombázók
1989　Bravo

Rózsaszín Bombázókは86年結成の新興ロックグループで、ファンクやブラス・ロックをベースに、イタロ・ディスコやハード・ロック、ニューウェーヴ、AORを取り込んだゴッタ煮的サウンドが特徴。88年の「InterPop fesztivál」で特別賞を獲得すると、アルバム制作の機会を得て本作をリリースした。総勢11名ものミュージシャンによる生演奏に、シンセサイザーと打ち込みのドラムが加わることで、これ以上ないほどの熱気あふれるグルーヴを生み出している怪作。洗練されたアレンジと太すぎるベースが魅力的なB-5は超必聴だ。

SLPM 37231　12"

Pa-Dö-Dő
Pa-Dö-Dő
1989　Profil

Pa-Dö-DőはLang GyörgyiとFalusi Mariannによるデュオ。短髪とカラフルでゆったりしたファッションを特徴とし、88年の「InterPop fesztivál」に出場して注目を集めた。Neoton Famíliaのサウンド・エンジニア兼シンセサイザー Dobó Ferenc、ベーシストBaracs Jánosのふたりが音楽を手がけ、イタロ・ディスコな楽曲を聴かせてくれる。コミカルなMCバトルを繰り広げるヒップホップなB-4、息ぴったりな歌唱とハーモニーを聴かせるイタロ・ディスコB-5がオススメだ。

SLPM 37360　12"

Kicsi lány
Szandi
1989　Start

SzandiことPintácsi Alexandraはポップ歌手のコンテスト「Mini Tini」をわずか12歳で優勝し、ロックグループHungáriaの中心人物でラッパーとしての顔も持つMikiに見出された。『Kicsi lány (リトル・ガール)』と題されたこの1stアルバムは数週間で27万枚を売り上げ、彼女は国内最年少 (13歳) でプラチナディスクを獲得することとなった。Mikiによってロックンロールとヒップホップをブレンドした、カラフルでポップでダンサブルな音世界が完成。彼女のキュートな歌声も存分に味わえる、楽しい作品だ。

SLPX 18155　12"

Holdudvar - New Folk Wave
Zsarátnok
1989　Hungaroto

伝統音楽を演奏するグループZsarátnokは、Nikola Parovにより80年に結成。Parovはブルガリア出身であり、Zsarátnokでもブルガリアを中心としたバルカン半島の伝統音楽を追求した。本作は"New Folk Wave"という副題が示す通り、伝統音楽とロック、ジャズ、電子音楽を融合させた意欲的な内容となっている。エフェクト処理された伝統歌唱からファンク、フュージョンそしてバルカンの舞踊音楽へと目まぐるしく展開するA-1に圧倒される。打ち込みされたビートの上で伝統楽器が舞うB-4も、DJユースな超名曲だ。

BP 096　12"

Ámen
Ámen
1989　Bibliotéka

オルタナティヴ・ロックグループNeuroticを率い、セックス、ドラッグ、ロックンロールの理想を追求したPajor Tamásはカルト的人気を誇ったが、彼らのドキュメンタリー映画の制作中にPajorが新興宗教団体「信仰教会」へ入信、グループは解散した。彼は同じく信者で、ニューウェーヴシーンで活躍していたギタリストDénes Józsefと Ámenを結成。この1stアルバムB-1ではニューウェーヴとヒップホップを組み合わせ、ラップを披露していて面白い。彼らは92年の3rdでヒップホップに目覚めるが、その原点となっている。

BP 077　12"

Trance Balance
Másik János
1989　Hungaropop

ピアニストMásik Jánosはバルトーク音楽院ジャズ科の在学中、学友だったBerki TamásらとInterbrassを結成。74年には世界的ギタリストSzabó Gáborの凱旋コンサートに最年少で参加するなど、新世代のミュージシャンとして活躍した。作曲家としても数々の映画音楽を手がけており、その作品は50本以上にのぼる。87年に結成したTrance Balanceでは前衛的な音楽を追求し、その芸術は国際的に評価された。彼ら唯一のアルバムは国内外の伝統音楽にジャズ、ファンク、そしてトランス・ミュージックを融合させた傑作。

分断の時代に東西の架け橋となった「国際歌謡祭」

　東欧では歌謡祭が多く開催され、その模様は中継もされて大きく盛り上がった。ポーランドの「オポーレ歌謡祭 (Krajowy Festiwal Piosenki Polskiej w Opolu)」やブルガリアの「ブルガスと海 (Бургас и морето)」をはじめ、大小様々な歌謡祭が開催された。多くの歌謡祭がコンテスト形式となっていて、優れた歌手や曲に賞が与えられた。上述の歌謡祭は国内の歌手のみで開催されていたが、海外の歌手が参加する国際歌謡祭も開催された。国際歌謡祭は西側のアーティストが歌を披露する数少ない当局公認の場であり、時に開催地の音楽シーンへ大きな影響を与えることもあった。このような歌謡祭では国内のセッション・ミュージシャンが演奏を手がけることが多く、海外の歌手との魅力的なコラボレーションも実現している。

　なお、チェコスロヴァキアで開催された「ブラチスラヴァの竪琴 (Bratislavská lýra)」にも海外から歌手が訪れているが、ゲストでの参加になっており、レコードも残っていないため今回は除外している。

ドレスデン国際歌謡祭（ドイツ民主共和国）
Internationales Schlagerfestival Dresden

「ドレスデン国際歌謡祭」は68年から70年にかけて開催された「友好歌謡祭 (Schlagerfestival der Freundschaft)」を前身として、71年から開催された。出演者は共産圏の歌手がほとんどだが、キューバなど東欧以外からの参加者もいた。75年から81年にかけては、歌謡祭の模様を録音したレコードもリリースされている。76年までは東ドイツ国内と、海外の歌手を別にしたふたつの賞があり、77年からは全参加者を対象にグランプリと金・銀・銅の賞が用意された。78年からはこれと並行して、若手の才能を発掘するコンテスト「Goldene Rathausmann」も開催された。歌謡祭は88年まで続けられ、89年に最後の「Goldene Rathausmann」が単独で開催された。

Pick Up

8 55 600　12"

Internationales Schlagerfestival Dresden '77
V.A.

1978　AMIGA

「ドレスデン歌謡祭」のレコードは75年から81年までの計7枚リリースされているが、中でもオススメなのが77年の模様を収録した本作だ。B-6に収録された、ルーマニアのロックグループ Romanticii による演奏が素晴らしい。彼らは85年にリリースされた唯一のアルバム以外に音源が少ないため、ここで演奏を聴けるのはありがたい。実は同じ曲が彼らのアルバムにも収録されているが、85年のリリースなので楽曲のアレンジがかなり異なっている。77年の演奏ではムーグ・ファンクなアレンジが施されている。東ドイツのグループ、4PSの音源も貴重だ。

ソポト歌謡祭 （ポーランド人民共和国）
Festiwal Piosenki w Sopocie

「ソポト歌謡祭」は61年からスタートし、その歴史は国内の歌手のみが出演する「オポーレ歌謡祭」よりもわずかに古い。世界中の歌手を招待し、1回目の優勝はスイスの代表が飾った。成績優秀者の歌唱を収めたEPと、それ以外の参加曲を集めたアルバムの2種類がリリースされている。77年からは「インターヴィジョン・フェスティバル（Festiwal Interwizji）」と改称され、東側の「ユーロヴィジョン」と呼ばれた。この頃の歌謡祭はディスコブームも手伝って、最大の盛り上がりを見せていたという。79年にはBoney M.が出場し、放送禁止だった「怪僧ラスプーチン」を披露した。このパフォーマンスは物議を醸したが、1日遅れでテレビ放送された。さぞかし衝撃的だっただろう。

Pick Up

SXL 1112　12"

Sopot 74
V.A.

1974　Polskie Nagrania Muza

「ソポト歌謡祭」74年のレコード。この年の優勝はフィンランドの歌手Marion Rungが獲得し、グランプリ受賞曲としてEP化されている。こちらはその他の参加曲を集めたアルバムで、東ドイツの歌手Hans Jürgen BeyerによるA-6などグルーヴィな楽曲も収録された推薦盤。日本からはかの布施明が参加し、Marta Mirskaが歌ったポーランドの古い楽曲を、ソウルフルに日本語でカヴァーしている。「ソポト歌謡祭」は日本人のエントリーも多く、71年に参加したアイ・ジョージは上位に食い込んでいた。

黄金の牡鹿 （ルーマニア社会主義共和国）
Cerbul de Aur

「黄金の牡鹿（Cerbul de Aur）」は68年にスタートし、トランシルヴァニア地方のブラショヴで開催された。各国の出演者が歌唱力を競うコンテストと、ゲスト歌手によるパフォーマンスというふたつの部門があった。コンテストではルーマニア人作曲家による楽曲が海外の歌手によって歌われるのが大きな見どころとなっている。金銀銅の3つの賞があった。ゲスト歌手のコンサートは、西側の音楽を聴くことができる貴重な機会となった。69年にはルーマニアのロックシーンに大きな影響を与えたCliff Richardも出演している。同年のゲスト歌手には日本から参加した中尾ミエもいた。盛り上がりを見せた国際歌謡祭だったが、チャウシェスクの強権化が始まった71年を最後に中止されてしまった。

Pick Up

EDE 0596　12"

Cerbul de Aur 1971
V.A.

1971　Electrecord

69年・70年・71年の「黄金の牡鹿」はコンテスト部門の様子がアルバムとしてまとめられた。71年の模様を収めた本作では、ハンガリーを代表する歌姫Koncz Zsuzsaが歌うグルーヴ歌謡A-4が聴きどころとなっている。作曲はルーマニアの巨匠コンポーザー Ion Cristinoiuだ。Konczが英語で歌っているのも貴重。「黄金の牡鹿」はこの年を最後に中止となるが、92年におよそ20年ぶりに復活してその後も断続的に開催されている。出演者も豪華になり、世界中のスターが集まるようになった。あのt.A.T.u.も2002年に出演している。

黄金のオルフェウス （ブルガリア人民共和国）
Златният Орфей

「黄金のオルフェウス」は65年に始まったコンテスト「ブルガリア黒海の歌」を前身に、67年から開催された。参加者は2曲を披露し、その内の1曲はブルガリア人作曲家のものでなくてはならないという決まりがあり、自国の音楽を海外に広めるのに貢献したという。ブルガリア製の楽曲が西側の歌手に披露されることで、思わぬ解釈が生まれるのもこの歌謡祭の魅力だ。演奏はVOCTR、Orchestra Balkanton、Sofiaといった国内最高のグループが手がけ、コーラスはStudio Wが担当しているため聴き逃せない。日本からは73年に弘田三枝子がゲストとして招かれて、その模様がレコードにもなっている。81年には中島はるみが出演し、特別賞を獲得した。歌謡祭は99年まで続けられた。

Pick Up

BTA 1872　12"

Златният Орфей '75 - Лауреати и гости
V.A.

1975　Балкантон

75年の「黄金のオルフェウス」からは5枚のアルバムがリリースされており、例年より多い。国内部門に参加したブルガリア人歌手によるものが2枚と、国際部門で海外から参加した歌手のものが2枚、そしてゲスト歌手のレコードが1枚だ。大賞に選ばれたAlla Pugachova（ソ連）と国際部門の最優秀賞を獲得したCarl Wayne（イギリス）の曲はシングルでもリリースされた。ここで紹介するのは国際部門からの1枚で、フィンランドの歌手Kirkaによる B-4「Oh, New York」のグルーヴが凄まじい。VOCTRの演奏は原曲以上だ。

世界歌謡祭 （日本）
World Popular Song Festival

西側の国際歌謡祭で活躍した東欧の歌手についても忘れてはならない。ここ日本で開催された「世界歌謡祭」にも東欧から多くの歌手が参加している。第1回目となった70年には、チェコスロヴァキアのHelena Vondráčková、ハンガリーのKóbor János（Omegaのヴォーカル）、ルーマニアのMargareta Pîslaruらが観客を魅了した。東欧の楽曲を日本語で披露することもあり、異色な組み合わせが大きな魅力にもなっている。83年には、日本でもニュートン・ファミリーとして人気を博したハンガリーのディスコグループNeoton Famíliaが、東欧の歌手として初めてのグランプリを獲得した。そのレコードには歌手のプロフィールや歌詞も掲載されており、資料としても貴重だ。

Pick Up

SJET-9398　12"

World Popular Song Festival in Tokyo '72
V.A.

1972　Victor

72年の「世界歌謡祭」には東欧からZdzisława Sośnicka（ポーランド）、Frank Schöbel（東ドイツ）、Eva Máziková（スロヴァキア）、そしてKovács Kati（ハンガリー）と多くの歌手が出演している。中でも超必聴なのが、Kovácsによる楽曲だ。「悲しみに光さして」と邦題が付けられたこの曲は日本語で歌われ、ソウルフルな歌唱も力強い演奏も一級品。原曲は彼女の2ndアルバムに収録された「Van jó minden rosszban」で、凄まじい熱量でカヴァーされている。

ルーマニア社会主義共和国

Republica Socialistă Românâ

チャウシェスク以前のポピュラー音楽

　ルーマニアというと、東欧革命で銃殺刑という衝撃的な最期を迎えたチャウシェスク元大統領のイメージが強い。強権的な独裁体制が敷かれていたこの国で、ポピュラー音楽はどのような歴史を辿ったのだろうか。まず紹介したいのはTheodor Cosmaという人物だ。Cosmaは30年にパリからルーマニアに戻ったあと、ラジオ局や劇場お抱えのオーケストラで指揮者を歴任し、国営レーベル所属のOrchestra Electrecordに着任した。歴史あるこのオーケストラは50年代にジャズ化を始め、ピアニストKőrössy Jánosら才能あるミュージシャンが集った。放送局お抱えのOrchestra de estradă a radioteleviziunii でもジャズ的な演奏が聴かれるようになっていた。この時代、ジャズは公的には禁止されていたため、Muzică ușoară（ポピュラー音楽）と呼ばれて演奏されていた。59年、ブカレスト音楽院で学んでいたふたりの天才、Eugen CiceuとRichard Oschanitzkyは退学処分を受けてしまう。Ciceuは60年に、Oschanitzkyは61

年にOrchestra Electrecordに加わった。しかしCiceuは62年のツアー中、西ドイツへと脱出した。彼がそこでEugen Ciceroとして国際的に評価されていくことを考えると、惜しい人材流出だったといえる。

『Rokoko-Jazz』
（1965年）

　Cliff Richard主演のロック映画『The Young Ones』が62年に上映されると、若者は夢中になり、多くの学生がギターを手にした。のちにシーンを牽引するPhoenixなど、重要なグループが次々に結成されていった。これらは「formaţii de chitare electrice（エレキギターのグループ）」と呼ばれ、ロックンロールもジャズと同じくMuzică ușoarăに含まれた。エレキギターの入手は困難だったが、Alexandru Arion (Sincron) やCorneliu Ionescu (Sfinx) といった人物は楽器制作も行い、秘密裏に流通させた。

63年、「ママイア・ポップ・ミュージック・フェスティバル (Festivalul de muzică ușoară Mamaia)」が始まると、ルーマニア歌謡も盛り上がりをみせた。Margareta Pîslaru や Doina Badea といった歌手がスターとして人気を博した。歌謡曲の演奏は、主にOrchestra de estradă a radioteleviziunii と Orchestra Electrecord が担った。63年、フランスに移った Theodor Cosma を継いで Orchestra Electrecord の指揮者となったサックス奏者 Alexandru Imre は、ジャズやロックのエッセンスを歌謡曲に加えていった。こうして、ジャズとロックは規制を受けながらも蔓延していった。

「4月宣言」と自主路線

64年、「4月宣言」によってルーマニアはソ連の従属から脱し、自主路線が進められてジャズやロックの規制が緩和された。翌年に始まったチャウシェスク政権もこの路線を継続させた。65年、自国のジャズを紹介する『Seria Jazz』[P.150]がスタートし、すでに国際的評価を確立していたピアニストKőrössy János がその1枚目を飾った。ロックのレコードもリリースが始まり、ルーマニアに出稼ぎに来ていた西側のグループが録音を残している。少し遅れて、自国のグループもレコードが制作された。先陣を切った Entuziaștii の楽曲を聴くと、英語で西側楽曲のカヴァーを歌っている。

Kőrössy János
『Seria Jazz Nr. 1』
(1965年)

Entuziaștii『Dynamite /
A Girl Like You /
Got a Funny Feeling /
She Is So Sweet』
(1965年)

ラジオ番組『Jazz magazin』のDJで音楽ジャーナリストの Cornel Chiriac は、ジャズとロックの発展に重要な役割を果たした。67年、彼は伝説的なラジオ番組『Metronom』を開始し、最新のジャズやロックをリスナーに届けた。『Metronom』は当時最も人気のある番組となった。同年、「欧州ジャズ連盟」の創設メンバーとなり、ルーマニア・ジャズの地位向上に努めた。

重要な音楽祭も次々と開催された。68年、国際歌謡祭「黄金の牡鹿(Cerbul de Aur)」が企画され、西側を含むヨーロッパ中の歌手が訪れた。翌年、Club A で国内初めてのロックフェスが開催され、全国のグループが集まった。グランプリは Nancy Brandes 率いる Rosu si Negru が手にし、Brandes は最優秀オルガン奏者にも輝いた。Cornel Chiriac がプロイエシュティで初となる全国規模のジャズフェスを開催したのもこの年だった。

国際歌謡祭
「黄金の牡鹿」の
レコード(1970年)

ジャズとロックの盛り上がりが頂点に達したかのように見えた69年だが、すでに暗雲が立ち込めつつあった。Chiriac の番組『Metronom』が放送禁止になった。前年、チェコスロヴァキアに対する侵攻の直後に「Back in the U.S.S.R.」を流したのが原因だという。Chiriac はロックグループ Phoenix のサポートもしていたが、69年の「黄金の牡鹿」への出演は直前に当局から差し止められてしまった。彼は滞在していたホテルのカーテンに火を放ち、騒ぎの中で姿を消した。数日後、出国した彼はミュンヘンのラジオ局 Radio Free Europe でルーマニア語放送を担当し、そこから『Metronom』の放送を続けた。69年、前述のジャズピアニスト Kőrössy János もアメリカへと去った。

「7月テーゼ」と検閲

71年、チャウシェスクは中国や北朝鮮を訪問して影響を受け、文化大革命を自国でも実施した。「7月テーゼ」が発表されて厳しい検閲が始まった。Club A でのロックフェス、国際歌謡祭「黄金の牡鹿」、プロイエシュティでのジャズフェスはこの年を最後に中断された。英語での歌唱は禁じられ、西側のメディアや文化に触れることすらも難しくなった。大きな打撃を受けたロックグループは、検閲を回避するため歌詞に古い詩をあてがった。72年、Phoenix の1stアルバムは2枚組の大作となる予定

だったが、検閲によって半分が削除されて1枚での
リリースとなった。ようやく状況が緩和したのは75
年頃で、この年SfinxやSavoyといった人気グルー
プが待望の1stアルバムを発表した。さらに自国の
ロックグループを紹介するコンピ『Formații de
muzică pop』[P.157]もリリースされた。

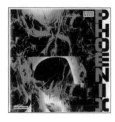

Phoenixの1stアルバム
『Cei ce ne-au dat
nume』（1972年）

　持ち直したポピュラー音楽に、77年のルーマニ
ア地震が打撃を与えた。約1,400人の死者の中に
は、スター歌手Doina Badeaも含まれていた。多
くの録音記録も失われてしまったという。「ママイア・
ポップ・ミュージック・フェスティバル」も中断された。
　79年、「Club A」フェスティバルが8年ぶりに開
催された。年間で最も優れた楽曲を決めるコンテ
スト「Melodii」もこの年に始まり、ようやくポピュ
ラー音楽シーンは活気を取り戻した。80年代はディ
スコのブームも手伝って、東欧グルーヴ的名盤が
多く誕生している。

魅惑の伝統音楽

　ルーマニアのレコードを聴くうえで大切なキー
ワードは"伝統音楽"である。西側の音楽への規制
はかえって自国の伝統音楽を顧みる結果となり、
ポピュラー音楽と密接に結びついていった。70年
のアルバム『Romanian Pop Music』[P.151]は民
謡が見事にジャズ・ロック化された名盤として知ら
れている。伝統楽器である笛ナイも用いられ、ロッ
クグループSavoyによるEP『Ciobănașul』[P.150]
や、『Seria Jazz』シリーズに残された『Panpipe in
Jazz』[P.155]が有名だ。第一次世界大戦の前ま
でハンガリー王国の一部だったトランシルヴァニア
地方も豊かな伝統音楽を有し、重要なミュージシャ
ンを多数輩出した。ジャズシーン黎明期を支えた
Kőrössy Jánosや、ロックグループPhoenix、ハー
ドロックの開祖Progresiv TMらが該当する。
Phoenixは伝統音楽の要素を高次元で融合させ、
そのサウンドはEtno-rock（エスノ・ロック）と形容
されている。人口の2%を占めるロマの音楽も重要
で、ジャズベーシストJohnny Răducanuは17世紀
まで遡れるロマの音楽一家に出自を持っていた。
東欧グルーヴの範囲からは少し逸れるが、Mircea
Florianなどフォーク系のアーティストも魅力的な
音楽を多く残している。ぜひ自身の手で探してみて
ほしい。

Mircea Florian
『Pădure de voie bună』
（1975年）

SUK 35545　7"

Jazz Souvenirs Jazz
Kőrössy János
1963　Supraphon

Kőrössy Jánosはトランシルヴァニア地方出身のハンガリー系ルーマニア人で、戦後すぐにピアニストとして活躍。ルーマニア黎明期のジャズシーンを作り上げたばかりでなく、ジャズに伝統音楽の要素も融合させて国際的評価を獲得した。特に東欧での人気は高く、各国でレコードをリリース。本作もチェコのミュージシャンを従えて録音されたもので、A面のオリジナル曲は初期の録音の中で最もクオリティの高い一曲。自国では『Seria Jazz』シリーズ第一弾をリリースし、60年代末には西ドイツMPSにて初めて西側で録音をしたがそのまま亡命してしまった。

EDD 1123　10"

Seria Jazz nr.3: Bossanova
Orchestra Richard Oschanitzky
1966　Electrecord

Richard Oschanitzkyはルーマニア産ジャズ黎明期の最重要ミュージシャンで、79年にこの世を去るまでにピアニストとしてはもちろん、作曲家・指揮者としても数々の功績を残した鬼才。その出発点となるのが『Seria Jazz』シリーズ第2作と、第3作であるこちらだ。本作では第2作よりもオリジナルの数を格段に増やし、一層の独自色の打ち出しに成功している。中でも彼自身の作曲によるB-1はオルガンの音色も個性に富み、縦横無尽に変化するメロディもどこかキテレツで印象的だ。Alexandru Imreのサックスも冴えわたる必聴曲。

45-EDC 10.161　EP

Ciobănașul
Savoy
1970　Electrecord

Margareta Pîslaruのバックバンドからスタートし、国民的グループに成長していったSavoyの記念すべき初録音。この時期のルーマニアによく見られたサイケデリック・ロックサウンドを下敷きに、民謡を魔改造し伝統楽器ネイの音色をミックスしたA-1はご当地サイケとしても発掘されるべき名曲。続くA-2も民謡カヴァーとなっており、サーフ・ロック風のインストになっている。B面にはオリジナルを収録し、2曲ともエキゾチックな香りが漂う良曲だ。作編曲はすべてリーダーでヴォーカルのMarian Nistorによるもので、A-1でのネイの演奏も彼。

ST-EDE 0474　12"

Romanian Pop Music
Orchestra Electrecord
1970　Electrecord

Richard Oschanitzkyがルーマニア民謡をアレンジし、Alexandru Imre指揮するOrchestra Electrecordが演奏したアルバム。民謡の独特なメロディとジャズ・ロックサウンドが組み合わさり、非常にサイケデリックな音世界となっている。Oschanitzkyの天才的編曲センスが遺憾なく発揮されたアルバムで、叩きつけるピアノのグルーヴがミニマル・ミュージックのように変化しながら、コーラスやブラスを包み込んでいく様は圧巻。Les Paulのカヴァーによって有名になった古典的ルーマニア歌謡B-4もオススメ。

EDD 1242　10"

Muzică ușoară românească
V.A.

1970　Electrecord

10インチのコンピ・シリーズ『Muzică ușoară românească（ルーマ
ニアの軽音楽）』は50年代後半から70年代初頭にかけてリリース
された。その収録曲には他では聴けないものが多いので、見逃す
わけにはいかない。中でも70年リリースのこちらは、最重要コンポー
ザー Ion Cristinoiu [P.154] が作曲し、Alexandru Imre 指揮によ
る Orchestra Electrecord が演奏を担当した良質グルーヴ歌謡A-2
を収録しているためマスト。続くA-3・A-4・B-3と、爽やかなグルー
ヴが光る楽曲が多く楽しめる。

ST-EDE 0542　12"

Romanian Pop Music II
V.A.

1971　Electrecord

ロック黎明期を支えた二大巨頭、Sincron と Mondial の音源を中
心に収録した本コンピはサイケデリック大国ルーマニアを象徴する
一枚。Sincron の楽曲が光っており、A-4もオススメだが特筆すべ
きはB-3。エキゾチックなダバダバコーラスで幕を開け、The
Beatles「Hey Bulldog」から借用したリフへと突入するサイケファン
卒倒モノの一曲だ。ちなみに東ドイツAMIGAレーベルからもジャ
ケ違いでリリースされたが、こちらは Margareta Pîslaru の曲も入っ
ていたりと若干異なる。

EDD 1273　10"

Trio Grigoriu
Trio Grigoriu

1971　Electrecord

大御所作曲家としてもポピュラー音楽史に名を刻む George
Grigoriu をリーダーに、Angel と Cezar のふたりの兄弟も加わった
ヴォーカル・トリオ Trio Grigoriu 唯一のアルバム。デビューは46
年であるから、この時すでに25年ものキャリアを積んでいること
になる。だが当時の流行を敏感にサウンドに取り入れているため、
古臭さは感じられない。中でもロックグループ Sincron が参加した
B-6は、ルーマニア産ロックの旨味だけを抽出した演奏にベテラン
ならではの安定したハーモニーが加わる名曲。

45 EDC 10.224　EP

Ionel, Ionelule
Aura Urziceanu

1971　Electrecord

伝説的ジャズシンガー Aura Urziceanu は50年代から歌手として
活動を開始、71年の本作で待望のレコードデビューを果たした。
すでに完成された超絶技巧で歌われるA-1は、Dan Mîndrilă
[P.159]、Johnny Răducanu、Marius Popp [P.154] といったジャ
ズ界の重鎮による演奏もすばらしく、ルーマニア産ジャズ屈指の名
曲となっている。ルーマニアのクラシックや民謡をスキャットで歌
い上げるB面も最高。翌72年には Duke Ellington のバンドと共に、
カーネギー・ホールで歌って華々しく国際デビューも飾った。

45-EDC 10292　EP

Leopardul
Roşu şi Negru

1972　*Electrecord*

Roşu şi Negruは63年に結成され、69年の第1回「CLUB A」フェスティバルで注目を集めて人気グループの仲間入りを果たした。こちらはそんな彼らのレコードデビュー作。B面には強烈なドラム・ソロで幕を開け、歪んだギターにオルガンとフルートとブラスが一斉に押し寄せてくるグルーヴィなヘヴィ・ロックが収録されている。作編曲はリーダーで鍵盤奏者のNancy Brandes。彼が参加した初期3枚の7インチはどれも良いので必聴だ。A-1にはBlood, Sweat & Tearsの粗削りなカヴァーも収録されている。

45-EDC 10341　EP

Melodii de Camelia Dăscălescu
Camelia Dăscălescu

1973　*Electrecord*

女流コンポーザーとして50年代末から革命後まで一線で活躍し続けたCamelia Dăscălescuによる楽曲を集めたEP。いずれもここでしか聴けない楽曲で、そのすべてが良曲なので外すわけにはいかない。軽快なディキシーランド歌謡A-1、本作の聴きどころであるコブシの効いたグルーヴ歌謡A-2、ダンサブルなブギウギB-1、Cornel Constantiniuのダンディズム溢れる歌唱が渋いB-2とどれもオススメ。ちなみに同じタイトルのEPが計4枚リリースされており、こちらは3枚目にあたる。

STM-EDE 0938　12"

Seară de jazz cu Aura
Aura Urziceanu

1974　*Electrecord*

歌姫Aura Urziceanuの74年作にして、ルーマニアが誇る傑作。伝統的歌唱法を用いた超絶技術で複雑なメロディや変拍子もそつなく歌いこなし、唯一無二の音世界を作り上げている。収録曲は彼女自身のオリジナル（A-2）から、参加ミュージシャンによる曲（A-1・A-3・B-2・B-3・B-5）、ルーマニア民謡（B-1）、ルーマニア歌謡のカヴァー（A-4・B-4）と様々だが、どれも彼女と参加しているジャズ界の重鎮たちによって怒涛のジャズ・ファンクに仕上がっている。このあと西側のスタンダードばかり歌うようになってしまったのが残念。

STM-EDE 0999　12"

Cîntece de dragoste ...de azi ...de mîine ...de ieri
Elly Roman

1974　*Electrecord*

当時すでに70歳近かった、作曲家Elly Romanによる楽曲をまとめたアルバム。ただのコンピではなく全曲新録され、A-1・A-2・A-4・B-6の4曲はロックグループSincronが演奏を担当。彼らによってサイケデリックかつグルーヴィな味付けがなされている。残りの楽曲は、数多くのポップスで演奏を手がけてきたOrchestra Cornel Popescuが担当。彼らによるA-5はメドレ　形式の楽曲だが、ムード歌謡をグルーヴィにしたようなテイストでクセになる。ドラム・ブレイクから始まる演歌調の楽曲B-3もオススメ。

45-EDC 10.383　EP

Și cîntau mandoline
George Nicolescu

1974　Electrecord

盲目のシンガーとしてデビューし、73年に「Eternitate(永遠)」がヒットとなり有名になったGeorge Nicolescuの単独名義による初のレコード(上述の楽曲はコンピのみに収録)。デビュー以来のパートナーである大御所作曲家George Grigoriuによる4曲を収録している。冒頭A-1は曲名の通りマンドリンのイントロで始まり、そのまま太すぎるベースとドラムによってグルーヴの渦へと突き落とされるキラーチューン。このあと彼は視覚障害者特別高校でフランス語の先生となり、次回作は10年先となってしまった。

45-EDC 10.388　7"

Oameni de zăpadă / Pastorală
Roșu și Negru

1974　Electrecord

Roșu și Negru、2枚目の7インチ。グループ創設者でリーダーのNancy Brandesは初期3枚の7インチと、コンピに収録された2曲のみに参加しているがどれも要チェック。本作では彼の作曲能力がさらに向上しており、粗削りだった1枚目より数段に洗練され、ジャズのエッセンスも加えた良曲を聴くことができる。牧歌的メロディを優しく歌い上げるヴォーカルが叩きつけるピアノに導かれ、サビでゴスペルのごとく高揚するスピリチュアルなA面が最高。変拍子に妖艶な女性ヴォーカルがエキゾチックに絡みつくサイケデリックなB面もすばらしい。

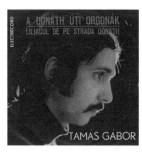

45-EDC 10.414　EP

Liliacul de pe Strada Dónáth
Gábor Tamás

1975　Electrecord

トランシルヴァニア地方は第一次大戦前までハンガリー領だったため、同国の文化の影響が色濃い。そんな土地から生まれたシンガーGábor Tamásによる2枚目のEPとなる本作A-1は、ルーマニアらしいサイケデリックとハンガリー的ファンクネスの双方を持ち合わせた良曲。のちに『Seria Jazz』シリーズに作品を残す同郷のジャズピアニストZoltán Borosが演奏しているのもポイントだ。B面には彼が在籍していたグループ、Acustic T'74が参加しており貴重。ちなみに1枚目のEPは微妙な出来だが、Roșu și Negruの演奏が聴ける。

45-EDC 10426　7"

Pădurea l-a gonit / Copiii păcii
Roșu și Negru

1975　Electrecord

Roșu și Negru、3枚目の7インチ。リーダーのNancy Brandesはこのあとイスラエルに移住するため、グループ単体でのリリースではこれが最後の参加作になってしまう。その作曲の才能は作品を発表するごとに開花しており、本作では前作でも魅せた洗練されたアレンジにダイナミックさを追加。A面は攻撃的かつ叙情的なギターに力強いブラス、美しいヴァイオリン、彼自身のジャジーなピアノが加わる怒涛のジャズ・ロック絵巻となっており圧巻だ。B面は新たに加入したヴォーカル&ベースのLiviu Tudanが作曲。こちらは平均的出来栄えか。

EDE 01230　12"

Seria Jazz nr.12: Spirale
Cvartetul de jazz Paul Weiner

1976　Electrecord

『Seria Jazz』シリーズ第12作目にして、その美しすぎる内容ゆえに
ルーマニアで最も高値で取引される人気作。ティミショアラ出身の
ピアニストPaul Weinerの哀愁を帯びたピアノと、そこに儚げに寄
り添うフルートがとにかく美しい。Nujabesがサンプリングして世
界的に注目されたB-1を筆頭に、収録されたすべてが名曲。モー
ダル・ジャズの世界的名盤といえるだろう。ベースのBéla
Kamocsa、フルートのLiviu ButoiはロックグループPhoenixの元
メンバーでもある。

45 STM-EDC 10.482　EP

Melodii de Ion Cristinoiu
Ion Cristinoiu

1976　Electrecord

巨匠コンポーザーIon Cristinoiuの楽曲集で、演奏は彼を中心に
作詞家Mihai Dumbravăや、のちにSemnal Mを結成するギタリス
トIuliu Mercaらが加わって結成されたグループPerpetuum
Mobileが担当。A面に収録された、オルガン入りロック歌謡A-1が
すばらしい。Iuliu Mercaによるギターはもちろん、ソウルフルな歌
唱も聴くことができ、さらに5Tのコーラスも楽しめる贅沢な一曲だ。
B-2ではIon CristinoiuとMihai Dumbravăの歌声も聴くことがで
きる。

STM-EDE 01266　12"

Seria Jazz nr.13: Panoramic Jazz Rock
Marius Popp

1977　Electrecord

ルーマニア最重要ピアニストで建築家でもあるMarius Poppによ
る初リーダー作にして、『Seria Jazz』シリーズ第13弾。ギター、ド
ラムにSfinxやSincronのメンバーを迎え入れ、タイトル通り高度
なジャズ・ロックを楽しめる。エスニックな旋律も飛び出すジャズ・
ファンクA-1に始まり、スピリチュアルなA-2、「Take Five」から着
想を得た5/4のA-3、強靭なジャズ・ロックB-1、抒情的でプログ
レなB-2、美しいピアノ・ソロB-3と全曲すばらしい。A-2・B-2で
はシンセサイザーの巨匠Adrian Enescu [P.155] も参加。

EDE 01338　12"

Melodii de Laurențiu Profeta
Laurențiu Profeta

1977　Electrecord

大御所作曲家Laurențiu Profetaの楽曲集は全部で3枚あり、本作
は2枚目にあたるもの。歌姫Aura Urziceanuの歌唱で収録された
A-2は彼女史上最高にグルーヴィな出来栄えながら、ここでしか聴
けないからスルーは禁物。前作も彼女の歌唱で収録されているが、
実は演奏が異なるので注意だ。他にも、オペレッタを作っていた作
曲家らしいシアトリカルなグルーヴ歌謡A-1・A-5や、ボサノヴァ風
味のA-4、ラストでファンキーなブラスが盛り上がりを見せるB-5
など、一風変わった東欧グルーヴを収録している。

STM-EDE 01339　12"

Basorelief (Poem Pop)
Adrian Enescu

1977　Electrecord

74年に映画音楽のコンポーザーとしてデビューし、ルーマニア初の電子音楽家としても活躍した巨匠、Adrian Enescu 初のアルバム。各面で切れ目なく紡がれる楽曲は電子音楽叙事詩とでも呼べるような壮大さで、プログレファンにも人気の作品となっている。スペーシーに浮揚し歪んで金切り声をあげるシンセサイザーに、荘厳に不協和音を奏でるオーケストラ、5Tの美しいコーラス、太すぎるベースが高次元に調和し、ただただ圧倒される。シタール入りのオブスキュアなファンクB-1などグルーヴも◎。超名盤!

STM-EDE 01447　12"

Margareta
Margareta Pîslaru

1979　Electrecord

58年に15歳でデビューし、歌手や女優として活躍したスターMargareta Pislaruの3rdアルバム。バックを先鋭セッション・ミュージシャン集団 Super Grup Electrecord が固めているため、強固なグルーヴを楽しむことができる。中でもそのリーダー Dan Mîndrilă が作曲したA-6は太いドラム・ブレイクをイントロに配し、分厚いコーラスとブラスが爽やかに彩るグルーヴ歌謡の名曲。彼が作曲したポップスの楽曲は非常に貴重。B-2・B-5もオススメ。彼女自身がコンポーズした3曲も収録されている。

STM-EDE 01494　12"

Seria Jazz nr.14: Panpipe in Jazz
Ramon Tavernier

1979　Electrecord

『Seria Jazz』14作目は、50年代からジャズのレコードに参加、プロデューサーとしてもジャズ界に貢献してきた Ramon Tavernier のアルバム。そのプロデューサー的手腕により、伝統楽器ナイの奏者 Cătălin Tîrcolea [P.161]を主役にするという奇抜な企画を生み出し、さらに自らは作曲と指揮にあたって、ファンキーなジャズ・ロックサウンドに原始的で繊細なナイを融合させることに成功している。縦横無尽に駆け回るエレピの演奏や、5Tの美しいコーラスが聴けるのも魅力的。DJなら泣いて喜びそうな名曲尽くしの名盤!

STM-EDE 01495　12"

Seria Jazz nr.15: Conexiuni bop
- Formaţii sibiene de jazz
Vocal Jazz Quartet, Cvintetul instrumental Radu Ghizăşan

1979　Electrecord

『Seria Jazz』15作目。A面は Vocal Jazz Quartet をメインに据えたコーラスモノ。変拍子化したボサノヴァ風リズムにエキゾチックなコーラスが乗るサウンドは唯一無二。ヴォイス・パーカションで幕を開ける5/4の1曲目から引き込まれるA面は、A-3・A-5・A-6と聴きどころ多数。B面では Cvintetul instrumental Radu Ghizăşan 単体の演奏が聴ける。彼らはトランシルヴァニア地方シビウ出身のミュージシャンで構成されており、独特のメロディにお国柄が反映されている。

STM-EDE 01496　12"

Lied cu fluturi
Savoy
1979　Electrecord

ロック黎明期にはルーマニア民謡を独自に解釈し、尖ったセンスで魅せていたSavoyは、デビュー盤の7インチから期間を空けてリリースした1stの頃からプログレ化し、国民的人気グループとなった。2ndである本作も基本的にはプログレを演奏しているが、エキゾチックなメロディとシンセ使いが◎なA-1や、グルーヴィなB-1など良曲もいくつか収録している。特に聴いてほしいのはB-4で、ドラムのイントロで始まり太いベースがうねるこちらは、少々ドタバタなドラムとギター・ソロが耳障りだが中々グッド。

45-EDC 10.625　7"

Nyílnak még az ibolyák / Soha
Györi Anton Klára
1979　Electrecord

トランシルヴァニア地方出身の歌手Györi Anton Kláraは音源をほとんど残しておらず、単独でのリリースは本作のみである。作曲家陣はハンガリー人コミュニティで固められ、A面は同郷のシンガー・ソングライターKisfalussy Bálintが作詞作曲を担当。そしてB面はジャズピアニストBoros Zoltánが作曲と演奏指揮を担当しており、ディスコの良曲となっている。太いベースのグルーヴに混ざって、時折顔を出す甘美なフルートが美しい。ヴォーカル・グループAuroraのコーラスにも注目。

STM-EDE 01581　12"

Melodii de Ion Cristinoiu
Ion Cristinoiu
1980　Electrecord

巨匠Ion Cristinoiuによる楽曲を集めたコンピ。気持ちいいソフト・ロックにヘンテコなアレンジを施した楽曲群はどれも個性的で、さらに本作のみ収録のものばかり。ダンディなヴォーカルに女性コーラスが絡むムーグ・ファンクA-1に続き、過剰にソウルフルな歌唱が入ったソフト・ロックA-2も良い。そしてA-3のバックはお馴染みSfinxだ。スター歌手として活躍したAngela Simileaが歌うA-4は、チープなシンセと優しく盛り上げるオケのアレンジが絶妙で、グルーヴも同居した良質ソフト・ロック…と、良曲を紹介すればキリがない。

ST-EDE 01636　12"

...Și cîntecele mele - Melodii de Mișu Iancu
Mișu Iancu
1980　Electrecord

リリース当時すでに70歳を超えていた大御所作曲家Mișu Iancuの楽曲を集めたアルバム。往年の代表曲を収録しているが、すべてアップデートされた新録となっており、全く古さを感じさせない。むしろ清涼感のあるソフト・ロックの名曲に生まれ変わっていて、非常にオススメできる一枚だ。女性コーラスとアコースティック・ギターがかわいらしいA-2、太いドラムと可憐な女性ヴォーカルのギャップが愛おしいA-6、キュートなディスコ・ナンバーB-2、哀愁の名曲がグルーヴィに生まれ変わったB-6など良曲多数。隠れた超名盤！

EDE 01637　12"

Formații de muzică pop III
V.A.

1980　Electrecord

『Formații de muzică pop』は国内のロックを紹介する不定期リリースのコンピ・シリーズで、本作は 3 枚目。若手を中心に収録しており、その後スターとなるグループからマイナーなグループまでいるが、その音源はどれも他では聴けない貴重なもの。今回の聴きどころは、サックス奏者 Marin Petrache Pechea が結成したグループ、Cromatic による高速ジャズ・ロック B-5。Cromatic の音源はこれが唯一だ。シリーズは『Formații rock』と名前を変え、体制転換後も存続。累計 14 枚がリリースされている。

ST-EDE 01639　12"

Zenés karaván II
V.A.

1980　Electrecord

『Zenés Karaván（ミュージック・キャラバン）』は Boros Zoltán が企画し、73〜78 年に放送されたトランシルヴァニア地方の音楽を紹介する番組。そこで紹介された楽曲は計 2 枚のコンピにまとめられており、本作はその 2 枚目。内容はハード・ロックから伝統音楽まで多様で、ここでしか聴けないアーティストや、Vox T のような音源の少ないグループもいるため貴重。ピアニスト Farkas József が作曲した珠玉のバラード A-3 や、メロウなグルーヴ歌謡 A-4、Garabonciás によるフォーク・ロック B-5 がオススメ。

EDE 01669　12"

...Melodii de Marius Țeicu... ...Telegrame...
Marius Țeicu

1980　Electrecord

作曲家として数々の名曲を世に送り出し、同時に歌手としても活躍した Marius Țeicu の楽曲を集めたコンピ。多くの楽曲は彼自身が演奏指揮も手がけており、マルチな才能を遺憾なく発揮している。情熱の高速ディスコ A-3 は中でもオススメの一曲。自身で歌唱している楽曲では、シンセとオーケストラのアレンジにセンスを感じるゴキゲンなグルーヴ歌謡 B-2 やロックグループ Roșu și Negru が演奏している B-5 が良曲。他にも A-1・A-5・B-4 などグルーヴィな楽曲を多数収録している良盤。

ST-EDE 01724　12"

Trebuie să crezi în iubire
Marcel Dragomir

1980　Electrecord

70 年代以降多くの楽曲を制作したコンポーザー Marcel Dragomir の作品を集めたコンピ。収録曲の半分は彼自身もサックス奏者として所属するルーマニア・ラジオお抱えのビッグ・バンドが演奏しており、「夜へ急ぐ人」風のイントロを持つ A-2、強烈なジャズ・ファンク歌謡 B-6 でグルーヴィな演奏を聴かせてくれる。もう半分はディスコの帝王 Silviu Hera [P.165] が演奏を手がけており、爽やかなディスコ歌謡 A-4 やヘヴィなドラムで幕を開けるシンセ入りディスコ B-4 でその手腕を発揮している。

PIERRE PYEBI-OYOUBI

KAGA HELENE
DJA KANGA-KANGA

45-ST 199　7"

Kaga Helene / Dja Kanga-Kanga
Pierre Pyebi-Oyoubi
1980　Electrecord

ガボンから医学生として留学したPierre Pyebi-Oyoubiが残した唯一のレコード。2曲とも彼自身が作曲し、演奏には同じくアフリカ出身と思われるメンバーと、さらにはDan Mîndrilăを中心としたSuper Grup Electrecordのメンバーが参加。アフリカ勢とルーマニア勢がコラボした異色の一枚となっている。ファンキーなA面がオススメだが、より伝統色が強い、ほのぼのとしたB面も良い。Pierre Pyebi-Oyoubiは現在もガボンで医者として活躍している。超レア盤！

ADRIAN ROMCESCU

45-EDC 10.674　EP

Primul pas
Adrian Romcescu
1980　Electrecord

Adrian Romcescuはヴァイオリン奏者、作曲家としても活躍したマルチな歌手。本作では非常にソウルフルな歌声を聴かせてくれ、B-1でヴァイオリンも披露している。さらに音源の少ないグループAcademicaが演奏を担当しているのがとても貴重だが、これは彼の弟Mircea Romcescuがそのメンバーだったゆえであろう。爽やかなピアノが跳ねるAORなA-1、ブラスが咆哮するファンクB-2はAcademica自身による81年の唯一作を凌駕し、彼ら史上最高の演奏といえる。86年に弟と共にデンマークに亡命してしまった。

Luigi Ionescu
1. lalele turturele..
2. potpuriu disco

ELECTRECORD
STEREO

45 ST-EDC 10.689　7"

Lalele-turturele / Potpuriu disco
Luigi Ionescu
1980　Electrecord

Luigi Ionescuは50年代から活躍する超大御所歌手。60年代末を境にレコードのリリースが減っていたが、久々に発表したのが本作で、自身のヒット曲をディスコ・メドレーにしている。その幕開けとなる「Lalele（チューリップ）」はかなりのヒットを飛ばした代表曲だ。アレンジと演奏指揮を担当したのは元SincronのSilviu Heraで、少し前にデビューしディスコグループとして活躍したTrio Expres［P.165］のサウンドを手がけた手腕をここでも発揮した形になる。

formația
CRISTAL

45 EDC 10.691　7"

April / Pentru cînd va fi
Cristal
1980　Electrecord

ガラツィで結成されたCristalは60年代後半から活動していたものの、なぜかメンバーが次々と事故や病気に見舞われ亡くなり、数回のメンバーチェンジを経ている。そんな彼らは『Formații de muzică pop』シリーズへの参加後、ようやく初の単独名義となる本作をリリースする。牧歌的なスカのリズムから一転、ブラスとベースがグルーヴィに踊り狂うA面もオススメだが、ニューウェーヴを感じるギターサウンドに、ブラスとエレピが入ったファンキーなB面が最高。気に入った方は84年のアルバム［P.166］も必聴。

ST-EDE 01780 12"

Purtăm un cînt
Academica

1981 Electrecord

Academicaは本アルバムが唯一作で他の音源も少ないが、メンバーにはのちにソロで活躍するMircea Romcescu、Marius Poppバンドに参加することになるベースのTegu Eugen、さらには作曲家に転向して映画音楽を多く手がけるIonel Tudorと、才能の卵が集まったグループ。クラシカルなイントロから始まるA-1、ファンキーなリズムに泣きのギターが歌いまくるA-3、跳ねるエレピとうねるベースで始まるA-5、激しく叩きつけるベースに導かれて疾走するB-3など、テンポは速めだが美メロなAORが聴ける。

ST-EDE 01782 12"

Alter Ego
Dan Mîndrilă

1981 Electrecord

ルーマニア史上最高峰のサックス奏者として評価されるDan Mîndrilăは、Super Grup Electrecordの指揮者としても活躍。西側ポップスを調理し、ジャズのみならずポピュラー音楽全般の発展に大きく貢献した重要人物だ。そんな彼のアルバムは、ポップス畑で磨いたセンスも生かしたグルーヴィなジャズに仕上がっている傑作。1曲目から緊張感漂うバルカン風フュージョンが炸裂し、圧倒される。楽曲もすべて彼のオリジナルだが、西側のカヴァーを演奏することが多く、自作曲が少ないのが本当に悔やまれるクオリティ。必聴盤。

ST-EDE 01785 12"

Melodii de V. Veselovski
Vasile Veselovschi

1981 Electrecord

Vasile Veselovschiは52年にブカレスト音楽院を卒業してすぐ作曲家として活躍。そんな彼の楽曲を集めたのが本コンピである。この作品は、特に親交が深かった作詞家Mihai Maximilianが詞を書いていることが多く、本作でも全曲が彼による詞となっている。Dan Spătaru [P.167]が朗々と歌い上げ、女性コーラスがそれに絡むグルーヴ歌謡A-4や、Angela Simileaによるコブシの効いた歌唱が聴ける強靭なディスコB-1、ユーモラスな歌唱が楽しいシンセ入りロックンロールB-3がオススメ。

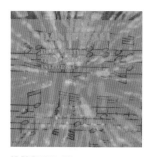

ST-EDE 01837 12"

De ce nu vii cînd castanii înfloresc
Nelu Danielescu

1981 Electrecord

40年代にはすでにその曲がレコードになっていたベテラン作曲家Nelu Danielescuの楽曲を集めたコンピ。彼の死後10年目にリリースされた本作には、当時のスター歌手によって往年の名曲を新録したものが収録されている。そのためメロディはやや古めかしいが、それを生まれ変わらせたのが編曲と演奏指揮を担当したJohnny Răducanu。ジャズ界の重鎮である彼が、ポップスの仕事をしているのは大変貴重だ。彼によってファンキーに生まれ変わったA-3や、ラテンなB-5がオススメ。

ST-EDE 01896　12"

Seria Jazz nr.18: Jazz
Ion Baciu Jr.
1981　Electrecord

Ion Baciu Jr.は当時21歳の若手ながら『Seria Jazz』18作目に登場。
リリカルなピアノがジャズ・ロックに展開されるサウンドは、Chic
Coreaを彷彿とさせる。Super Grup Electrecordの一員としてポッ
プス畑でも鍛えたDan MîndrilăとDan Dimitriu、さらにプログレ
〜フュージョンを演奏するPost Scriptum [P.163]のメンバーでも
あるドラマー Mihai Farcaşの存在もそのサウンドに寄与していると
いえるだろう。全曲すばらしいが、A-1は特に名曲。

ST-EDE 01912　12"

Club A
V.A.
1981　Electrecord

69年から存在する「Club A」は大御所から若手まで出場するロック
フェス。99年に歴代の音源をまとめたベスト盤CDが出ているが、そ
れまで音盤として発売されたのは81年の模様を収録した本作だけだっ
た。本作はルーマニアで初めてリリースされたロックのライブ・アルバ
ムでもあり、ロックシーンの盛り上がりを感じる観衆の歓声が入った貴
重な記録にもなっている。A-1には音源の非常に少ないグループ
Basoreliefの演奏が収録されており、ノイズの嵐が吹き荒れ、2台のキー
ボードがソロで火花を散らす、圧巻のジャズ・ロックを聴かせてくれる。

ST-EDE 01920　12"

La o adică
Sergiu Cioiu
1981　Electrecord

俳優・歌手のSergiu Cioiuはシャンソンの影響を受けたシアトリカ
ルなパフォーマンスで人気を博した。彼の唯一のアルバムである本
作は、ブカレストの由緒ある小劇場Teatrul Micでのショーのレパー
トリーを抜粋してスタジオ録音したもの。体制転換後に文化大臣を
務める詩人Marin Sorescuが歌詞を担当し、芸術的価値の高い楽
曲群となったが、ゆえに放送禁止の指定を受け、嫌気がさした
Sergiu Cioiuはカナダへと亡命してしまった。短い曲がノンストップ
で続く構成で、ムーグ・ファンクの良曲多数！

45-ST-EDE 10.707　7"

Időgép / Itt van az ősz
Éva Kiss
1981　Electrecord

Éva Kissはハンガリーにルーツを持つブカレスト出身の歌手。その
縁ゆえ、A面は同じくハンガリーにルーツがあるコンポーザー Zsolt
Kerestelyにより作曲されている。彼女の得意とする、哀愁のある
ディスコ歌謡に仕上がっておりオススメだ。B面には戦後活躍した
作曲家Ştefan Kardoşによる往年の名曲をディスコへと大胆にアレ
ンジして収録しており、ドラム・ブレイクもあるので要チェック。彼
女はRomanticii [P.167]のベーシストRadu Constantinと結婚、
88年には夫婦揃ってデンマークへと亡命してしまった。

45 EDE 10735　7"

Te iubesc! / Ce-ți pasă ție
Aurelian Andreescu

1981　Electrecord

63年にデビューしたベテラン歌手Aurelian Andreescuによる7イ
ンチ。ジャケットに写っている女性が誰なのかは謎で、彼女が歌っ
ているわけでもないので注意。作曲はアコーディオン奏者から作
曲家へと転身したDan Beizadeaで、A面では作詞と演奏指揮まで
担当している。この曲がすばらしく、美しいピアノとシルキーなオー
ケストラ、そしてシンセが入ったディスコ歌謡となっている。
Aurelian Andreescuは86年に心筋梗塞でこの世を去ってしまった
ため、本作が生前最後のレコードとなった。

45 ST-EDE 10738　7"

Dansul timpului / Ȋn vis
Stereo

1981　Electrecord

Crina Mardare、Elena Perianu、Ligia Oanceaで結成されたヴォー
カル・グループ Trison は Ligia Oanceaが離脱すると、ヴォーカル・
デュオ Stereoとなり様々な楽曲にコーラスとして活躍した。彼女ら
は、単体でも7インチ2枚とアルバム1枚をリリースし、いずれも人
気が高い。デビュー作となった本作は、電子音楽の巨匠 Adrian
Enescuが作曲を手がけた珠玉のムーグ・ファンクを聴くことができ
る超オススメ盤。浮遊するシンセと重量級ファンクサウンドの間を、
爽やかな和声がたゆたうA・B両面とも最高！

ST-EDE 01951　12"

Zboruri
Cătălin Tîrcolea

1982　Electrecord

伝統楽器ナイの奏者Cătălin Tîrcoleaによる本作は、村岡実
『Bamboo』のルーマニア版だ。尺八はナイに持ち替えられ、熱いジャ
ズ・ロックを展開する。奇しくも同じく「Take Five」を取り上げてい
るから面白い。『Bamboo』では和太鼓で始まったこの曲は、こち
らではパーカッシブなナイのソロから変拍子の主題へと雪崩れ込
む。A-1・B-3などオリジナル曲もすばらしい。ドラムの Costin
Petrescu、ベースの Iulian Vrabete はジャズとロック両方に精通し
たプレイヤーで、強固なリズムを生み出している。

ST-EDE 01974　12"

Concursul cîntecului politic pentru tineret
- Ediția a IV-a 1981 - Muzică ușoară
V.A.

1982　Electrecord

81年に開催された青年政治歌コンテストの楽曲集。コンテストはポップス部
門とクラシック部門があったようで、本作はポップス部門のコンピ。政治歌で
ありながらジャズやロックのミュージシャンが多くクレジットされた珠玉のポッ
プスを聴くことができる推薦盤。中でもジャズ界の重鎮 Marius Popp が作曲
したA-4はバラードから一転、エレピ入りの心地よいボッサに変貌を遂げる名
曲。さらにB-1には作品の少ない幻のグループ Post Scriptum が演奏で参加し、
持ち前のジャズ・ロックサウンドをポップなメロディに融合させている。

ST-EDE 02032　12"

Melodii '81 3
V.A.

1982　Electrecord

『Melodii』シリーズは82年からスタートした同名の歌謡曲コンテストのエントリー曲をまとめたもの。コンテストは年初の数日間にわたって開催され、前年に発表された楽曲から入賞曲を決める。楽曲はコンテストの開催日別にまとめられ、毎年2〜4枚に分けてリリースされるというシステムだ。そんなわけでコンピのみ収録の曲も多く、ルーマニア最高峰のグルーヴ歌謡A-1、女性コーラスが淡々と歌い上げるオブスキュアなファンクA-2もここでしか聴くことができない。この年の『Melodii』シリーズは名曲が多いので、3枚ともチェックしてほしい。

ST-EDE 02070　12"

Am ales nemărginirea
Cornel Fugaru

1982　Electrecord

Cornel Fugaruはルーマニア黎明期のロックシーンを支えた伝説的グループSincronの創設者にしてリーダー。グループ末期の77年には作曲家へと活動をシフトさせ、こちらでも成功を収めている。そんな彼の楽曲を集めたコンピが本作である。彼自身がヴォーカルをとる楽曲も多く、B-1・B-4ではロックンロールな演奏をバックに、ハスキーで力強い歌唱を聴かせてくれている。東欧グルーヴのオススメは、煌びやかなピアノとストリングスが入ったディスコ歌謡A-4。後半ではシンセサイザーも活躍し、中々の名曲に仕上がっている。

ST-EDE 02071　12"

Taina nopții
Mirabela Dauer

1982　Electrecord

Roșu și Negru結成時のヴォーカリストとしてデビューし、ルーマニアで最も成功した女性歌手のひとりとなった。本作はそんな彼女の2ndアルバムであり、西側カヴァー中心だった前作とは違い、オリジナル曲で固められている。特筆すべきはシルキーなストリングスが奏でる甘美なイントロから始まり、サビではモータウンもびっくりなルーマニア製ソウルに変貌するA-4。巨匠コンポーザー Ion Cristinoiuが作曲した哀愁グルーヴ歌謡B-5もオススメ。全編を通してとにかく高い歌唱力を堪能でき、歌謡曲ファンには堪らない一枚となるだろう。

ST-EDE 02075　12"

Funky Synthesizer Volume 1
Adrian Enescu

1982　Electrecord

電子音楽の巨匠Adrian Enescuの2ndで、壮大なオーケストラに強靭なシンセサウンドを融合させた実験的作品。A-1・A-2・A-4などファンキーな楽曲が揃ったA面もすばらしいが、さらにアヴァンギャルドさも加わったB面が最高。優美な弦楽器アンサンブルの上をジャジーなStereoのヴォーカルが浮遊し、シンセが不協和音を突き刺すB-1、ファンキーなリフがミニマル・ミュージック的に変化していくB-2、電子音楽による交響曲B-3など、巨匠の卓越した才能が発揮されている。2年後に発売された『Volume 2』も名作。

ST-EDE 02076　12"

Post Scriptum
Post Scriptum

1982　Electrecord

Post Scriptumはジャズ・ロック～フュージョンの超実力派グループで、人気もあったが残っている音源は少ない。単体での唯一の作品となった本作は、ポップにまとまっているものの、レゲエからハード・ロックまで様々な要素を取り入れて彼らの魅力を濃縮還元した良盤になっている。シンフォニックなシンセに超絶的ギター・ソロも備えたA-3はプログレファンには堪らないだろう。東欧グルーヴ的オススメは、ブラジリアン・フュージョンなA-4と、太いベースに撃ち抜かれるA-5。ちなみに品番違いで英語版もリリースされており、見分けが難しいので注意。

ST-EDE 02212　12"

Un simbol al iubirii
Stela Enache, Florin Bogardo

1983　Electrecord

70年代から活躍し、Electric Cord [P.168] のヴォーカルも務めた歌手Stela Enacheは映画『Liceenii』のテーマと挿入歌が特に有名。歌手・作曲家のFlorin Bogardoと結婚しており、ほとんどの楽曲が彼によって作られている。本作ももちろんBogardoによる作曲で、A-1には彼の曲を集めたメドレーを収録。メドレー冒頭に配されたディスコをはじめ、全体的にグルーヴィなオススメ曲だ。Bogardoのヴォーカルもいい味を出している。その他はしっとりした曲が多いが、B-1には哀愁ディスコを収録。

ST-EDC 10.757　7"

Luna / Ce frumos am visat
Mihaela Runceanu

1983　Electrecord

Mihaela Runceanuは75年頃から活動する歌手で、本作は彼女の初となるレコード。彼女は当時すでに歌手として多くの賞を獲得していたが、ブカレストにあるポピュラー・アートスクールで教師として働いており、A面ではそこで一緒に教えていた元AcademicaのIonel Tudorが演奏指揮を担当。それにより、グルーヴィなディスコに仕上がっている。作曲は大御所Vasile Veselovschiによるもので、曲自体もすばらしい。彼女は計2枚のアルバムをリリースしたが、2nd発売のわずか2日後に殺害されるという不幸な最期を遂げてしまった。

ST-EDE 02370　12"

Să nu-mi vorbești de iubire
Marina Voica

1984　Electrecord

50年代から活躍し、国内で最も有名な歌手のひとりとなったMarina Voicaによる3rdアルバム。流行りのディスコを取り入れているが、ヴィブラートを効かせた力強い歌唱は健在で、非常にパワフルなダンスナンバーを聴くことができる。さらに作曲もできる彼女は本作でもその才能を発揮させ、自作曲A-4はドラム・ブレイクに太いベースが合流するイントロで始まり、哀愁のメロディを情熱的に打ち上げるキラートラックに仕上がっている。他にもこれまたドラム・ブレイクで始まるディスコ歌謡B-1やレゲエ調のB-4などオススメ曲多数。

ST-EDE 02373　12"

Gina
Gina Pătrașcu

1984　Electrecord

Gina Pătrașcuは音源が少なく、単独名義でのレコードは79年の7インチと本作のみである。エキゾチックな演歌風の楽曲を得意とし、本作でもA-3・B-5などはその持ち味が発揮されたグルーヴ歌謡となっている。名コンポーザー Dan Dimitriuが計2曲提供しており、その内の1曲B-1は太すぎるベースがすばらしいディスコの良曲でオススメ。のちにTinăra generație [P.168] のベースを務めるMihai Ilieが作曲したAORなA-5も聴きどころだ。ブロードウェイの空気を感じる、ミュージカル調のA-1も悪くない。

ST-EDE 02375　12"

Ordinea de zi
George Nicolescu

1984　Electrecord

盲目のシンガー George Nicolescuが74年にEPをリリース後、10年のブランクを空けて発表した1stアルバム。大味なポップスも多いが、それに紛れて存在する80sの魅力たっぷりな名曲が心くすぐる、愛すべき一枚。ファンキーなカッティング・ギターにジャジーなエレピが絡むオシャレなイントロと、Gipsy Kingsテイストなエキゾチック歌謡のギャップが良いA-4が本作ベスト。続くA-5もダンサブルなブギーで◎。チープなピアノに太いベースライン、裏打ちドラムで始まるB-1もグルーヴィなAORとして申し分ないクオリティ。

45-ST-EDC 10.778　7"

Tinerețe și dragoste / Să zbori
Marina Florea

1984　Electrecord

Marina Floreaは大御所作曲家George Grigoriuに見出され、82年にデビュー。初のシングルである本作と1stアルバムは、Grigoriuが作曲を手がけている。さらに彼が80年代よくタッグを組んでいた、元Academicaの Ionel Tudorが演奏指揮を担当(1stアルバムでも演奏を全面的に担当)。Tudorによるシンセが盛り込まれたハイエナジー風のA面がオススメ。映画『Fiecare zi mi-e dor de tine』に参加しており、このサントラでも歌声を聴くことができる。

ST-EDC 10.779　7"

Uită tristețea / Numai muzica
Laurențiu Cazan

1984　Electrecord

幼少期からヴァイオリンとピアノを学び、独学でギターやドラム、そして作詞作曲、指揮などあらゆる技術を習得した超マルチプレイヤー Laurențiu Cazanによる唯一のレコード。本作も歌唱と作詞作曲はもちろん、演奏まですべて彼自身によるものと思われる。B面には吹き荒れるシンセの嵐に、ファンキーなブラス、ファルセットのコーラスが入ったハイエナジー風の良曲を収録。彼はMarina Voicaによる同年のアルバムでも演奏を担当しており、要チェック。彼による歌謡曲のバックでの演奏はこれが唯一だ。

ST-EDC 10.781　7"

Revino, nu-i tîrziu / Pentru mine
Silviu Hera

1984　Electrecord

Silviu HeraはロックグループSincronの後期メンバーで、その後レコードを残さなかったプログレグループSolarisに参加。並行して大作曲家George Grigoriuのお抱えオーケストラや、Marius Poppのアルバムに参加するなどロック〜ジャズまで幅広いジャンルで活動した。そして80年代にはプロデューサー・作曲家としてディスコの名曲を大量生産。そんな"ディスコの帝王"による唯一の単独名義作品で、彼らしいコテコテな2曲を味わえるのが本作。妖艶な女性ヴォーカルと3Tによる清涼感あふれるコーラスも良い。

ST-EDE 02580　12"

Invitaţie la discotecă 1
V.A.

1985　Electrecord

『Invitaţie la discotecă（ディスコへの招待）』はタイトル通りのディスコからハード・ロックまで集めたコンピ・シリーズで、85年に一挙5枚がリリースされている。残念ながら収録曲のほとんどは既出となっており、メジャーなアーティストの楽曲が多いため珍しい音源も少ない。シリーズの1枚目にあたる本作にも既出の音源が並んでいるが、B-3だけはここでしか聴けない大変貴重なもの。3Tによる爽やかなコーラスに、前衛的すぎるシンセサウンドが混入し、それがジャズ・ファンク的に展開する超名曲はスルー厳禁。

ST-EDE 02642　12"

Trio Expres
Trio Expres

1985　Electrecord

Trio Expresは、米国に留学して博士号も獲得した才女Carmen Mureşanを中心に結成されたヴォーカル・トリオ。プロデューサーとして"ディスコの帝王"Silviu Heraが携わっており、コテコテのディスコサウンドが持ち味となっている。そんな彼が作曲したB-4は本作のハイライトで、力強い打ち込みドラムに太いベースがうねる良質ディスコ・ポップ。Carmen MureşanはA-1では作曲も手がけ、これがまた良曲だ。本作は英語版も制作されたが、英詞も彼女によるもの。このあと文壇デビューし、ベストセラー作家となるからその才能に脱帽。

ST-EDE 02643　12"

Grupul Stereo
Stereo

1985　Electrecord

Stereo唯一のアルバムで、電子音楽の巨匠Adrian Enescuが全編にわたり作曲した人気盤。同じく彼が作曲した81年の7インチに比べてファンクサウンドは減退したものの、打ち込みで太いグルーヴを生み出しているのが巨匠の技。清涼感たっぷりなヴォーカルと、ディレイのかかったドラムが異世界へと誘うA-1はテクノ・ポップの超名曲だ。淡々と打ちつける無機質なリズムにささやきかけるような歌が乗るB-1、怪しげなシンセ・サウンドにエスニックなメロディが合流するB-2など、オブスキュアな曲曲が並ぶ。

ST-EDE 02647　12"

Cristal
Cristal

1985　Electrecord

音源の少ない幻のグループ、Cristal唯一のアルバム。80年に7イ
ンチをリリースしたのち、ドラマー Aurel Schwartzが心臓病でこ
の世を去り、Mitel Bratoveanuに交代してレコーディングされた。
A-1から良メロのグルーヴィなロックが展開。他にもブラス・ロック
A-4・B-2や、途中でジャズ・ロックに変貌するB-4、早すぎたエレ
クトリック・クンビアB-5など多彩な曲を収録。どれもコーラスワー
クがすばらしい。アレンジは、リーダーでキーボードの Puiu Crețu
が全曲担当。ジャケットも美しい。

ST-EDE 02653　12"

Arabian Lyric Music
Naarghita

1985　Electrecord

Naarghitaはルーマニア人ながらボリウッドに影響を受け、独自に
研究したインド歌謡で人気を博した異色の歌手。74年の1stアルバ
ムは全曲ボリウッド歌謡のカヴァーという内容で、ジャケット写真
も完全にインド人リスペクトの衣装とメイクを施した、強いこだわり
を感じられるものになっている。本作は、そんな彼女がイスラム圏
の音楽に挑んださらに異色の作品。ディスコサウンドも取り込んだ
イスラミックなグルーヴに仕上がっており、意外にも好内容となっ
ている。A-1は特にオススメだ。

ST-EDE 02711　12"

Nature Boy
Cătălin Tîrcolea

1985　Electrecord

ルーマニアの伝統的笛、ナイの奏者Cătălin Tîrcoleaによる85年
作。傑作『Zboruri』以降、伝統音楽のアルバム制作が続いていた
が久々のフュージョン作品となっている。古典的名曲「Nature Boy」
を高速フュージョン化した表題曲A-1をはじめ、ソウルからセサミ
ストリートのテーマまで幅広くカヴァーしている。オリジナルは少な
いが、エレピ入り高速ジャズ・ロックB-3は超名曲。メンバーは若
手ジャズピアニストIon Baciu jr.や"ディスコの帝王" Silviu Hera
など強者揃いで、キレのある演奏を楽しむことができる。

ST-EDE 02714　12"

O seară la discotecă 3
V.A.

1985　Electrecord

計3枚が同時リリースされたディスコ・コンピ『O seară la discotecă
(ディスコの夜)』の中の1枚で、特にオススメのアルバム。ここで
しか聴けないディスコの良曲が多く収録されており、夫婦デュオで
歌われるエレクトロ・ポップA-3、ゴキゲンなディスコ歌謡A-5、
哀愁のAOR歌謡B-1など枚挙に暇がない。しかし最も聴いてほし
いのは電子音楽の巨匠 Adrian Enescuが作曲を手がけた異形のテ
クノ歌謡B-4で、電子音が鳴り響く密室の中にTrio Expresの儚く
も美しいコーラスが浮遊する超名曲。

EXE 02768　12"

Jocuri de copii cu Mihai Mălaimare
Mihai Mălaimare

1985　Electrecord

俳優Mihai Mălaimare主演の、おそらく子ども向けドラマのサントラと思われるアルバム。ポップスはもちろん子ども向け音楽を多数作曲してきたGelu Solomonescuが収録曲の多くを手がけており、ジャケット以上にかわいく楽しい楽曲群がすばらしい。グルーヴが光る楽曲も多く、楽しげに跳ねるピアノと素朴なヴォーカル、そしてキッズ・コーラスにファンクのリズムが合わさったA-6は超名曲。さらに注目してほしいのが、Duke Ellington「Caravan」をカヴァーしたA-7。疾走感のあるグルーヴとシンセ・サウンドは必聴だ。

ST-EDE 02771　12"

Mamaia '85 3
V.A.

1985　Electrecord

「Festivalul de muzică uşoară Mamaia（ママイア・ポップ・ミュージック・フェスティバル）」は63年にスタートした歌謡祭で、76年に中断したものの、83年に復活を遂げて現在も続いている。コンペ形式となっており、エントリー曲はコンピとして毎年リリースされるシステムだ。本作は中でもオススメで、ジャズピアニストZoltán Borosが作曲したディスコ歌謡A-3、RomanticiiのMircea Drăganが作曲と演奏を担当したAORなA-5など、作曲家陣が非常に豪華な良曲を多数収録している。

ST-EDE 02780　12"

Soare şi foc
Romanticii

1985　Electrecord

ルーマニアのロック黎明期を支えた伝説的グループ、Mondialの鍵盤奏者だったMircea Drăganが率いるRomanticii唯一のアルバム。本作では作曲も大部分を彼が担っている。内容はブラス・ロックにディスコやニューウェーヴを組み合わせたようなサウンドで、熱気のあるブラスと美しいコーラス、そして何よりフェイザーを効果的に使用したギターのカッティングがすばらしい。捨て曲一切なしの80年代ルーマニアを代表する超名盤だ。B-3は77年に東ドイツの「ドレスデン国際歌謡祭」でも演奏されており、アレンジの違いを楽しむことができる。

ST-EDE 02854　12"

Drumurile noastre...
Dan Spătaru

1986　Electrecord

60年代から活躍するベテラン歌手Dan Spătaruによる3rd。新曲と、発表済みの楽曲をリメイクしたものを収録。ルーマニアの伝統的メロディとジェントリーな歌唱による王道の歌謡曲ではあるが、Dan Dimitriuアレンジのディスコサウンドを取り入れているため、東欧グルーヴ的にも◎。中でも哀愁漂うピアノとメロウな旋律がすばらしいB-6は名曲。他にも強靭なディスコA-3、72年発表曲をディスコに改変したA-5などが良い。B-7は伝統色の強い曲もあり、ルーマニアらしいグルーヴを求めている方はぜひ。

ST-EDE 02943 12"

Melodii '85 Dans 2
V.A.

1986 Electrecord

歌謡曲コンテスト「Melodii」は、85年のみDansと銘打たれたダンス部門が出現。計2枚のコンピにまとめられている。1枚目も良曲多数だが、2枚目の本作はよりメロウでDJユースな楽曲が多い。珠玉のAOR歌謡A-4、Éva Kissが夫とデュエットするディスコA-5、ニュース番組で使われていそうな古き良きインストB-1は中でも良曲。だが最も聴いてほしいのはルーマニア初と思われるラップが混入したB-3で、Mondial～RomanticiiのMircea Drăganが作曲した貴重な楽曲でもあり、とにかく最高の一曲。

ST-EDE 02999 12"

Şlagăre, şlagăre
V.A.

1986 Electrecord

"Şlagăr"とは「ヒット曲」という意味で、ルーマニアには同名のコンピが多く存在する。しかしヒット曲集といえど、ここにしか収録されていない曲もあるのがルーマニア盤の一筋縄ではいかないところ。中でもRicky Dandelの歌うコテコテのディスコA-5は彼のアルバムでは聴けない曲なので注目だ。Mihaela Runceanuの歌うB-3もここだけに収録されたオススメ曲。名ヴォーカル・グループTrio Expresが歌い、ロック・グループHolografが演奏を担当したシンセ・ポップの名曲B-5が聴けるのも嬉しい。

ST-EDE 03081 12"

Aerobic Music
Electric Cord

1987 Electrecord

Marius Popp Quintetで活躍したAlin Constanțiuなど、凄腕セッション・ミュージシャンたちで構成されたElectric Cordによる、エアロビクス用レコード。チープなシンセで演奏された健全なダンスミュージックA-2、元気なかけ声と太いベースにサックス・ソロまで入ったアップテンポなA-3、打ち込みドラムのブレイクで始まるチープなディスコB-2、オブスキュアなエレクトリック・ボッサB-5など、聴きどころ満載。東欧に多く存在するエアロビクス用レコードの中でも、特にオススメできる一枚だ。

ST-EDE 03211 12"

Tînăra generație
Tînăra generație

1987 Electrecord

Mircea Drăganが率いるディスコ・ロックグループRomanticiiから、Mircea Drăgan抜きで主要メンバーが新たに結成したTînăra Generație の唯一作。透明感のある女声ヴォーカルを引き立てることでRomanticiiの暑苦しさを払拭し、さらに演奏も洗練させた、メロウな内容が最高の一枚。中身はオリジナル半分、カヴァー半分だがどちらも良い出来だ。一点の曇りもない女声ヴォーカルに、小気味よいカッティング・ギターとツボを押さえたブラスが清々しいA-5は必聴。男声ヴォーカルの曲もあり、B-5など良曲も。

ST-EDE 03296　12"

În pași de dans
Mihaela Oancea

1987　Electrecord

歌手Mihaela Oanceaは、コンテスト形式の番組『Steaua fără nume(名もなき星)』での受賞をきっかけに全国的人気を獲得した。本作は彼女による唯一のアルバムで、"ダンスステップ"を意味するタイトル通り良質なダンスナンバーを収録した推薦盤。中でもトロンボーン奏者としてSuper Grup Electrecordなどで活躍したCornel Meraru作曲のムーグ・ファンクB-3は必聴だ。巨匠Ion Cristinoiu作曲のメロウなB-1もオススメ。彼女は87年にアメリカへ移住し、芸能界を引退してしまった。

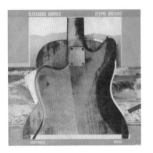

ST-EDE 03364　12"

Despre distanțe
Alexandru Andrieș

1988　Electrecord

シンガー・ソングライター Alexandru Andrieșは、詩人・作家・建築家の顔も持つ多才な人物で、その音楽も高い芸術性を誇る。本作は4枚目のアルバムに該当し、ロックンロール、ブルース、カントリーなど様々なルーツ音楽を研究してきた前作までの成果を発揮して、オリジナリティ溢れるジャズ・ロックを展開している。ベースとドラムにはPost Scriptumのメンバーが参加し、A-5・A-6・B-3などで手堅いグルーヴを聴かせてくれる。さらにB-3ではジャズ界の重要人物、Dan Mîndrilăによるムーディなサックスも聴くことができる。

ST-EDE 03450　12"

Muzică din filme românești
V.A.

1988　Electrecord

80年代に上映された、ルーマニア映画のテーマを収めたコンピ。良曲を多数収録し、ここでしか聴けないものがほとんどのためスルーは禁物。中でも83年公開の映画『Buletin de București (ブカレスト速報)』のテーマB-4は、太いベースラインにブラスとストリングスが絶妙に絡むすばらしいグルーヴ歌謡となっておりオススメ。歌っているMirabela Dauerは学生バンドのヴォーカルとして映画にも出演しているようだ。さらに続くB-5もダバダバコーラス入りのオブスキュアなシンセ・ポップで推せる一曲。

ST-EDE 03451　12"

Muzică din filmul în fiecare zi mi-e dor de tine
V.A.

1988　Electrecord

本作は、88年公開のミュージカル映画『Fiecare zi mi-e dor de tine (あなたがいなくて毎日寂しい)』のサントラ。作曲は大御所George Grigoriuと、Academicaのピアニストから作曲家に転向したIonel Tudorが担当、歌手にはMarina FloreaとHolografの元ヴォーカル Gabriel Cotabițăが参加という強力な布陣となっている。イタロ・ディスコなA-1、ダイエー風インストなA-3、映画のクライマックスで流れたであろう疾走感あふれるB-4がオススメ。

レコードで蘇る
国際ジャズフェスティバルの熱狂

ヨーロッパでは大小含め多くのジャズフェスが開催された。48年にフランスで始まった「ニース・ジャズフェス」の歴史は特に長い。67年からスイスで開催された「モントルー・ジャズフェス」には東欧のジャズミュージシャンも多く出場し、彼らが国際的に評価される貴重な機会となった。ブルガリアのJazz Focus-65や、ハンガリーのPege Trioがモントルーで大きな躍進を遂げた。

東欧では60年にポーランドでスタートした「ジャズ・ジャンボリー」が最初の国際ジャズフェスとなった。62年にはチェコスロヴァキアでも初の国際ジャズフェスが開催された。西側から訪れるミュージシャンの演奏は、東欧におけるジャズシーンの活性化に大きく寄与した。その模様はレコード化されており、ここではオススメのものをピックアップして紹介したい。国を超えたコラボレーションの実現や、国際ジャズフェスのレコードにしか参加していないミュージシャンの録音など、貴重な楽曲も収録されている。ここに掲載した以外の盤もぜひチェックしてほしい。

ジャズステージ・ベルリン（ドイツ民主共和国）
Jazzbühne Berlin

東ドイツでは65年からジャズコンサート・シリーズ「ジャズ・イン・ザ・チェンバー（Jazz in der Kammer）」が開催され、海外ミュージシャンのプログラムも組まれていた。77年、トランペット奏者Klaus Lenzの発案で国際ジャズフェス「ジャズステージ・ベルリン」がスタート。第1回目の出演者は東欧諸国やソ連のミュージシャンが中心だったものの、徐々に西側からの来訪も増えていった。ジャズ・ロックやフリー・ジャズの演奏が多いのが特徴で、先進的な内容のジャズフェスだった。89年まで毎年開催され、78年からはレコード化も始まった。78年のみ『Pop-Jazz International』の題でリリースされ、79年以降は『Jazzbühne Berlin』のタイトルとなっている。

Pick Up

8 56 035　12"

Jazzbühne Berlin '83
V.A.

1983　AMIGA

83年の6月に開催された「ジャズステージ・ベルリン」には、ここ日本から山下洋輔カルテットが登場した。アルバム1曲目を飾り、フリー・ジャズの演奏で観客を熱狂させている。B-2では東ドイツのトロンボーン奏者Conrad Bauerがオランダのドラマー Han Benninkとコラボし、インプロヴィゼーションを披露。B-3には西ドイツへと移ったKlaus Lenzの後継者として東独ジャズシーンを牽引した鍵盤奏者Wolfgang Fiedlerのグループの演奏を収録し、スリリングなジャズ・ロックサウンドを堪能できる。

ジャズ・ジャンボリー（ポーランド人民共和国）
Jazz Jamboree

56年にスタートした「ソポト・ジャズ祭（Festiwal Jazzowy Sopot)」を前身とし、60年から「ジャズ・ジャンボリー」は始まった。Miles Davisをはじめとする世界中の著名ミュージシャンが参加し、ヨーロッパで最も重要なジャズフェスの一つとなった。国際交流の場にもなり、67年の開催時にはポーランド・ジャズ連盟（Polska Federacja Jazzowa）名誉会長Roman Waschkoの提言によってヨーロッパ・ジャズ連盟（European Jazz Federation）が設立された。このことは東欧ジャズの地位向上に大きく寄与した。「ジャズ・ジャンボリー」は戒厳令による中断を挟んだものの、体制転換後も存続して現在に至っている。

Pick Up

SXL 0829　12"

Jazz Jamboree '71
V.A.

1972　Polskie Nagrania Muza

「ジャズ・ジャンボリー」には良い録音が多く迷うが、東欧好きには71年の模様が録音された2枚のレコードをオススメしたい。『Vol. 1』にはソ連のピアニストIgor Brilによるボッサな演奏と、ルーマニア最高峰のサックス奏者Dan MîndrilăによるHerbie Hancockカヴァーを収録している。『Vol. 2』では東ドイツのサックス奏者Günther Fischerが自作曲を演奏しており、次々と展開するジャズ・ロックから目が離せない。この年、アメリカのヴィブラフォン奏者Gary Burtonも参加している。

国際ジャズフェスティバル・プラハ（チェコスロヴァキア社会主義共和国）
Mezinárodní jazzový festival Praha

チェコスロヴァキアでは62年にカルロヴィヴァリで最初の国際ジャズフェスが開催されたが、これは単発で終わった。「国際ジャズフェスティバル・プラハ」は64年からスタートし、東西のミュージシャンが集まった。第1回目にはアメリカからヴォーカリストDonald Baby Douglasが参加し、そのグループにはサックス奏者Leo WrightやピアニストKenny Drewもいた。ソ連による侵攻があった68年に中断を挟んだものの、現在も存続している。レコードは64年から67年にかけて実況録音盤がリリースされた。70年にはVáclav Zahradníkが音頭をとり、ジャズフェスに集まった東欧最高峰のミュージシャンによるオールスターのビッグ・バンドも結成されている。

Pick Up

SUA 15732　12"

International Jazz Festival Praha '65
V.A.

1966　Supraphon

65年の「国際ジャズフェスティバル・プラハ」は2枚のレコードにまとめられている。1枚目にはルーマニアのピアニストKőrössy Jánosや、ソ連の最重要グループMelodiyaを率いたサックス奏者Georgiy Garanian、さらに西側からMJQが参加している。2枚目ではチェコスロヴァキアを代表するビッグ・バンドGustav Brom Orchestraが海外ミュージシャンとコラボしており、アメリカのトランペッターTed Curson、ポーランドのヴィブラフォン奏者Jerzy Milianとの貴重な演奏を聴くことができる。

ブラチスラヴァ・ジャズ・デイズ（チェコスロヴァキア社会主義共和国）
Bratislava Jazz Days

「ブラチスラヴァ・ジャズ・デイズ」はジャズヴォーカリストPeter Lipaの尽力により75年に1回目が開催された。最初の年は一年早く始まった「プラハ・ジャズ・デイズ（Pražské jazzové dny）」と同様に国内のミュージシャンのみが出演していたが、76年には東ドイツとハンガリーからも参加があった。この年からジャズフェスの模様が2枚組のレコードとしてリリースされるようになる。77年以降は西側のミュージシャンも訪れ、国際化が進んでいった。ビロード革命の1か月前に開催された89年のジャズフェスを最後に終了してしまったが、その模様は計10タイトルのレコードで聴くことができる。他に音源を残していない貴重なアーティストの演奏もあり、興味深い録音ばかりだ。

Pick Up

9115 1536-37　12"

Bratislava Jazz Days 1983
V.A.

1984　Opus

「ブラチスラヴァ・ジャズ・デイズ」で最も注目の出演者はV.V. Systém Internationalだろう。スロヴァキアの精鋭ミュージシャン集団V.V. Systémが海外のミュージシャンを招き入れた一夜限りの編成だ。この特別なグループは何回か出演しているが、83年の録音は特にオススメ。ポーランド、オーストリア、アメリカのミュージシャンを加えて珠玉のジャズ・ファンクを演奏している。他の出演者もアメリカ人ギタリストLarry Coryellやソ連のグループAllegroなど、東西の人気ミュージシャンが結集していて非常に豪華。

リュブリャナ国際ジャズフェス（ユーゴスラヴィア社会主義連邦共和国）
International Jazz Festival Ljubltana

東欧ミュージシャンによる海外のジャズフェスでの活躍も見逃すことができない。中でも、同じ共産圏であるソ連やユーゴスラヴィアの国際ジャズフェスには東欧から多くの出演者が参加した。スロヴェニアで60年から開催された「ユーゴスラヴィア・ジャズフェス（Jugoslavenski Jazz Festival）」とその後継「リュブリャナ国際ジャズフェス（International Jazz Festival Ljubltana）」の他にも、クロアチアの「ザグレブ国際ジャズフェア（International Zagreb Jazz Fair）」、セルビアの「ニシュ・ジャズ（Naissus Jazz）」、ソ連の「レニングラード・ジャズ・インターナショナル（Leningrad Jazz International）」などが有名だ。

Pick Up

LSY-65007　12"

International Jazz Festival Ljubltana - 74
V.A.

1975　Jugoton

スロヴェニアのブレッドで開催されていた「ユーゴスラヴィア・ジャズフェス」は67年に場所を移し、「リュブリャナ国際ジャズフェス」の名称になった。日本から渡辺貞夫や山下洋輔らも出演している。そのレコードの中で特にオススメなのが、初めて2枚組でリリースされた本作だ。チェコのフルート奏者Jiří StivínとギタリストRudolf Dašekは前衛的なスイング・ジャズを披露し、ハンガリーのPege Aladárは超絶的ベース・ソロに続いてファンキーなジャズ・ロックを展開。ポーランド出身のZbigniew Seifertも参加している。

ブルガリア人民共和国

Народна република България

VOCTRの系譜とロックの萌芽

　ブルガリアのポピュラー音楽は、60年に放送局お抱えのビッグ・バンドとして設立されたVariety Orchestra of the Committee for Television and Radio（以下VOCTR）と共に発展した。結成当初、VOCTRの指揮者はDimitar Ganev、Emil Georgiev、Jules Levyらが務めていた。60年に国立音楽院を卒業したMilcho Levievは、国立風刺劇場などで指揮者を歴任したあと、62年にVOCTRの指揮者に加わった。62年、Dimitar Ganevによって国営レーベルBalkantonお抱えのセッション・ミュージシャン集団であるOrchestra Balkantonが設立され、64年にはSofiaが結成されてEmil Georgievがその指揮者に就任した。

　65年にはWilly KazassianがVOCTRの指揮者になった。Kazassianはそこから38年もの間VOCTRを率い、国内のジャズの発展に大きく寄与することになる。同じ年、Milcho LevievによってジャズコンボJazz Focus-65が設立された。Levievはブルガリア伝統音楽の複雑な変拍子を

ジャズに落とし込み、「Blues in 10」「Blues in 12」といった名曲を生んだ。その演奏は67年のモントルー・ジャズフェスで衝撃を与え、彼らの国際的な活躍の足掛かりとなった。そんな中、Levievはアメリカ人トランペッター Don Ellisに見出されて彼のビッグ・バンドへと勧誘を受けた。71年にアメリカへと移ったLevievはブルガリアで放送禁止となるが、本場のジャズシーンで活躍することとなる。

　65年、国際歌謡祭「Златният Орфей（英：Golden Orpheus）」が始まると、国内外から多くの歌手が出演した。68年には、コンテスト形式のテレビ番組『Мелодии на годината（今年のメロディ）』が始まり、その年の最も優れた曲が決められた。これらのコンテストでは、演奏をVOCTR、Orchestra Balkanton、そしてSofiaが担当し、歌謡曲にジャズのグルーヴが伝播していった。

「Golden Orpheus」の
レコード
(1968年)

　60年代にはロックシーンの盛り上がりもあった。62年、ソフィアで最初のロックグループBanda-ratsiteが結成されると、彼らを中心とするコミュニティが生まれ、そこから複数のグループが発生した。Bandaratsiteは67年に解散し、後継グループである Shtourtsite が誕生した。Shtourtsite は最初に成功したロックグループとなり、67年の「Golden Orpheus」で歌手Georgi Minchevと共に出場して優勝を手にしている。しかしその活動には困難も伴った。68年にはロックグループとしては初の単独でのレコードをリリースしたものの、コンサート活動が制限されて解散してしまう。

Shtourtsite
『Пеят „Щурците"』
(1968年)

　ブルガリアにおいて、ロックグループはВокално инструментални група(ヴォーカル・インストゥルメンタル・グループ)略してВИГ(英：VIG)と呼ばれた。ソ連では西側由来のロックという言葉を避けるため、Вокально инструментальный ансамбль(ヴォーカル・インストゥルメンタル・アンサンブル)略してВИА(英：VIA)と呼ばれたが、ソ連の第16番目の加盟共和国と言われるブルガリアでも似たような状況だった。

ロックの盛り上がりとFSBの誕生

　70年代になると、「春(Пролет)」「ブルガスと海(Бургас и морето)」など新たな歌謡祭も始まり、ブルガリア歌謡はさらに活気づいた。しかし71年、飛行機事故によってSofiaのメンバーと歌手Pasha Hristovaが帰らぬ人となる、痛ましい出来事もあった。Sofiaは様々な歌手と協力関係を結んだが、その中でも結成当初からその顔としてヴォーカルを務めたのがPasha Hristovaだった。Sofiaは残されたメンバー、そして新たに人気を集めていた歌手Donika VenkovaとChristo Kidikovの活躍に

よって勢いを取り戻し、74年にはSofia名義での最初のアルバムをリリースした。

　70年代初頭にはСребърните Гривни(英：The Silver Bracelets)、6+1、Стакато(英：Stakato)など、ごくわずかではあるがロックグループのEPが数枚リリースされた。73年にはShtourtsiteも復活してEPを発表している。74年、多くのロックグループを紹介したコンピ『Наши вокално инструментални групи(我らのヴォーカル・インストゥルメンタル・グループ)』がリリースされ、シーンの盛り上がりを象徴する一枚となった。この年、Diana Expressによって、単独のロックグループとしては初のアルバムもリリースされた。

　75年、その名の通りBalkantonレーベルお抱えのセッション・ミュージシャン集団として設立されたFSB (Formation Studio Balkanton)は、単体でも人気を博してブルガリアを代表するロックグループへと成長していった。シンセサイザーを生かしたプログレッシヴなロックサウンドを特徴とし、Le OrmeやGentle Giantといった西側のプログレをカヴァーして国内に持ち込んだ。76年にはShtourtsiteの1stアルバム、77年にはFSBの1stがリリースされ、ロックのアルバムも少しずつ増えていった。

FSB最初のシングル
『Празник / Зима』
(1975年)

ディスコとジャズ、そして伝統音楽

　70年代後半になると、ブルガリアにもディスコの波が到来し、78年にコンピ・シリーズ『Disco』の第一弾[P.183]がリリースされた。ディスコと相性のよいヴォーカル・グループが多く活躍し、中でもTonikaは大きな成功を収めた。VOCTRお抱えのコーラス・グループとして設立されたStudio Wも、ディスコ路線をとって単体でも人気を集めた。オールラウンドなスタジオ・ミュージシャン集団であるFSBはディスコサウンドにも対応して活躍を見せている。『Disco』第一弾にもその楽曲が収録され、歌手のバックでもディスコ的演奏を残した。80年にはStudio Wから発展したヴォーカル・グループTramway No.5が誕生し、ブルガリアで初めて凝ったダンスとステージ演出を取り入れた。Shtourtsiteなど往年のロックグループもディスコ・ロック的な演奏を残し、ディスコはポピュラー音楽の中心となっていった。

80年代はジャズの時代でもあった。80年代初頭、Milcho Lievievの帰国公演が認められたことからもわかる通り、ジャズを取り巻く状況はかなりよくなっていた。それに乗じて、ジャズ・ロックやフリー・ジャズといった"逸脱"した演奏も見られるようになった。トランペッター Raicho Ivanov率いるその名もRock Jazz Orchestraは象徴的な存在で、Miles Davisの影響下にあるジャズ・ロックサウンドを披露した。Sofiaも『Rock Jazz』と副題が付けられたアルバムを81年にリリースし、彼らの実力が余すところなく発揮された大傑作となった。

　伝統音楽とジャズの融合も促進された。その陰には、70年代から盛り上がりを見せていた"ウェディング・ミュージック(Сватбарска музика)"の存在があった。これは元々、結婚式で伝統音楽の楽団が式に合った曲や即興演奏を披露する文化から発展したものである。即興演奏を得意とするこれらの楽団は、徐々にジャズ化を始めていき、"ウェディング・ミュージック"というジャンルになっていった。結婚式は個人的な祝いの場のため、国の統制を気にせず自由に演奏できるという要因もあった。中でもクラリネット奏者のIvo Papasovはウェディング・ミュージックの王様と呼ばれて支持を集めた。ウェディング・ミュージック以外でも積極的にジャズ化が図られ、ブルガリアの伝統音楽を演奏していたサックス奏者Trifon Trifonovは、Plovdiv Folk Jazz Bandを結成してジャズとの融合を模索した。86年にリリースされたPlovdiv Folk Jazz Bandの1stアルバムは、70年代から伝統音楽や宗教音楽をジャズに取り入れてきたグループWhite, Green & Red、そしてIvo Papasovが参加した歴史的作品となった。伝統的笛カヴァルの名手Theodosii Spassovも忘れてはならない。彼はカヴァルでジャズを演奏するという試みを成功させ、ジャズシーンで活躍した。このような動きに伝統音楽のグループも呼応し、80年代末の伝統音楽の祭典「Stambolovo」でもジャズ・ロック的演奏が聴かれるようになっていった。

　80年代末、ブルガリアにも民主化の波が到達した。同じ頃、ワールド・ミュージックの文脈でIvo Papasovは世界的に評価されて89年にイギリスで録音を残した。美しいハーモニーを持つブルガリアン・ヴォイスも人気を呼び、女性3人による伝統歌唱のトリオTrio Bulgarkaはひっぱりだことなった。民主化によって西側にも開かれたブルガリアの音楽シーンは、世界中から注目を浴びることとなった。90年には、FSBとTrio Bulgarkaがグラミー賞を獲得する快挙も成し遂げた。

89年にイギリスで録音されたIvo PapasovのCD『Orpheus Ascending』

175

BTA 1098　12"

Квартет „Джаз фокус-65″
Квартет „Джаз Фокус-65″

1968　Балкантон

"ブルガリア産ジャズの父"、Milcho Levievが結成したJazz Focus-65は国内初の本格的ジャズコンボで、西ドイツなど国外でも注目を集めた実力派。2ndアルバムである本作ではオリジナル曲も2曲収録し、どちらも高水準の演奏になっている。中でもB-1はLlevievのピアノとSimeon Shterevによるフルートの凄まじいソロも聴ける名曲。Milcho LevievはVOCTR [P.177]の初代指揮者を務めたのち、アメリカに移住し西側のジャズシーンでも大活躍する。東欧ジャズ史に残る、歴史的作品だ。

BTA 1139　12"

Мелодии На Годината 1969
V.A.

1969　Балкантон

のちに『Мелодия』と短縮されるコンピ・シリーズ『Мелодии на годината(今年のメロディ)』は、68年にスタートした同名テレビ番組発のアルバム。番組はコンペ形式で、まず毎月1曲が選定され、それが年初の決勝戦で最優秀曲を争うという仕組みである。そうして決勝まで進んだ楽曲はスタジオ収録されてコンピとしてリリースされる。牧歌的コーラスにメロディアスなベース、良質なオルガン・ソロまであるA-3、ヴァイオリン入りソフト・ロックB-1がオススメ。その他にもA-6・B-2・B-4などグルーヴ歌謡の良曲が収録されている。

BTK 2912　7"

Анита Хегерланд на „Златният орфей '70″
Анита Хегерланд

1970　Балкантон

翌年にはミリオンセラーのヒット曲をリリースすることになる、ノルウェーの天才キッズ Anita Hegerlandが、歌謡祭「Golden Orpheus」に出演した際のライブ録音盤。海外勢も多数参加する大規模な大会であったが、1曲は必ずブルガリア人作曲の歌を歌うという鉄の掟により、本作もB面に大御所Bentzion Eliezerによる曲を収録。子どもらしからぬソウルフルな歌声が、名門VOCTRの演奏と相まっててつもないグルーヴを生み出している名曲だ。ちなみに彼女はかのMike Oldfieldの元パートナーで、ふたりの娘を授かっている。

BTK 3189　7"

Бели птици / Небесни момичета
Стефка Оникян / Йорданка Христова

1971　Балкантон

バルカン航空のプロモーションとして制作されたレコードの一枚。A面ではTrio Obektiv [P.183]のメンバーとして活躍したStefka Onikyanの数少ないソロ曲のひとつを聴けるが、これが名曲。飛行機の飛ぶサウンド・エフェクトに続いて、流れるようなエレピのリフ、そして分厚いコーラスが飛び出すイントロはぜひ聴いてほしい。ドラミングもファンキーで、グルーヴ歌謡として非常に質の高い一曲だ。B面にはJordanka Hristovaによるゴキゲンな歌唱が収録されており、Willy Kazassianの指揮する演奏もグルーヴィ。

BTA 1351 12"

Музика из Български филми
V.A.

1972 Балкантон

ブルガリア映画の音楽を集めたコンピで、ここでしか聴けない楽曲
ばかりなため要チェックな作品。中でも71年公開の映画『Стран
ен двубой(奇妙な決闘)』からの1曲A-3はVOCTRによるソウル
フルなビッグ・バンドサウンドにファルセットのコーラスが加わった
名曲。さらに67年の映画『Мълчаливите Пътеки(静かな道)』
の音楽B-8は、名グループSofia [P.178]最初期の音源として大変
貴重であるだけでなく、ジャジーな魅力がたっぷり詰まった名曲に
なっておりオススメ!

BTA 1352 12"

Естраден оркестър на КТР и неговите солисти
Естраден оркестър на комитета за
телевизия и радио

1972 Балкантон

Variety Orchestra of the Committee for Television and Radio (以下
VOCTR) はラジオ局お抱えのビッグ・バンドで、活動場面によって名称
が変化するが本書では便宜的にすべてVOCTRと呼称する。本作は彼
らの持ち味である、本格ジャズ・ファンクサウンドを聴かせてくれる良盤。
中でもWilly Kazassian作のA-1は熱気あふれる名曲で一聴の価値ア
リ。エレキギターが怪しく歪むグルーヴ歌謡A-6もオススメだ。カヴァー
曲も充実で、「霧の中の二人」をファンキーにしたB-5はすばらしい。

BTA 1445 12"

Сбогом, Мария
Емил Димитров

1972 Балкантон

トップスター Emil Dimitrovの72年作。バックは前作まで共演を続
けたロックグループBlue-WhiteではなくSofiaとVOCTRが担当し、
強固なグルーヴを聴かせてくれる名盤。ヴァイオリンとブルガリアら
しいエキゾチックなメロディで紡がれるグルーヴ歌謡A-3、女性コー
ラスが徐々に盛り上げるA-5、伝統楽器を用いたB-1など良曲を挙
げればキリがないが、ブルガリア民謡を怪しげなアレンジに仕立て
上げたB-6が最高。この曲はのちに他の様々なアーティストもロッ
クやジャズにアレンジして取り上げるが、その先駆けがこちらである。

Богдана Карадочева
Богдана Карадочева

1972 Балкантон

60年代末にデビューしたシンガー、Bogdana Karadochevaの1st
アルバム。バックにはSofia, Orchestra Balkanton、そしてVOCTR
とブルガリアを代表するビッグ・バンドが支えており、その事実だ
けでもすでにマストバイ。中でも聴いてほしいのが、ブルガリアの
伝統的歌唱とビッグ・バンドの演奏が融合し、異形の東欧グルーヴ
となっているA-1。バルカンの香りがするエキゾチックなフレーズを
ソウルフルに歌い上げる彼女の声と、ブルガリア最高峰の楽団が奏
でるファンキーすぎる演奏が混然一体となって押し寄せる名曲だ。

BTA 1462 12"

BTA 1496　12"

Обичам те
Лили Иванова
1972　Балкантон

60年代初頭からプロとして活動し、ブルガリアで最も成功した女性歌手のひとり、Lili Ivanovaは国内外で膨大な数の作品を残している。そんな歌姫の名曲は山ほどあるのだが、本作は2枚組というだけあり名曲を数多く収録している。作曲家陣もToncho Russev、Moris Aladjemなど大御所ばかりで非常に豪華。特にオススメなのはC-4で、ファンキーに叩きつけるピアノにソウルフルなブラス、歪んだギター（ソロもある）が入ったグルーヴ歌謡の名曲だ。他にもA-5・B-5・C-2・C-6・D-6と、とにかくグルーヴ歌謡の宝庫。

BTA 1453　12"

Веселин Николов и неговите „Бели, зелени и червени"
Веселин Николов, Бели, зелени и червени
1973　Балкантон

71年、サックス奏者Vesselin Nikolovを中心に結成されたWhite, Green & Redは、ロックや伝統音楽の要素を取り入れた高度な音楽性を誇るジャズグループとして、シーンを牽引してきた。中でも1stである本作は、彼らの魅力が詰まった代表作。ベースとパーカッションが紡ぎだす原始的なビートに、不穏なメロディを奏でるブラス、さらに美しくも怪しいコーラスが加わるA-1、凶悪なギターが混入し、さらにオルガンとツバ吹きフルートが参戦してサイケデリックなソロを次々披露するジャズ・ファンクA-2は非常にオススメ。

BTA 1495　12"

София
София
1973　Балкантон

VOCTRの創設者のひとりで指揮者だったEmil Georgievが結成し、様々な歌手のバックとして活躍した最重要グループSofiaの1st。71年末の飛行機事故により看板シンガーだったPasha Hristovaや多くのメンバーを失ったが、それを感じさせない圧倒的な演奏と、新たに加入したのちのスター Christo KidikovとDonika Venkovaの歌唱力により傑作に仕上がっている。グルーヴ歌謡A-1・A-5・B-5・B-6はどれもすばらしく必聴。さらにサイケデリックなA-4、高速ジャズ・ファンクなB-1と、インスト曲も光る。

BTA 1506　12"

Бягство в Ропотамо
Иван Стайков
1973　Балкантон

映画『A Getaway to Ropotamo』のサントラ盤。作曲家Ivan Staykovの代表作であり、彼の妻Mimi Nikolovaが数曲ヴォーカルをとっている。楽曲は基本的にはムード溢れるイージーリスニングが中心で、ボッサテイストのものもあり味わい深い。だが、ビートの効いたA-8、そして長尺B-1後半のジャズ・ファンクな展開は別モノ。指揮がSofiaのEmil Georgievなだけあり、彼の本領発揮といったところか。件のB-1は、おそらく映画のクライマックスで使用されたもので、時折セリフも入っている。

BTM 6548　EP

Песни от Найден Андреев
Найден Андреев

1973　Балкантон

70年代のブルガリアでは作曲家の楽曲を数曲集めたEP盤が多くリリースされているが、本作は当時若手の作曲家として活躍し、のちに多くの楽曲を世に送り出すNaiden Andreevの楽曲集。収録された4曲はキャリア最初期のものであるが、いずれもグルーヴィな良曲で彼の才能を感じさせる。歌謡コンペ『Мелодия』にもエントリーされたヒット曲A-2は必聴だ。ここでしか聴けないグルーヴ歌謡A-1、歌謡祭「Златният Орфей（英：Golden Orpheus）」でも披露されたヴァイオリン入り歌謡B-1もオススメ。

BTA 1631　12"

Наши вокално инструментални групи
V.A.

1974　Балкантон

Вокално инструментални група(Vocal Instrumental Groups) とは、"ロックグループ" の代替語。西側由来である"ロック"という単語が使いづらいために、代替語で呼ばれる現象は、ポーランドのBig-beatやソ連のVIAとも似ている。ブルガリアのロックシーンは60年代初頭から誕生していたものの、この頃からようやくメインストリームへと進出する。そんなブルガリアのロック史を克明に記録した本作は、大御所からマイナーなグループまで紹介。B-4で登場するChynaryの音源はここでしか聴けない貴重なものだ。

BTA 1638　12"

Христо Кидиков
Христо Кидиков

1974　Балкантон

Sofiaのヴォーカルとして歌謡界でのキャリアをスタートさせた、Christo Kidikovによる1stアルバム。バックにはパートナーであるSofiaはもちろん、VOCTRも参加しているので、グルーヴは保証されたようなもの。力強いブラスとコブシの効いたスキャットで幕を開けるA-1がすばらしいクオリティだ。B-1も同系統のグルーヴ歌謡で、こちらもオススメ。A-3ではソ連を代表するVIA、Samotsvetyの「私の住所はソビエト連邦」をカヴァーしており、激しいドラミングにより原曲以上の熱量で演奏されている。

BTA 1639　12"

Доника Венкова
Доника Венкова

1974　Балкантон

Sofiaのヴォーカルとしてデビューした最重要シンガー Donika Venkovaの1stアルバム。同僚Christo Kidikovの1stと同発と思われ、彼の作品と同じくバックをSofiaとVOCTRが担当している。A-2・A-4・B-2とハイレベルなグルーヴ歌謡を収録。中でもドラム・ブレイク入りのイントロと重厚なコーラスを聴くことができ、ブルガリアらしいメロディまで感じさせるB-4は東欧グルーヴ屈指の名曲だ。ソウルフルな歌唱が光るB-5や、ダバダバコーラスが愉快なB-6も聴いてほしい。この年、彼女はSofiaを卒業してしまう。

ブルガリア人民共和国　——　Народна република България

BTA 1660　12"

Песни за транспорта
V.A.
1974　Балкантон

『Песни за транспорта(輸送の歌)』と題された本作は、飛行機・電車・船とあらゆる輸送機関をテーマにした歌謡曲が並ぶ異色のコンピ。中でも汽笛の効果音があしらわれたB-2は象徴的な1曲で、ブラスやコーラスが盛り上げるブルガリアらしいグルーヴ歌謡だ。ベースから始まるイントロが印象的なクンビア風味歌謡A-7もオススメ。どちらも本作にしか収録されていないのでぜひチェックしてほしい。その他A-3をはじめ、乗り物がテーマのせいか爽やかで清々しい歌謡曲を多数収録している。

BTK 3102　7"

3 от 8 февруари '75: Малко слънце / Спомен
Петър Чернев / Студио В
1974　Балкантон

『3 от 8』は『Мелодии на годината(今年のメロディ)』の番組内で、"今月の歌"としてコンテストを勝ち上がった楽曲をシングルとしてリリースしたもの。したがって、A面の楽曲はコンピ『Мелодии на годината』に収録されることがほとんどである一方、B面はここでしか聴けないものが多い。本盤のB面にも他では聴けないStudio W [P.187]の曲が収録されており、分厚いコーラスと各メンバーのソロが両方楽しめる名曲なのでぜひ確認してみてほしい。VOCTRによるファンキーな演奏と、高揚感のあるメロディもすばらしい。

BTA 1703　12"

Pop Jazz
V.A.
1974　Балкантон

VOCTR中心に、Stakato、Sofiaとレジェンドが集結した本作は、ポップなジャズ…ではなく、凶悪なエレキギターと変拍子が混入した悪魔的ジャズ・ロックを収録。まずVOCTRは王道ジャズ・ファンクA-4やスカ風のA-7、変拍子ジャズB-3・B-6と多彩な曲を演奏。Stakatoは、スキャット入りのドープなファンクA-2、骨太なオルガン入りジャズ・ロックB-2、複雑な展開を見せる変拍子入りR&BのB-7など、名曲をラインナップ。SofiaはB-4のみだが、ベースが唸りブラスが乱れ咲く名曲だ。絶対的名盤!

BTA 1855　12"

Музикален албум „Младост" 1974
V.A.
1975　Балкантон

ブルガリア青年ラジオ局による『Musical Album "Youth"』は政治的メッセージを込めた歌謡曲を若者に発信する番組で、毎月新曲が1曲登場する仕様。そして1年間で溜まった12曲をアルバムにしたのが本コンピというわけである。それゆえほとんどの曲が初出で、ここでしか聴けないものになっているためスルーは禁物だ。サンプリング素材にできそうなローファイなビートをイントロに持つA-3は特にオススメ。その他にも、A-6・B-1・B-4・B-5と哀愁あふれるグルーヴ歌謡が多数収録されている。翌年発売のシリーズ第二弾も良曲多数。

BTK 3212　7"

Пролетни стъпки / Куклата
Бонка Найденова
1975　Балкантон

Bonka Naidenovahは66年、12歳の若さにして歌謡祭「Golden
Orpheus」に出場し有名になったが、成人してからの音源は少なく、
Christo Kidikovとのデュエットでの1曲以外はこちらの7インチしか
ない。だがA面は高鳴るブラスに激しく打ち鳴らされるドラム、
そして分厚いコーラスまで揃った良質グルーヴ歌謡となっており、
マイナーながらスルーは禁物。それもそのはず、バックを固めるの
は名グループSofia。彼らの参加曲にハズレなしだ。子ども時代の
音源を聴きたい方は、『Golden Orpheus』のコンピをチェック！

BTA 1961　12"

Среднощен час
Людмил Георгиев
1976　Балкантон

Sofiaの指揮者でありサックス奏者のLyudmil GeorgievがVOCTR
を引き連れて制作した作品。超一流ミュージシャンが集まっている
だけあり、安定感バツグンのグルーヴが楽しめる。Otis Redding
のA-1や、GershwinのB-2などカヴァー曲も熱量たっぷりで聴き
ごたえがあるが、チェックしてほしいのはやはりオリジナル。
Lyudmil Georgiev作曲のB-5は、分厚いブラスのアンサンブルに
表現力豊かなサックス・ソロと、ビッグ・バンドの魅力が詰まった
曲でオススメだ。Emil GeorgievによるボッサなA-5も◎。

BTA 2060　12"

Романтика
Маргарита Хранова
1976　Балкантон

Trio Obektivの一員としてデビュー後72年にソロ活動を開始し、
80年代にかけて人気を博したMargarita Hranovaの2ndアルバム。
バックにFSBを抜擢しているため、浮遊するシンセサイザーのサウ
ンドと、確かなテクニックのグルーヴを聴くことができる良盤だ。
中でもNaiden Andreev作曲のA-1は彼女の可憐な歌声も楽しめ
るオススメ曲。Atanas Kossev作曲のB-5も悪くない。次作以降、
彼女はディスコ路線へ転向し、レオタードを着て歌うエアロビクス
用レコードもリリースしている。

BTA 2084　12"

Бисер Киров
Бисер Киров
1977　Балкантон

作曲家Moris Aladjemに才能を見出され、67年に彼が創設した
Orchestra BalkantonのヴォーカリストとしてデビューしたBisser
Kirowは東欧諸国で人気を博し、特にソ連で最も有名なブルガリア人
歌手として活躍した大スター。そんなKirowの数ある作品の中で最も
充実しているのがこちら。大味なロック歌謡が多い彼だが、本作ではグ
ルーヴが光る楽曲を多数収録している。中でも彼自身が作曲したA-3
は浮遊感のあるシンセも入ったロックで、骨太なリズムとパワフルな歌
唱が組み合わさった名曲。他にもA-2・B-2・B-3・B-6など良曲多数。

BTA 2090　12"

Non Stop
ФСБ
1977　Балкантон

75年結成のFormation Studio Balkanton (FSB) は、レーベルお抱えのセッション・ミュージシャン集団として始動。ダブル・キーボード、ベースの3人を中心に多くの作品をリリースした。記念すべき1stである本作はタイトル通りノンストップでプログレを演奏。Le OrmeやGentle Giantのカヴァーも収録している。ゴリゴリのシンセが入った前衛サンバA-1、ヘヴィなプログレッシヴ・ジャズ・ファンクB-1、爽やかな歌モノB-2は東欧グルーヴ的にも◎。超絶テクニックに、バルカン的フレーズまで飛び出すB-4も圧巻だ。

BTA 2098　12"

Мустафа Чаушев
Мустафа Чаушев
1977　Балкантон

トルコ系ブルガリア人の名歌手Moustafa Chaoushevによる2nd。コブシの効いた演歌風の歌唱を得意とし、イナたい楽曲の多い彼だが、本作では浮遊感のあるシンセが導入され、洗練されたアレンジの楽曲でイメージを一新している。中でもA-5はシティ・ポップな香り漂う超名曲に仕上がっており必聴だ。他にもA-4・B-4・B-5は彼らしいエスニックな節回しが聴けるグルーヴ歌謡になっておりオススメ。1stから彼の楽曲を多く手がける作曲家Toncho Russevが今回も活躍しており、巨匠の力量を感じさせてくれる。

BTA 2119　12"

Ната
Ната
1977　Балкантон

謎に包まれたシンガー、Nata唯一のアルバム。おそらくフランス人と思われるが推測の域を出ない。本作は全面的にバックをFSBが担当し、ジャズ・ファンク的サウンドを聴かせてくれる貴重なレコードなので外せない一枚だ。Quincy JonesのA-5や、フレンチ・ポップをムーグ・ファンクに調理したA-6・B-4など、アレンジが光るカヴァー曲を収録。A-3・A-4などオリジナルと思われる楽曲（クレジットされている作曲家の詳細が不明）も非常に高水準。ブルガリア語で歌われていないのが残念。

BTA 2128　12"

Симеон Щерев квартет
Симеон Щерев квартет
1977　Балкантон

Jazz Focus-65の一員としてキャリアをスタートさせ、Sofiaのメンバーとしても活躍するなど、ブルガリア産ジャズの歴史と共に歩んできたフルート奏者Simeon Shterev（通称"バナナ"）によるグループ。他メンバーもシーンの重鎮ばかりで、高いクオリティの演奏を聴くことができる良盤。Shterev自身の作曲によるA-2や、鍵盤を担当したMario Stanchev作曲のB-3など、変拍子も飛び出す複雑な楽曲を高度なテクニックでサラリと演奏している。プログレッシヴなジャズ・ロックとしても評価できる推薦盤だ。

BTA 2158　12"

Пролет '77
V.A.

1977　Балкантон

「Пролет（春）」はブルガリア国営ラジオの企画として70年にスタートし、なんと現在まで続いている歴史ある歌謡コンテスト。審査を通過した楽曲は録音・放送されたのち、審査員とリスナーの手紙から受賞曲を決定するという流れになっている。本コンピは、そんなブルガリアで最も権威あるコンテストにエントリーされた楽曲を収録したもので、その77年作というわけである。歌手のオリジナル・アルバムにも収録される曲がほとんどであるが、本作のA-6はここでしか聴けない一品。分厚いブラスによるキラーなイントロは一聴の価値アリだ。

BTK 3364　7"

За да бъде светъл денят / Сладка магия
Студио В

1977　Балкантон

名門コーラス・グループStudio Wによる、アルバム未収録の2曲を収録した7インチ。時期的には、ジャズ・ファンク的作風だった2ndからメロウなディスコを多数収録した傑作3rdの間に当たる作品で、2ndまであったイナたさを払拭し、メロディを洗練させていく過程を聴くことができる。太いベースとドラムに分厚いコーラスとブラス、そしてジャジーに跳ねるピアノが加わったA面はジャズ・ファンク期Studio Wの最高傑作。続くB面も中々の名曲で、Sir Dukeにも似たゴキゲンなブラスのメロディと気持ちいいソフト・ロック的アレンジがすばらしい。

BTA 10146　12"

Да танцуваме
Трио Обектив

1978　Балкантон

Trio Obektivはメンバーチェンジを繰り返しながら有名女性歌手を多数輩出。Margarita Hranovaなどがここを登竜門としてスターの地位を獲得していった。本作はその唯一のアルバムで、流行のディスコをカヴァーした作品。そのほとんどが西側の楽曲だが、Willy Kazassian率いるVOCTRの演奏により原曲超えのグルーヴを味わえる。特にヒット曲を力技で繋げたインストのメドレーA-2・B-4はタイトル通りノンストップ・ダンシングな楽曲でオススメ。B-2は東独のGruppe Elefantの楽曲のカヴァーとなっている。

BTA 10240　12"

Диско 1
V.A.

1978　Балкантон

『Disco』とド直球に銘打たれたコンピ・シリーズは82年までに10枚がリリースされている。他では聴けないディスコの楽曲が収録されているだけでなく、アルバムの最初と最後にVocal Trio "M"によるシリーズのテーマが配されているのが特徴だ。記念すべき1枚目となった本作のオススメは、ハード・ロックグループTangraによる骨太のディスコ・ロックA-4。他はカヴァー曲が多いが、Yordanka Hristovaのソウルフルな歌唱が冴えるB-4（原曲「Resurrection Shuffle」）は秀逸だ。

BTA 10256　12"

Тоника
Тоника

1978　Балкантон

69年結成の人気ヴォーカル・グループTonikaによる2nd（1stの
B-4もフルート入りグルーヴ歌謡でオススメ）。美しいハーモニーを
生かした爽やかな楽曲が並ぶ中、巨匠Willy Kazassianが作曲と指
揮を手がけたB-4はメロウなディスコに仕上がっており非常にオス
スメ。各メンバーのソロもすばらしく、それぞれの歌唱力の高さを
感じさせてくれる。詳しい経緯は不明だが、彼らは80年に政治的
理由で放送禁止に指定され、Tonika SVとDominoなるふたつの
グループへと分裂を余儀なくされる。

BTA 10277　12"

Росица Борджиева
Росица Борджиева

1978　Балкантон

70年代後半から歌謡祭で頭角を現してきた彼女の満を持しての1st
アルバム。カヴァーとオリジナルが混在し、演奏者もまちまちで曲の
クオリティにはバラつきがあるが、B面には良曲を多数収録。中でも
ジャズピアニストLyubomir Denev [P.185]が作曲と指揮を務めた
B-3は秀逸で、彼自身のものと思われるコズミックなシンセが混入し
た傑作ムーグ・ファンクに仕上がっている。Orchestra Balkanton
の創設者Moris Aladjem作曲の王道ディスコ歌謡B-6や、名コンポー
ザー Naiden Andreev作曲のスロー・グルーヴB-7も良い。

BTA 10288　12"

Първи преглед на джазовите
оркестри България-декември'77
V.A.

1978　Балкантон

副題『First Jazz Festival in Sofia '77』の通り、ブルガリア初のジャズ
フェスで演奏された楽曲をスタジオ録音したアルバム。国内の実力派
ミュージシャンが一堂に会し、白熱した演奏を聴かせてくれる。ここ
でしか聴くことのできないグループもおり、その内のひとつOrchestra
ExperimentはB-4にてゴリゴリにハードなジャズ・ファンクを演奏し
ている。Simeon Shterev Quartet（今回はJazz Quartet名義）によ
るフルートが縦横無尽に駆け巡る高速サンバA-4もオススメだ。

BTA 1771　12"

Шенай
Шенай

1979　Балкантон

トルコ人シンガー Şenaiがブルガリアで発表したアルバム。かのFSB
が演奏を担当したグルーヴィなAORを聴くことができ、英語で歌って
いるのが残念なものの音楽はすばらしい。高値で取引されているのも
頷ける良作だ。A面は名コンポーザー Alexander Yossifovを中心とし
たブルガリア勢が作曲を担当し、彼によるメロウなA-4は本作のハイ
ライト。B面はトルコ人作曲家による楽曲で占められ、イスラミックな
フレーズが光るB-4がオススメとなっている。彼女のレコードは日本で
も発売され、"トルコの竹の子族"というキャッチコピーがつけられた。

BTA 10382　12"

Мими Иванова и „Старт"
Мими Иванова, Старт
1979　Балкантон

60年代末から活動するMimi Ivanovaは、70年代後半に専属のバックとしてStartを手に入れたことで、彼らの演奏によるダイナミックなディスコ・ロックサウンドを取り入れて一躍スターとなる。本作はそんな名コンビによる初のアルバム。最高すぎる宇宙ジャケに負けじとコテコテな内容で、A-1・B-2・B-3・B-6など胸焼けしそうなディスコを楽しむことができる。Startの中心人物で、多くの作曲も手がけるRazvigor Popovは元Stakatoのメンバーでもあり、90年にはMimi Ivanovaと共に子ども音楽学校を設立する。

BTA 1994　12"

Диско - 30 години ТП
„Печатни произведения"
V.A.
1980　Балкантон

名シリーズ『Диско(英：Disco)』とは別に制作されたディスココンピ。すでにアーティストのオリジナル・アルバムに収録されている曲も多く、さらに良曲に乏しいためスルーしがちな一枚。だがそれは早計で、本作が初出のBoian IvanovによるB-4はとんでもない名曲なのでぜひ聴いてほしい。洗練されたグルーヴを持つイントロ、エレピに合わせて語りかけるヴォーカル、徐々に盛り上がるギターとそれに呼応するブラス、すべてが絶妙に気持ちいいツボを突いてくる。結婚行進曲の一節まで飛び出し、展開も凝りに凝ったアレンジ技術の粋を集めた最高の一曲だ。

BTA 10447　12"

Звезда
V.A.
1980　Балкантон

『Звезда(スター)』なるコンピ。すでにスターだったのはYordanka Hristovaくらいで、察するに新世代スターの卵の楽曲を集めたものだろう。7インチを数枚リリースした歌手もいれば、本作以外で確認できない歌手もおり、その後の成功は様々だ。その中でもLZ（A-1）は、このあとハードロックの分野で活躍するグループで、特に大きな成功を収めたといえる。大味なロックが多い彼らにしてはムーグ・ファンクの良曲になっており、オススメ。こちらはあまり活躍が見られないが、Ivan Tsachevによる哀愁の歌謡グルーヴA-3も必聴だ。

BTA 10449　12"

Любомир Денев джаз трио и Петко Томанов
Любомир Денев Джаз Трио и Петко Томанов
1980　Балкантон

ピアニストLyubomir Denev率いるトリオによる初のアルバム。トリオの残りふたりはKoukeri [P.191] のアレンジャーとしても活躍したベースのDanail Draganovに、FSBやRose Fever [P.195] などの様々な作品に出張参加した敏腕ドラマー Boris Dinev。そこにフルート奏者Petko Tomanovが参加したことで、伝統的旋律をエキゾチック風味も溢れる豊かな表現力で演奏することが可能になり、その成果は怒涛の変拍子も導入したA-2・B-3で特に結実している。プログレッシヴなジャズ・ロックが聴きたい方はぜひ！

BTA 10490　12"

Оркестър "Русе"
Оркестър "Русе"
1980　Балкантон

ブルガリア北部のルセで結成されたジャズグループSeptet Rousse
による唯一作。リーダーでサックス奏者のPeter Petrovは、ルセ
にジャズクラブを設立するなどシーンの発展に尽力していたという。
本作ではフリー・ジャズをベースに、ロックのグルーヴや変拍子も
取り入れた唯一無二のサウンドを聴くことができる。中でもブルガ
リアの伝統的メロディも飛び出すジャズ・ファンクB-2は必聴だ。
77年に国内で初めて開催されたジャズフェスにも参加しており、録
音が残っている。海外のジャズフェスにも多く参加していたようだ。

BTA 10542　12"

20-и Век
Щурците
1980　Балкантон

Shtourtsite（The Cricketsとも）は66年に結成された、ロックシー
ン最初期のグループのひとつ。70年代にはロックンロールから脱
却してプログレ〜ハード寄りの音楽性で大成功を収め、ブルガリア
で最も成功したロックグループとなる。本作も基本的には大味な
ハード・ロックとなっているが、ディスコ・ロックなA-4やレゲエ風
のB-6など東欧グルーヴ的楽曲も存在。10ccを彷彿とさせるメロ
ディアスなA-6もオススメだ。プログレとして最も完成度が高いの
は次作なので、興味がある人はそちらも併せて聴いてみてほしい。

BTA 10539　12"

Стил
Стил
1980　Балкантон

ヴォーカル・グループStillによる1stアルバム。元々は男女3人ずつで
構成されていたようだが、ここでは男女2人ずつに減っている。煌び
やかな車が描かれたジャケットからも想起される通り、都会的なディ
スコサウンドを聴くことができる。ギターが子気味よくカッティングす
るA-2、太いベースに踊らされるB-5は中でもオススメ。コテコテの
ディスコ・ロックA-5も味わい深く、さらに途中The Beatlesの楽曲
がコラージュされているのが面白い。84年にはVeneta Rangelova
がソロに転向して脱退、その後は3人で2ndアルバムを発表した。

BTA 10572　12"

Pithecanthropus Robustus - Rock Jazz
Sofia Orchestra
1981　Балкантон

伝説のグループSofiaによる最高傑作。副題『Rock Jazz』に相応しい
グルーヴィなジャズ・ロックのサウンドが魅力の一枚。Horace Silver
をファンキーにカヴァーしたA-1に始まり、ジャズ・ファンク絵巻とい
うべき大曲A-2、ベースがテクニカルに舞うファンキーなフュージョ
ンB-1、ダークで前衛的なB-2、エキゾチックなディスコ風B-3など
多彩な良曲尽くしだ。かのMelodiya Ensembleの一員だった
Konstantin Nosov（80年にソ連から移住）が本作でトランペットを
演奏しているため、A-2後半は彼が作曲した名曲が用いられている。

BTA 10648　12"

Студио В
Студио В

1981　Балкантон

VOCTR専用のコーラス・グループとして結成し、歌謡祭「Golden Orpheus」で歌手のコーラスを受け持った精鋭集団、Studio Wの81年作。演奏はもちろんWilly Kazassian率いるVOCTRなので、グルーヴィなのはあたりまえ。そこに80年代のアーバンな香りが加わり、洗練されたサウンドを聴かせてくれるのが本作だ。名曲ばかりだが、中でも持ち味のコーラスを最大限に聴かせるB-1はオススメ。男声と女声、そして語りまで生かしたアレンジも見事だ。コテコテな味付けのA-1、熱気あふれるブラスとメロウな旋律が溜らないB-2も良い。

BTA 10660　12"

Моите мелодии
Найден Андреев

1981　Балкантон

70年代に若手作曲家としてポピュラー音楽の分野で活躍し、スター歌手にも多くの曲を提供してきたNaiden Andreevのインスト・セルフカヴァー集（自身は演奏指揮で参加）。演奏は東独のRundfunk Tanzorchester Berlinが手がけ、グルーヴィなジャズ・ファンクを聴かせる。さらにピアノはFSBのKonstantin Tsekovであるから間違いない。A-2・A-6・B-1・B-2・B-6（『Disco』シリーズのテーマ曲）と、幅広い曲を原曲超えで再演。他では聴けないイージーリスニングA-4やディスコB-4も良い。

BTA 10673　12"

Младежки конкурс за забавна песен
V.A.

1981　Балкантон

70年にスタートしたコンテスト「Младежки конкурс за забавна песен（英：The Youth Pop Song Contest）」の参加曲からセレクトしたベスト盤的コンピレーション。コンテスト参加曲は7インチでリリースされるのが通例で、すでにリリース済みの楽曲も多いが、過去の参加曲で今までリリースの叶わなかったここでしか聴けないものも存在しているため、スルーは禁物だ。中でも爽やかなソフト・ロックB-4はこのアルバムのみに収録されている貴重な曲で、一聴の価値アリ。

BTA 10690　12"

Рок джаз оркестър на Райчо Иванов
Рок джаз оркестър на Райчо Иванов

1981　Балкантон

録音は少ないものの、グルーヴィなフュージョンサウンドで絶大なインパクトを残したトランペッターRaicho IvanovとRock Jazz Orchestraの1stアルバム。A面にはオリジナル曲、B面にはMiles Davisのカヴァーを収録している。Raicho Ivanov作曲のジャズ・ファンクA-1もすばらしいが、グループのロックサウンドの要であり、LZやStillといったロックグループでシンセの演奏や作曲を手がけてきたAlexander Alexandrovによる楽曲で、彼のスペーシーなシンセも光るA-2を特に推したい。

ブルガリア人民共和国

Народна република България

Естрадна мозайка
V.A.

1981　Балкантон

BTA 10706　12"

『Естрадна мозайка（英：Pop Mosaic）』は87年まで続くコン
ピ・シリーズ。大御所からマイナーどころまで、ラインナップは
玉石混淆だ。大御所でオススメは、Katya FilipovaによるB-3と
Tramway No.5のB-5。B-3はたゆたうシンセに夢見心地の歌唱が
乗るスローなグルーヴ歌謡。B-5は彼らの中でも特にメロウな曲で、
ファルセットの歌唱も最高だ。どちらも本作のみの収録。マイナー
どころでは綺麗なコーラスとスペーシーなシンセを導入したAOR、
A-5が◎。Gongはこの1曲以外に見当たらない、謎のグループ。

София, моя любима
V.A.

1981　Балкантон

BTA 10718　12"

74年リリースの『Песни за София（英:Song for Sofia）』に続き、
首都ソフィアに関する歌を集めたコンピ。内容は上述のものと被り
もあるが、新たに収録されたものもあり見逃せない。スローなボッ
サA-2、爽やかなコーラスが入ったA-3、仰々しい低音ヴォイスの
グルーヴ歌謡A-6、跳ねるピアノがダンサブルなB-1、Studio Wの
ゴキゲンな歌唱が最高なB-5など名曲多数。中でもA-2・A-6・
B-1は前作と本作でしか聴けない貴重なトラック。A-3は前作未収
録で、Silver Stars [P.192]の7インチとここでしか聴けない。

Джаз
Евгени Ламбринов джаз квартет,
Марги Костова

1981　Балкантон

BTA 10782　12"

Raicho Ivanov & Rock Jazz Orchestraに参加したサックス奏者
Evgeni Lambrinovによるカルテットが、同じくRock Jazz Orchestra
に参加していた女性ヴォーカルMargi Kostovaを加えて制作した唯
一作。さらにキーボードのIvan KourtevはSeptet Rousseのメンバー
でもあり、彼のシンフォ・プログレ然としたシンセの音色がジャズ・ファ
ンクサウンドと上手く融合しているのが面白い。オリジナル曲A-1・
A-3がオススメで、太いベースが身体の芯まで貫いてくる。

Кремиковски искри
V.A.

1981　Балкантон

BTA 10849　12"

コンピ・シリーズ『Кремиковски Искри（クレミコフツィの火花）』
は東欧にありがちな企業のイメージ・アルバムのひとつで、クレミコフ
ツィ製鉄所に関する曲を集めたもの。もちろんここでしか聴けない曲
ばかりで、農業国から工業国への転換を目指した製鉄所のイメージ
に相応しく、曲調は洗練されたディスコになっているためオススメだ。
この製鉄所はブレジネフの第一書記就任と同じ64年に操業を開始し
た縁からか、82年に彼が亡くなるとブレジネフ冶金工場と改称。84
年には操業20周年を記念してシリーズ第2弾がリリースされている。

BTA 10986　12"

Прегърни ме
Дует Ритон
1982　Балкантон

Duet Riton は、75 年に結成された Katya Mikhailova と Zdravko Zhelyazkov による男女ヴォーカル・デュオ。80 年代には東欧諸国で人気を博し、ヒット曲も多く生み出している。本作はそんなふたりの1st アルバムであり、コテコテのディスコ歌謡を楽しむことができる。FSB の鍵盤奏者 Konstantin Tsekov によってアレンジされた B-2 を収録しており、AOR な演奏とソウルフルな歌唱は必聴。縦ノリなディスコ B-5 も悪くない。80 年の7インチでは Sofia が演奏しているので、そちらも聴いてみてほしい。

BTA 10994　12"

Оркестър „Бургас" и неговите солисти
Оркестър „Бургас"
1982　Балкантон

黒海沿岸のリゾート都市ブルガス。その観光名所として57年に設立されたサマー・シアター専属のコーラス・グループ＆ビッグ・バンド、Trio Bourgas と Bourgas Orchestra によるアルバム。Bourgas Orchestra はサマー・シアターで開催される歌謡祭「Бургас и морето（ブルガスと海）」の演奏も担当しており、メンバーはかなりの熟練。全編を通してコテコテのグルーヴ歌謡が楽しめる。中でもオリジナル曲の A-2・B-1 あたりがオススメ。

BTA 11041　12"

Шампиони
Трамвай №5
1982　Балкантон

80 年、Studio W の Petko Petkov と、国営ラジオのディレクターだった Kiril Ivanov によって結成された Tramway No.5 は、息ぴったりなコーラスとメロウなディスコサウンドを持ち味に人気を博した。彼らはブルガリアで初めて凝ったダンスとステージ演出を取り入れたグループでもある。その記念すべき1st アルバムであり、最も完成度が高いのが本作。応援歌風ディスコな表題曲 A-1、巨匠 Willy Kazassian 作曲の A-4、レゲエ風の B-2、とりわけメロウな B-4 がオススメ。

BTA 11147　12"

Избрани песни
Вили Казасян
1983　Балкантон

VOCTR を指揮し、ポピュラー音楽シーンを支え続けた巨匠 Willy Kazassian が関わった膨大な作品から、厳選された曲を収録。Tramway No.5 のメロウな名曲 A-4 や、Vassil Naidenov の爽やかなシティ・ポップ B-4、Bogdana Karadocheva のグルーヴ歌謡 B-6 などが1枚で聴けるのはお得。さらに本作をマストにしているのは、ここでしか聴けない Rossitsa Bordjieva の歌う B-1 の存在。浮遊するシンセとファンキーに突き進むギターに導かれながら、徐々に盛り上がっていくブラスとベースが最高だ。

ブルガリア人民共和国 — Народна република България

189

BTA 11202　12"

Момиче за двама
Благовест и Светослав Аргирови

1983　Балкантон

BlagovestとSvetoslavのArgirov兄弟による双子ユニットの記念すべき1stアルバム。ジャケット・デザインはひとりの女性を双子で取り合うというコンセプト(?)の表題曲B-1に合わせたものになっており、決して女性ヴォーカルがいるわけではないので注意。双子ならではの息ぴったりなデュエットに、良質なエレクトロサウンドが合わさったシンセ・ポップな内容が魅力の一枚。スペーシーなシンセで幕を開けるメロウなディスコB-6はかなりのキラートラックで、この1曲のために買う価値十分アリだ。ヴォコーダーまで使用されている。

BTA 11206　12"

Избрани песни
Александър Бръзицов

1983　Балкантон

ブルガリア作曲家同盟(Съюз на Българските композитори＝СБК)メンバーの作品を集めたコンピ『Selected Songs』シリーズの一枚。Alexander Bruzitsovのコンピは計2枚リリースされているが、どちらもシリーズ屈指の名曲揃いだ。中でもFSBによるメロウなA-1、B-5はここでしか聴けない楽曲。B-5はHerb Alpert「Rise」を彷彿とさせる良曲だ。Orlin Goranovが歌うボッサ歌謡A-3も、ブラスとストリングスが舞い乱れる極上のアレンジで最高。こちらも本作のみの収録。

BTA 11242　12"

Избрани песни
Светозар Русинов

1983　Балкантон

『Selected Songs』シリーズの一枚で、VOCTRのメンバーでもあったサックス奏者Svetozar Roussinovが作曲した楽曲をまとめたアルバム。本作のみ収録のB-4は本格的なサルサ歌謡になっており、さらには日本をテーマにした楽曲なので"ハラキリ"などの単語が飛び出すコミカルな一曲。素っ頓狂なスキャットまで混入しており、爆笑必至だ。哀愁ギターがかき鳴らされるスパニッシュ歌謡B-6もあったりと、異色のグルーヴが連なる。Yordanka Hristovaが歌うメロウなB-3は彼女のアルバムでも聴けるが、収録は嬉しい。

BTK 3774　EP

Електронна музика
Симо Лазаров

1983　Балкантон

電子音楽の作曲家、Simo Lazarovが84年の1stアルバムリリース前に発表した2枚の7インチのうち2作目で、アルバム未収録の3曲を収録したもの。内容はタイトル通りの電子音楽で、本来なら東欧グルーヴの範疇から外れるが、掲載したのはA-2の存在ゆえ。淡々と叩きつけられる無機質なビートに乗った、Trio Obektivやソロでも活躍したStefka Onikyanによる幻想的なスキャットが良い。B面はメドレー形式でポップな2曲を収録し、こちらも中々悪くない。アブストラクトなジャケットも最高。

BTK 3825　7"

Аерогара / Пътят
Група Аеро

1984　Балкантон

バルカン航空のプロモーションとして制作されたレコードは数枚存在し、こちらはその一環で結成されたGroup Aeroなる企画グループによる演奏が収録された一枚。メンバーは数名を除いて謎に包まれているが、のちにニューウェーヴグループ Classのメンバーとなる Angel Penchevなど、若手ミュージシャンを起用しているようだ。しかしその技術は一流で、キャビンアテンダントの語りから始まるディスコ・ロックのA面、SBBを彷彿とさせるプログレッシヴな演奏がドラマチックに盛り上げるB面共に圧巻の演奏だ。

BTA 11474　12"

Добри познати
Катя Филипова

1985　Балкантон

Katya Filipovaは73年にデビューし、キャリア最初期はヴォーカル・グループObektivの一員としても活動していた歌手。成功し始めた75年には西ドイツでデビューの話が舞い込むが、共産党に妨害される憂き目に遭っている。国際デビューの機会は失ったものの国内では成功し、計4枚のアルバムをリリース。本作はその3枚目にあたる作品だ。ムーグ・ファンク歌謡の良曲A-2はぜひ聴いてほしい一曲。B-3も哀愁とグルーヴが同居した楽曲でオススメ。彼女の1stアルバムは演奏をFSBが担当しているので、気になる方は聴いてみてほしい。

BTA 11527　12"

Кукери 4
Кукери

1985　Балкантон

ポップグループKoukeriは80年代に活躍し、同路線のTramway No.5と共に人気を博した。本作はタイトル通りそんな彼らの4thアルバムで、グループ史上最高の出来栄えとなった作品。疾走するシンセ・ポップA-1に始まり、ドラム・ブレイクで幕を開け、ラップ風ヴォーカルにヴォコーダーまで飛び出すA-4、哀愁ディスコB-2、美しいコーラスとこれまたヴォコーダーに浮遊感たっぷりのシンセ・ソロが聴けるB-3と良曲多数。A-2は彼らの代表曲で、東欧グルーヴ的には今ひとつだが、ポップ・センスの高さが感じられる爽かな名曲だ。

BTA 11532　12"

Доника Венкова
Доника Венкова

1985　Балкантон

Donika Venkovaの5thアルバムである本作は、作曲には相変わらず大御所を起用しつつも、演奏陣を一新し若手を起用している。おかげでサウンドは一気に強靭なイタロ・ディスコへと変貌。彼女のキャリア後期を代表する名盤となった。中でもToncho Roussev作曲のA-2は太すぎるベースが聴ける名曲。他にもNaiden AndreevによるA-4や、彼女の楽曲を多く手がけてきたMoris AladjemによるB-3がオススメ。A-6・B-1ではFSBの演奏も聴くことができる。

BEK 3855　7"

Добре дошли, деца на света
Благовест и Светослав Аргирови
1985　Балкантон

双子ユニット、Argirov兄弟と総勢5組の双子たちによる異色シングル。アルバム未収録の本作は、世界の子どもたちについて歌った企画シングルのようだ。肝心の内容は太いエレキ・ベースがスラップしまくるシンセ・ポップに、まさかの時代を先取りした双子ラップが乗る、オブスキュアすぎる一曲。哀愁を帯びたピアノの旋律にブルガリア歌謡らしさも残っており、中毒性バツグン。B面には英語ヴァージョンも収録。ちなみに公式のブルガリアヒップホップ史では、88年結成のAvi MCが国内初のラッパーとされているので、この曲がいかに異端かわかるだろう。

BTA 11853　12"

Дует Шанс
Дует Шанс
1986　Балкантон

83年に結成されたMaria MilanovaとTeodorina PisarskaによるデュオDuet Chanceは、同年のデビュー・シングルがコンテスト『Мелодии на годината(今年のメロディ)』で注目されたことで一気に人気を集めた。彼女らは2枚のアルバムを残したが、どちらもイタロ・ディスコなサウンドでオススメ。1stであるこちらに収録されているA-4は中でも推薦したいメロウな楽曲。A-1・A-3も良曲だ。次作にもA-1・B-6(巨匠Willy Kazassian作曲)など高水準な楽曲が収録されている。

BTA 1098　12"

Фолк джаз бенд „Пловдив"
Фолк джаз бенд „Пловдив"
1986　Балкантон

ブルガリア伝統音楽の要素を取り入れ、芸術性の高いジャズグループとして活躍してきたWhite, Green & Redのメンバーは、伝統音楽とジャズの一層の融合を図るためPlovdiv Folk Jazz Bandを結成。トラディショナルな要素を大幅に導入して完成した本作は、両分野の巨人たちが高次元でぶつかり合い、スリリングな演奏を聴かせる傑作。このあとグループはメンバーチェンジも行い、よりプログレッシヴな2ndを発表。一般的評価は2ndの方が高いが、ジャズ・ファンクなA-2を収録する1stを東欧グルーヴ的には推薦したい。

BTA 11932　12"

25 години
Сребърни звезди
1986　Балкантон

62年に結成し、人民軍所属の音楽隊として活躍したСребърни Звезди(シルヴァー・スター)の活動25周年記念アルバムにして、唯一作。模範的アーティストとして国内外で3,000回以上コンサートの実績がある彼らだが、なぜか80年代にポップ化を遂げ、突如7インチをリリース。以降ポップシーンでも活躍していたようだ。そんな彼らが満を持してリリースした本作は、スラップ・ベースで幕を開けるA-3、ドラム・ブレイクで始まり高速ブラスが乱れ咲くA-7など踊れる良曲を多数収録。異例の豪華見開きジャケ仕様がその功績の大きさを代弁している。

BTA 11944　12"

На приятеля
Константин Носов
1986　Балкантон

Konstantin Nosovはかの Melodiya Ensembleにも参加した、ソ連を代表するトランペット奏者。80年にブルガリアに移住し、SofiaやDinamit Brass Bandに参加した。残念ながら84年に亡くなってしまったが、過去のジャズフェスでの未発表音源を中心に収録したのが本作。中でも彼自身が作曲した表題曲A-4は、東欧らしい旋律が美しいモード・ジャズの傑作だ。続くB-1も同じステージでの録音だが、電子音楽家のAngel Kotevが作曲しており彼のエレピも聴ける。高速ジャズ・ファンクB-2もオススメ。

BTA 12048　12"

Аз съм само един музикант
Богдан Томов и приятели
1986　Балкантон

ミュージカル俳優からキャリアをスタートさせ、その後ポップス歌手としてコンテストでそこそこの成績を収めたBogdan Tomovがприятели(仲間たち)と共にリリースした、彼の唯一のアルバム。意外にもその"仲間たち"というのがとても豪華で、FSBのギタリストIvan Lechevや名コンポーザーChristian Boyadjiev(鍵盤奏者として参加)が演奏を支えている他、ヴォーカル陣も豪華スター揃いだ。基本的にはニューウェーヴだが、メロウさやグルーヴも兼ね備えたA-1・A-3・B-4・B-5などはオススメ。

BTA 12160　12"

Шесто чувство
Трик
1986　Балкантон

80年代に人気を博した、女性2人と男性1人から成るヴォーカル・グループ、Trickによる2ndアルバム。エレクトロなグルーヴとポップなメロディ、息の合った歌唱を楽しむことができる。ベースが印象的なフレーズを繰り返すA-1、力強い打ち込みのビートがラテンのリズムを奏でるB-5がオススメ。グループは90年にはHat-Trickと名称をマイナーチェンジして7インチをリリース。さらに同年にはメンバーのDiana Dafovaのソロ・アルバムも発売されているので、これらもぜひチェックしてほしい。

BTK 3926　7"

Криле
ВГА Валкан
1987　Балкантон

バルカン航空のプロモーションとして制作されたレコードのひとつで、「Криле(翼)」なる楽曲を収録。Georgi Hristovとヴォーカル・グループSilver Starsが企業名を冠した変名で歌っている。内容は良質なイタロ・ディスコとなっており、非常にオススメ。さらにB面にはインスト・ヴァージョンが収録される嬉しい仕様になっている。ちなみにジャケットの飛行機はツポレフTУ_154型機という、ソ連で生産され、東欧全域で多く使用された機体。バルカン航空関連盤は他にも存在しているので、ぜひ探してみてほしい。

BTA 12199　12"

Кълбовидна мълния
Роксана Белева

1988　Балкантон

本作と7インチ1枚のみをリリースした謎多きシンガー Roxana Beleva 唯一のアルバム。コンピのみ収録の曲もあり、81年の音源も確認できるから、地道に活動を続けた結果の1stアルバムだったようだ。そんな待望の本作は、80年代ど真ん中のサウンドにキュートな歌声が乗るオススメ盤。エキゾチック・ディスコ A-3、スイートなメロディとイカしたシンセ使いに攻撃的ギターが魅力の A-5、ドギツいシンセサウンドが最高にぶっ飛んでいる B-1、メロウなシティ・ポップ B-3、Willy Kazassian 作曲の良質サンバ B-4 など名曲多数。

BTA 12215　12"

Дълъг път
Теодосий Спасов, Стефан Мутафчиев

1988　Балкантон

縦笛カヴァルの奏者である Theodosii Spassov が、伝統音楽畑の指揮や作曲で活躍している Stefan Moutafchiev とタッグを組んでリリースしたアルバム。ふたりにとって初の録音作品となっている。ほとんどは純粋な伝統音楽の演奏だが、Jazz Line なるグループとコラボした A-5、ベテラン・ジャズグループ White, Green & Red とコラボした B-1 のように、伝統音楽とジャズのクロスオーヴァーが試された楽曲も収録。その後彼はジャズやロックとの融合を積極的に推し進め、多くのミュージシャンに影響を与えている。

BTA 12332　12"

Йордан Капитанов джаз формация
Йордан Капитанов джаз формация

1988　Балкантон

VOCTR のトランペッター、Yordan Kapitanov によるリーダー作。フュージョンを演奏しているが、凄まじい技術とグルーヴに度肝を抜かれる(特に同じく VOCTR から参加のベースとドラム)。A-1は民謡のカヴァーで、太すぎるベースと超絶的ドラムさばきによるグルーヴをジャジーなピアノが清涼剤となってまとめ上げる名演。A-2は徐々に加速していく、圧巻のフュージョン絵巻。A-3はこれまた太いベース(ソロも圧巻!)にブラスが絡む、ダンサブルすぎる一曲。B-3は激しく曲調を変化させるプログレッシヴ・フュージョン。超推薦盤です!

BHA 12367　12"

Стамболово '88
V.A.

1988　Балкантон

Stambolovo シリーズは毎年行われる伝統音楽の祭典を実況録音したものだが、この盤を聴くと伝統音楽シーンに変化が訪れていることがわかる。Theodosii Spassov や Plovdiv Folk Jazz Band が影響を与えたのか、伝統音楽のグループもジャズやロックの手法を取り入れているのが聴けるのだ。例えば C-1 では、ジャズ・ロック的なイントロに続いて一瞬の純伝統音楽を挟んだかと思えば、ヴァイオリンとクラリネットが高速で舞い乱れ、突然ドラムがスウィングし、プログレ的アウトロへ突き進むという怒涛の展開を聴かせてくれる。

BTA 12380　12"

Мона Лиза
Кристина Димитрова
1988　Балкантон

80年代に活躍し、Orlin Goranovとのデュエットでも人気を博した歌手Kristina Dimitrovaによる88年作。かのFSBからRoumen BoyadjievとIvan Lechevがゲスト参加しており、A-2はBoyadjievによって打ち込まれた電子音が楽しめるほか、LechevのギターをA-3・A-5・B-2・B-5で聴くことができる。中でも華麗なギターのイントロで始まるA-3はすばらしいメロウなディスコで、本作のハイライト。ちなみに全曲の作詞を担当したIvan TenevはDimitrovaの夫。

BTA 12412　12"

С музика на път
Веселин Лечев
1989　Балкантон

Veselin Lechevを中心としたハーモニカ・トリオによる作品。彼らは伝統音楽畑の出身で、B面はすべて伝統音楽の演奏となっている。しかし『С музика на път(路上で音楽を聴きながら)』のタイトル通り、ドライブにぴったりなBGMも用意されており、A面はイージーリスニングとなっている。中でもファンキーなドラムに跳ねるピアノとシルキーなオーケストラ、哀愁のハーモニカが組み合わさったA-1は極上。A-3・A-7もグルーヴィな良曲。サンプリング素材になりそうなA-4もオススメだ。

BHA 12490　12"

Вокално трио Българка
Вокално трио Българка
1989　Балкантон

伝統歌唱のグループとして高い知名度を誇るTrio Bulgarkaによる89年作。全編ブルガリア民謡の由緒正しき歌唱で、美しいハーモニーを聴くことができる。しかしポピュラー音楽の巨匠コンポーザーDimitar Penevによって数曲にあてがわれたオケは、なんと打ち込みの電化サウンド。無機質なエレクトロ・グルーヴと伝統歌唱が異次元の融合を見せる名曲B-1を生む結果となった。このあと彼女らはEric ClaptonやJeff Beck、Prince、Kate Bushと共演したり、グラミー賞を獲得したりと世界的スターの座を射止めることになる。

BTA 12550　12"

I
Rose Fever
1989　Балкантон

Rose Feverは全くの新人ながら、3枚のアルバムを同時発売という形でデビューした謎のグループ。イギリス人のヴォーカルとギターを擁し、産業ロック風の演奏にも特に個性はないが、全曲ブルガリアの伝統音楽を取り入れているのが斬新。Theodosii SpassovのカヴァルにTrio Zornitsaによる伝統的合唱を新録し、それをサンプリングしたものをイントロにしたり、曲のバックで繰り返したりと、曲がいかにも"西側"なロックなだけに、異次元の融合っぷりに頭が混乱する。

ブルガリア人民共和国

Народна република България

あとがき

　中学生の頃にプログレに目覚め、ディスクユニオンのプログレッシヴ・ロック館に通うことが最大の楽しみだった。当時、新宿の地下に店舗があったと記憶している。そこで出会った世界各国の文字すら読めない未知のアルバムが知的好奇心を刺激し、東欧グルーヴへの興味に繋がっていった。今回、そのディスクユニオンの出版部門であるDU BOOKSから書籍を刊行できたのは本当に嬉しい。編集を担当してくださった小澤さん、そしてDU BOOKSに私を繋いでくださった同社プログレ部門の永井さんには、この場を借りて感謝を申し伝えたい。

　私が本格的に東欧グルーヴの発信を始めたのは2018年頃だったろうか。そこから本書を刊行するまでにたくさんの方の支援をいただいた。DJの道に誘ってくださったマサキオンザマイクさん、連載記事を書かせていただいた『Don't Look〜?』編集長のタムラモーンさん、毎月DJで呼んでくださるrontの遠藤さん、東欧の再発CDを監修してくださった祖父尼さん、イベント「東欧ナイト」を企画してくださる"DJ何"こと山口さん、東欧のロックについて執筆の機会をくださった『不思議音楽館』発行人の井上大将軍、その他大勢の方の協力で活動を継続することができた。本当に感謝してもしきれない。井上大将軍は東欧のレコードを日本で紹介し続けてきた第一人者でもあり、多くを学ばせていただいた。

　執筆にあたっても、多くの方にご協力いただいた。特に私が不得意とする言語のチェックには、『ソ連歌謡』著者でもある蒲生昌明さん、V4の音楽に精通している片岡聡宏さん、ハンガリーの文化を日本で発信しているPiroskaさん、『千葉からほとんど出ない引きこもりの俺が、一度も海外に行ったことがないままルーマニア語の小説家になった話』の著者で私と同い年の東欧マニアでもある済東鉄腸さん、東京外国語大学の卒業生でドイツ語に精通している花守諒太さんに多大なるご協力を賜った。東欧の歌謡曲や文化にも明るい蒲生さんには執筆にあたって多くの助言をいただき、おかげで最後まで書き上げることができた。皆様にここで格別な謝意をお伝えしたい。

　本書の執筆を終えた矢先から、東欧グルーヴについての新たな情報が次々に舞い込んできている。これからは本書を手に取ってくださった皆様と一緒に、未知の東欧グルーヴを探していけることが著者としてはこの上ない喜びである。

参考文献

書籍

南山大学監修『第2バチカン公会議公文書全集』サンパウロ、1986年

オラシオ『中央ヨーロッパ 現在進行形ミュージックシーン・ディスクガイド』DU BOOKS、2014年

加藤久子『教皇ヨハネ・パウロ二世のことば 一九七九年、初めての祖国巡礼(ポーランド史史料叢書4)』東洋書店、2014年

『JAZZ PERSPECTIVE vol.13』DU BOOKS、2016年

四方宏明『共産テクノ 東欧編』パブリブ、2018年

蒲生昌明『ソ連歌謡』パブリブ、2019年

岡島豊樹『東欧ジャズ・レコード旅のしおり』カンパニー社、2021年

山中明『ソ連ファンク 共産グルーヴ・ディスクガイド』パブリブ、2022年

ウェブサイト

DDR-Tanzmusik
https://www.ddr-tanzmusik.de/

Culture.pl
https://culture.pl/

Rytm i piosenka
http://rytmipiosenka.blogspot.com/

Jazzová sekce
https://jazz.ustrcr.cz/

Česká televise - Bigbit
https://www.ceskatelevize.cz/specialy/bigbit/

Československý beat-festival
https://www.beat-festival.cz/

Rockbook
https://www.rockbook.hu/

Jazz.hu
https://jazz.hu/

Romania Rock
http://romaniarock.ro/

Top Românesc
https://topromanesc.ro/

Arhiva Muzeul Rock din România
https://www.postmodernism.ro/arhiva-muzeul-rock-din-romania/

BG ESTRADA.COM
http://www.bgestrada.com/bgestrada/

Bulgarian Rock Archives
https://www.bg-rock-archives.com/

著者略歴

市来達志 Tatsushi Ichiki

1992 年の「ベルリンの壁崩壊の日」（11 月 9 日）生まれ。ライター、DJ。かつて東欧と呼ばれた地域で制作された"東欧グルーヴ"のレコード収集家。ヨハネス市来の名義で DJ としても活動するほか、レコードジャケット展の主催、再発作品の監修を手がけるなど、東欧グルーヴの普及・発展のために日夜奔走している。

Twitter & Instagram: @johannes_ichiki

とうおう
東欧グルーヴ・ディスクガイド
かくめいぜんや　おと　もと
革命前夜の音を求めて

初版発行　　　2023 年 8 月 18 日

著　　　　　　いちきたつし
　　　　　　　市来達志
デザイン　　　森田一洋
編集　　　　　小澤俊亮（DU BOOKS）

発行者　　　　広畑雅彦
発行元　　　　DU BOOKS
発売元　　　　株式会社ディスクユニオン
　　　　　　　東京都千代田区九段南 3-9-14
　　　　　　　［編集］TEL.03.3511.9970　FAX.03.3511.9938
　　　　　　　［営業］TEL.03.3511.2722　FAX.03.3511.9941
　　　　　　　https://diskunion.net/dubooks/

印刷・製本　　シナノ印刷

ISBN978-4-86647-192-1
Printed in Japan
©2023 Tatsushi Ichiki / diskunion

中央ヨーロッパ 現在進行形ミュージックシーン・ディスクガイド
ポーランド、チェコ、スロヴァキア、ハンガリーの新しいグルーヴを探して
オラシオ 監修

ポーランド、チェコ、スロヴァキア、ハンガリー＝V4の音楽シーンの「今」を知る旅へ!
ジャズ、ロック、クラシック、プログレ、ハードコア、エレクトロニカ、ヒップホップ、ダンスミュージックまで、掲載枚数360枚以上!
執筆陣:吉本秀純、DJ Shhhhh、行川和彦、ペトル・ホリー、岡崎凛、パウラ、祖父尼淳、及川景子。現地ウェブショップでの買い方HOW TOも収録。

本体2500円＋税　A5　200ページ

旅するタイ・イサーン音楽ディスク・ガイド
TRIP TO ISAN

Soi48 (宇都木景一＆高木紳介) 著

自分も含めタイ音楽に興味のある人にとって最高の教科書。こんな本を待ってました——坂本慎太郎。NHK「海外出張オトモシマス!」などでも話題のSoi48による、世界初のタイ音楽ディスクガイド。約5年間の取材期間を通じて収集したレコード/CDを約700枚を掲載。空族、江村幸紀(エムレコード)、マーク・ジャーギス＆アラン・ビショップ(SUBLIME FREQUENCIES)によるコラムも収録。

本体3200円＋税　B5変型　392ページ(オールカラー)　好評2刷!

新蒸気波要点ガイド
ヴェイパーウェイヴ・アーカイブス2009-2019

佐藤秀彦 著　New Masterpiece 編集

近未来?　ノスタルジー?　インターネット発の謎多き音楽ジャンル「Vaporwave(ヴェイパーウェイヴ)」の誕生から現在までを紐解く、世界初にして唯一の"レコード屋では売っていない音楽"のディスクガイド。
総計300作品の年代別ディスクレビューのほか、アーティストやレーベルオーナーへのインタビュー、用語辞典、年表などを収録。

本体2500円＋税　A5　192ページ(オールカラー)　好評4刷!

INDUSTRIAL MUSIC FOR INDUSTRIAL PEOPLE!!!
雑音だらけのディスクガイド511選

持田保 著

燃えつきるより、サビつきたい!!!
「工場産業従事者のための工業音楽」スロッビング・グリッスルのデビュー作のジャケットに記載されたこのスローガンにより誕生したといわれる「インダストリアル・ミュージック」。
世界初、ノイズ＆インダストリアルの厳選盤511枚を紹介するディスクガイド。

本体2000円＋税　A5　221ページ　好評3刷!

DU BOOKS

シティ・ソウル ディスクガイド
シティ・ポップと楽しむ ソウル、AOR & ブルー・アイド・ソウル
小渕晃 編著

マーヴィン・ゲイやネッド・ドヒニー、サンダーキャットだけじゃない！
和洋ともに音楽を味わいつくした書き手たちが、「いま」聴くべき、良盤・良曲を
600枚紹介。刊行後、Spotifyの全世界公式プレイリストに「City Soul」が登場す
るなど、コンピレーションCDや再発とともに話題になった一冊。
冨田恵一、クニモンド瀧口、DJ JIN、G.RINAの制作者インタビューも掲載。

本体2000円＋税　A5　208ページ（オールカラー）　好評3刷！

オブスキュア・シティポップ・ディスクガイド
J-POP、ドラマサントラ、アニメ・声優... "CDでしか聴けない" CITY POPの世界！
lightmellowbu 著

シティポップ・リヴァイヴァル～ヴェイパーウェイヴ以降の視点をもとに、おもに90
年代のCDから隠れ名盤を紹介。サブスクの上陸により、ディガーたちの自我が崩壊
したテン年代末。街道沿いブックオフのCD棚から、累計10万時間以上を費やした
労作。「目の前にある充実した音楽世界。すばらしいお仕事だと思います！」（ライム
スター宇多丸さん　TBSラジオ「アフター6ジャンクション」より）

本体2200円＋税　A5　272ページ（オールカラー）　好評2刷！

ニューエイジ・ミュージック・ディスクガイド
環境音楽、アンビエント、バレアリック、テン年代のアンダーグラウンド、
ニューエイジ音楽のルーツまで、今聴きたい音盤600選
門脇綱生 監修

癒し（ヒーリング）系だけじゃない！　70年代のルーツから、2次元イメージ・アルバム、
自主盤、俗流アンビエントまで。世界的なニューエイジ・リバイバルを読み解く決定版。
インタヴュー：細野晴臣×岡田拓郎、尾島由郎×Visible Cloaks、Chee Shimizu×Dubby
コラム：持田保（『INDUSTRIAL MUSIC』）、江村幸紀（EM Records）、ばるぼら、
柴崎祐二、糸田屯、TOMC、動物豆知識bot。

本体2200円＋税　A5　224ページ（オールカラー）　好評3刷！

インディラップ・アーカイヴ
もうひとつのヒップホップ史:1991-2020
Genaktion 著

小説のような文学的表現、政府・メディアの欺瞞を突く痛烈なメッセージ、困難に
屈しない希望の詩。あなたの知らないラップがこの一冊に。
インディレーベルからリリースされたヒップホップ作品＝〈インディラップ〉のアルバム
500枚をレビューしたディスクガイド。ラップのライミング構造を徹底解剖するコラム
〈リリックの読み解き方を考える〉も収録。

本体2300円＋税　A5　232ページ（オールカラー）　好評2刷！